www.lenos.ch

Hans Saner

Erinnern und Vergessen

*Essays zur
Geschichte des Denkens*

Lenos Verlag

Der Verlag dankt dem Lotterie-Fonds des Kantons Solothurn für sein kulturelles Engagement.

Copyright © 2004 by Lenos Verlag, Basel
Alle Rechte vorbehalten
Satz und Gestaltung: Lenos Verlag, Basel
Umschlag: Anne Hoffmann Graphic Design, Basel
Foto: Georg Anderhub
Printed in Germany
ISBN 3 85787 358 2

Für Ursula Euler

Inhalt

I

Vergessen können, vergessen müssen, vergessen wollen, vergessen dürfen
Zur Dialektik des Vergessens bei Nietzsche   11

II

Die politische Bedeutung der Natalität bei Hannah Arendt   33

Von der Monstrosität zur Banalität des Bösen   59

»Das ist eigentlich mein stärkstes Nachkriegserlebnis gewesen ...«
Zur Begegnung von Hannah Arendt mit Karl Jaspers   77

Weltlose Liebe
Zum Briefwechsel Hannah Arendt/Martin Heidegger   87

III

Überleben mit einer Jüdin in Deutschland
Karl und Gertrud Jaspers in der Zeit des Nationalsozialismus   97

Existentielle Aneignung und historisches Verstehen
*Zur Debatte Jaspers–Curtius um die
Goethe-Rezeption*   131

Die Allianz der Ungleichen
*Zur kritischen Aufnahme von Jaspers' Schrift »Wohin
treibt die Bundesrepublik?«*   151

Auf der Suche nach einer philosophischen Polemik   169

IV

Denkbilder im Spannungsfeld von Einsamkeit und
Kommunikation
*Zu den Metaphern des Philosophierens bei Karl Jaspers,
Hannah Arendt und Martin Heidegger*   185

Anmerkungen   215

Nachweise   250

I

Vergessen können, vergessen müssen, vergessen wollen, vergessen dürfen
Zur Dialektik des Vergessens bei Nietzsche

Obwohl wir vergessende Lebewesen sind, ist das Geschehen des Vergessens uns nicht gegenwärtig. Wir erfahren es nicht. Wir werden nur inne, dass wir Etwas vergessen *haben* und vielleicht nicht einmal das. Denn es gibt ein einfaches und ein doppeltes Vergessen. Das einfache wird vom Bewusstsein begleitet, dass wir etwas Bestimmtes vergessen haben, zum Beispiel den Namen eines Menschen, den wir doch kennen. Das doppelte Vergessen ist ohne dieses Bewusstsein. Wir haben dann nicht nur das Objekt des Vergessens vergessen, sondern auch noch das Vergessen selber. Das Vergessen auch des Vergessens ist nicht etwa ein Wiedererinnern – gleichsam als doppelte Negation –, sondern ein in die Vergessenheit abgesunkenes Vergessen: ein unvermerktes und deshalb in der Regel tieferes Vergessen.

Weil wir das Geschehen des Vergessens nicht erfahren, sondern bestenfalls sein Resultat vermerken, erscheint uns das Vergessen gleichsam als Leere: als Lücke, als Loch, als einfach-nicht-mehr-da-sein. Diesem factum brutum legen wir in unseren Redewendungen ein Gewordensein zu, das verstehen lassen soll, was im Vergessen vorgefallen ist. Wir sagen etwa: »Ich habe dies und jenes aus der Erinnerung *verloren.*« Oder: »Es ist mir *entschwunden.*« – Oder: »Ich konnte es *nicht behalten.*« Oder derber, aber in der Metaphorik interessant: »Ich habe es *verschwitzt*«, als wäre das Vergessene mir aus den Poren geflossen und verdampft, als ich mit anderem anstrengend beschäftigt war.[1] All diese Formeln zeigen an, dass wir wissen, nicht willkürlich über Vergessen und Erinnern verfügen zu können. Wir sind Subjekte des Vergessens im alten Sinn des Wortes »Subjekt« – als »Unterworfene«. Und dennoch ist »vergessen« ein aktives und transitives Verb, das uns zugleich anzeigt, dass wir dem Vergessen doch *nicht ganz und gar* unterworfen sind.[2] »Er hat etwas *verdrängt*«, sagen wir etwa, wenn jemand einige nicht eben schmeichelhafte Vorfälle seines Lebens vergessen hat. Und: »Er *will* es eben *nicht mehr wissen.*« Oder: »Er *schiebt es ab.*« »Er *blendet es aus.*« Psychologisch betrachtet, steht das Vergessen unter dem Generalverdacht, dass wir, obzwar »unbewusst«, doch faktisch es *erwirken,* so dass der Ursprung allen Vergessens eine verborgene *Selbstvergessenheit* wäre. Beide Gruppen der Redewendungen sehen im Vergessen eine Bewegung des *Von-mir-weg*[3] (die Gegenbewegung zu Aufnehmen und Aneignen). Die erste Gruppe aber deutet sie *passiv* und die zweite *aktiv.*

Falls es ein aktives oder sagen wir vorsichtiger ein teilaktives Vergessen gibt, stellen sich einige Fragen: Worin besteht, neben dem undurchschaubaren und unverfügbaren Vergessen, das erwirkte Vergessen? Gibt es ein Vergessen-*Können,* ein Vergessen-*Wollen* und Vergessen-*Müssen,* schliesslich ein Vergessen-*Dürfen* und vielleicht ein *Nicht-Vergessen-Dürfen?* Dann müsste es auch eine lernbare *téchne,* eine *Kunst* im alten griechischen Sinn, des Vergessens[4] geben, ferner eine *Pädagogik* des Vergessens sowie ein *Ethos* des Vergessens und des Nicht-Vergessens. Wenn aber Vergessen und Nicht-Vergessen *verantwortet* werden müssen: angesichts welcher *Instanz* soll dies geschehen?

Eben diese Fragen möchte ich an Nietzsches zweite unzeitgemässe Betrachtung »Vom Nutzen und Nachteil der Historie für das Leben«[5] richten, seine Antworten kritisch würdigen und schliesslich einige Überlegungen anstellen, inwiefern diese Schrift für uns heute eine »unzeitgemässe Betrachtung« ist. Allem voraus aber schicke ich einige Gedanken über das Thema des Vergessens in Nietzsches ganzem Werk.[6]

Liest man Nietzsches Schriften[7] *synchron,* so findet man in ihnen über das *Vergessen-Können* des Menschen ungefähr alle Positionen. Die beiden *Grenzgedanken* lauten einerseits: »Es gibt kein Vergessen«[8] und andrerseits: Der Mensch ist das »notwendig vergessliche Tier«[9]. Dazwischen liegen die expliziten Begründungen der Zweifel am Vergessen, die Reflexionen über das Vergessen als conditio sine qua non der Lebensqualitäten und schliesslich die eher dichterischen Aussagen, die das Vergessen verklären. Ich will zuerst auf diese kurz hinweisen: »... wie lieblich ist, dass wir vergessen!«[10], sagt Zarathustra zu seinen Tieren – nämlich ob der Schönheit der Töne und Worte vergessen, dass es kein »Ausser-mir« gibt und deshalb auch keine Brücken von mir zu einem anderen, was Töne und Worte doch zu sein scheinen. Das war indes nicht das einzige, was er, Zarathustra, vergass. Vielmehr bekennt er rückblickend: »Was vergass ich nicht! Wer vergass mich nicht! Und oft noch vergesse ich meine Vergessenheit ... Ach, was vergass ich nicht!«[11] Dieser Ausruf ist nicht etwa als Klage zu lesen, sondern als Entlastung und Erleichterung. Denn ungefähr zur gleichen Zeit steht in einem Entwurf zu einer Dionysos-Dithyrambe:

»Wirf dein Schweres in die Tiefe!
Mensch, vergiss! Mensch, vergiss!
Göttlich ist des Vergessens Kunst!«[12]

Die »Kunst« des Vergessens wird auch in der zweiten Unzeitgemässen genannt, dort aber nicht so emphatisch. In der Dithyrambe steigert Nietzsche das Pathos noch:

»Wirf dein Schwerstes in das Meer!
...   wirf dich in's Meer!
Göttlich ist des Vergessens Kunst!«[13]

Im Vergessen und im Vergessen der Vergessenheit auch noch sich selber zu vergessen, mit allem, was Bürde und Last war und Aufgabe ist: das ist es, was Heiterkeit ermöglicht. Von ihr, angesichts des Todes, spricht Nietzsche im dritten Teil seiner Dionysos-Dithyrambe »Die Sonne sinkt«:

»Die Sonne sinkt
3.
Heiterkeit, güldene, komm!
    du des Todes
heimlichster süssester Vorgenuss!
– Lief ich zu rasch meines Wegs?
Jetzt erst, wo der Fuss müde ward,
    holt dein Blick mich noch ein,
    holt dein Glück mich noch ein.

Rings nur Welle und Spiel.
    Was je schwer war,

sank in blaue Vergessenheit,
müssig steht nun mein Kahn.
Sturm und Fahrt – wie verlernt er das!
Wunsch und Hoffen ertrank,
glatt liegt Seele und Meer.

Siebente Einsamkeit!
Nie empfand ich
näher mir süsse Sicherheit,
wärmer der Sonne Blick.
– Glüht nicht das Eis meiner Gipfel noch?
Silbern, leicht, ein Fisch
schwimmt nun mein Nachen hinaus ...«[14]

Harald Weinrich rätselt in seinem schönen Buch »Lethe«[15], dass das Vergessen offenbar »mit dem Glück und der Heiterkeit in einem geheimnisvollen Bunde«[16] stehe. Aber die Verbindung wird in der »Genealogie der Moral« ganz klar genannt: dass es nämlich »kein Glück, keine Heiterkeit ... ohne Vergesslichkeit«[17] geben könnte. Sie ist ihre conditio sine qua non.

Nietzsche zählt eine ganze Reihe von Lebensqualitäten auf, die ohne Vergesslichkeit den Menschen nicht erreichbar wären. Neben dem »Glück« und der »Heiterkeit« sind es die »Hoffnung«, der »Stolz«, die »Gegenwart« im Sinn des präsentischen Lebens[18], die Fähigkeiten zum »Handeln«[19], zum »Schaffen«[20], zur Aufrechterhaltung »der seelischen Ordnung, der Ruhe, der Etikette«[21]. Die Vergesslichkeit ist »eine Form der starken Gesundheit«[22]. Ja, es ist »ganz und gar unmöglich, ohne Vergessen überhaupt zu leben«[23].

Dennoch fliesst zuweilen ein ironischer Ton ein: »Selig sind die Vergesslichen: denn sie werden auch mit ihren Dummheiten ›fertig‹.«[24] Die Ironie hat ihren Grund nicht allein in der Verachtung der Dummheit, sondern auch in der Skepsis gegenüber jedem Glück auf vier Beinen. »Wenn Glück das Ziel wäre«, so notiert er während der Ausarbeitung der zweiten Unzeitgemässen, »so stünden die Tiere am höchsten. Ihr Cynismus liegt im Vergessen: das ist der kürzeste Weg zum Glücke, wenn auch zu einem, das nicht viel wert ist.«[25] In aller Apologetik des Vergessens muss eine Spur der Zurückhaltung mitgehört werden, weil es für Nietzsche nie wirklich feststand, dass es überhaupt ein Vergessen gibt.

Den Grenzsatz »Es gibt kein Vergessen«[26] stützt er mit erkenntnistheoretischen, physiologischen und anthropologischen Zweifeln. Die *erkenntnistheoretischen* aus der »Morgenröte« sind die einsichtigsten: »Dass es ein Vergessen gibt, ist noch nicht bewiesen; was wir wissen, ist allein, dass die Wiedererinnerung nicht in unserer Macht steht. Vorläufig haben wir in diese Lücke unserer Macht jenes Wort ›Vergessen‹ gesetzt: gleich als ob es ein Vermögen mehr im Register sei.«[27] Die Vokabel ›Vergessen‹ ist mithin ein Lückenbüsser für ein Geschehen, das wir nicht kennen. – Die *physiologischen* Zweifel wagen sich in unsicheres Gelände vor: Die Erkenntnisoperationen seien so kompliziert, dass sie gleichsam untilgbare Formen im Gehirn und im Nervensystem hinterlassen, die durch ähnliche Reize gleiche Bilder erzeugen. Nietzsche weiss um das Fragliche dieser Vermutungen. Er leitet sie deshalb mit dem Satz ein: »Vielleicht kann der Mensch nichts vergessen.«[28] – Die *anthropologischen* Zweifel, deren Fundament die Erfahrung ist, schlagen schliesslich um in die Gewissheit, nicht vergessen zu können: »Wir müssen ... das Vergangene betrachten – das ist nun einmal Menschenlos: unter diesem harten Joche hart zu werden soll keinem erspart sein, und wenn einer sehr hart geworden ist, bringt er es vielleicht sogar so weit, das Menschenlos eben wegen jenes Nichtvergessenkönnens zu preisen, eben deshalb, weil das Vergangene in uns nicht sterben kann ...«[29] In dieser Notiz ist »Nichtvergessenkönnen« in *einem* Wort geschrieben, als ob es ein Terminus wäre.

Die synchrone Lesart öffnet also, von der Verklärung des Vergessens bis zur Gewissheit des Nichtvergessenkönnens, ein weites Feld der Dialektik, in dem es kaum eine Position gibt, die nicht wieder im Wirbel der Bewegung aufgelöst wird. Wer auf der Suche nach Resultaten ist, wird sich mit dieser Lesart schwer tun. Aber einem sokratischen Denken, das keine Philosophie »*hat*«, sondern in der *Tätigkeit* des Philosophierens bleibt, ist sie angemessen, wobei man bezweifeln mag, ob sie Nietzsche in jedem Fall und zu allen Zeiten auch gerecht wird.

Sollte man aber zugleich eine *diachrone* Analyse vornehmen, so würde sich keineswegs ergeben, dass ein jugendlicher Heisssporn gegen den Zeitgeist des Historismus und des zunehmenden Szientismus mit einer von ihm nie angezweifelten Apologie des Vergessens ins Feld gezogen ist, um sich dann, in reiferen Jahren, immer entschiedener von ihr zu trennen, bis hin zu jenem Grenzsatz *gegen* das Vergessen. Sondern: Wirklich *neu* hinzugekommen ist in späteren Jahren, nämlich in der »Genealogie der Moral«, der Gedanke, dass sich das Vergessen »ein Gegenvermögen angezüchtet«

hat, »ein eigentliches Gedächtnis des Willens«, mit Hilfe dessen die Vergesslichkeit für gewisse Fälle »ausgehängt« wird – »für die Fälle nämlich, dass versprochen werden soll«[30]. Denn der Mensch ist das Tier, das »versprechen darf«[31], unter der Bedingung, dass er »für sich als Zukunft gut sagen«[32] kann. »Angezüchtet« worden ist dieses Gedächtnis durch die schlechten Erfahrungen, die der Mensch mit den Schulden und der Schuld gemacht hat, Erfahrungen, die ihm eingebrannt und eingemartert worden sind, damit sie im Gedächtnis bleiben. Denn: »nur was nicht aufhört, weh zu tun, bleibt im Gedächtnis.«[33] Das sei »ein Hauptsatz aus der allerältesten ... Psychologie auf Erden«[34] und die eigentliche Mnemotechnik der Menschheit. – Es gibt also eine moralische Grenze des Vergessens, deren Überschreitung unter Umständen mehr weh tut als das Nichtvergessenkönnen. – Genau genommen ist auch der Gedanke der Eingrenzung des Vergessens nicht neu; er hat in der zweiten Unzeitgemässen einen Vorläufer im Passus über die kritische Methode der historischen Betrachtung. Neu ist das gerechtere Verhältnis von Vergessen und Gedächtnis und ihre moralische Verknüpfung. – Im Übrigen aber wird das Vergessen, und zwar das »aktive« Vergessen, zu allen Zeiten als »Kraft« und als »Form der Gesundheit« angepriesen – und zu allen Zeiten wird auch angezweifelt, dass der Mensch überhaupt vergessen kann. So ist es denn nicht erstaunlich, dass die zweite Unzeitgemässe zu Beginn von der *Eifersucht* des Menschen auf die Tiere spricht, die, »kurz angebunden ... an den Pflock des Augenblickes«[35], immer gleich alles vergessen – und vom *Verwundern* darüber, »das Vergessen nicht lernen zu können und immerfort am Vergangenen zu hängen«[36]. Da plädiert somit einer für das Vergessen, dessen *Grunderfahrung* es ist, *nicht* vergessen zu können, und dessen *Verlangen* es ist, das Vergessen selber zu *lernen* und es der jungen Generation, die er die »Gesellschaft der Hoffenden«[37] nennt, auch zu *lehren*. Das bedeutet nichts geringeres, als dass er ein Gegenstück zur antiken *Mnemotechnik*, die eine Kunst des Gedächtnisses, des Nicht-Vergessens, war, schaffen müsste: eine »*Lethotechnik*« (Weinrich)[38], die eine »Kunst des Vergessens« wäre.

In der »Zweiten unzeitgemässen Betrachtung« deutet Nietzsche das Nichtvergessenkönnen nicht als Fluch der menschlichen *Natur*, sondern als Folge der *Zivilisierung* des Menschen. Das Kind, das »zwischen den Zäunen der Vergangenheit und der Zukunft in überseliger Blindheit spielt«[39], lebt, wie das Tier, im »Wunder«[40] des Augenblicks und vergisst wie dieses. Aber es wird früh aus der Vergessenheit »heraufgerufen«[41]. Die kleinen Mythoi, die Kindergeschichten – »es war einmal ...« – wenden seinen Blick aus der Gegenwart in die Vergangenheit zurück. Erziehung, Zähmung und Bildung machen aus ihm gleichsam das Un-Tier, das nicht mehr vergessen kann. Es begreift allmählich, was es mit dem Dasein des Menschen auf sich hat: dass es nämlich ein »ununterbrochenes Gewesensein«[42] ist und »ein nie zu vollendendes Imperfectum«[43].

Diesen anthropologischen Befund bettet Nietzsche in eine Zeitdiagnose ein. Sie besagt, »dass wir Alle an einem verzehrenden historischen Fieber leiden«[44], das spätestens vor »zwei Menschenaltern«[45] ausgebrochen, aber vielleicht schon im Mittelalter durch das »memento mori«[46] übertragen worden sei und eben darin bestehe, dass »man die Historie mehr als das Leben ehrt«[47]. Unter dieser Verkehrung – und, streng genommen, allein unter ihr – ist für Nietzsche die Historie dem Leben »schädlich« und »feindlich«[48]. Wer dem Übermass des Antiquarischen verfallen ist, wird nicht allein vom Hesiod'schen Syndrom, der natalen »Grauhaarigkeit«[49], heimgesucht, sondern von einem ganzen Fächer von Schäden und Leiden[50], deren letzte Dimension apokalyptisch ist. Wenn nämlich das historische Bewusstsein durch Verwissenschaftlichung auch noch autonom und souverän wird oder sich so gebärdet, zerstört die Geschichte als Historie die Geschichte als Geschehen: »Die Geschichte als reine Wissenschaft gedacht und souverän geworden, wäre eine Art von Lebens-Abschluss und Abrechnung für die Menschheit.«[51]

Gegen den Fächer der Leiden und gegen die apokalyptische Dimension entwirft Nietzsche seine Strategien des Kampfes, unter denen die Strategien des Vergessens zu den wichtigsten gehören. Sie dürfen vom historischen Bewusstsein selber eine partielle Hilfe erwarten, sofern sich dieses dem Dienst am Leben unterstellt. Aber auch dann *wollen* die »*monumentalistische*«[52] und die »*antiquarische*«[53] Betrachtung der Historie eigentlich *nicht vergessen*. Die monumentalistische will vielmehr die Erinnerung an die grossen Zeiten und ihre massgebenden Menschen und Werke wachhalten, und sie setzt diesen gleichsam Denkmäler aus Bewunderung. Die antiquarische will aus Pietät ihrerseits »im Gewohnten und Althergebrachten«, aus dem man selber geworden ist, »beharren«[54]. Allein in der »*kritischen*«[55] Betrachtung ist dies anders. In ihr zieht der Mensch die Vergangenheit »vor

Gericht«[56], inquiriert sie peinlich und verurteilt sie endlich. Das heisst: Er gibt sie dem Vergessen anheim. »... jede Vergangenheit aber ist wert verurteilt zu werden«[57], weil an jeder Gewalt und Schwäche haftet. Verdient somit auch jede Vergangenheit vergessen zu werden? Offenbar nicht; denn das Leben selber – so sagt Nietzsche – »verlangt ... die zeitweilige Vernichtung dieser Vergessenheit«[58], damit klar werde, »wie ungerecht die Existenz«[59] so mancher Dinge und Sachverhalte ist. »Dann ... greift man mit dem Messer an seine Wurzeln, dann schreitet man grausam über alle Pietäten hinweg.«[60] Heisst das, dass dieser Teil einer ungerechten und vielleicht grausamen Geschichte nach ihrer kritischen Destruktion doch auch dem Vergessen überlassen wird? Das ergäbe eine seltsame Logik: Man dürfte bestimmte Phasen der Geschichte nicht vergessen, um sie danach besser vergessen zu können. Man muss wohl anders verstehen: Es gibt historische Ungerechtigkeiten und Verbrechen, die so grausam sind, dass sie im Interesse des Lebens selber nicht wieder vergessen werden dürfen. Das Interesse des Lebens trifft sich wie zufällig mit einem politisch-moralischen Anspruch. Dem *Nichtvergessendürfen* entspricht eine Pflicht der Erinnerung. Vergessen und Erinnern stehen hier im selben Wechselverhältnis wie Vergessen und Gedächtnis beim Tier, das versprechen darf.

Eher indirekt ist die Hilfe, die dem Vergessen aus dem überhistorischen Bewusstsein zuwächst. Denn dieses hält sich, als metaphysisches Bewusstsein, an die aeternisierenden Mächte der Kunst und der Religion, die »dem Dasein den Charakter des Ewigen«[61] verleihen. Die Verewigung der Erinnerung, also ihre Verwandlung aus einer Repräsentation des Gewesenen in ein ewig Präsentes, wäre der schärfste Gegensatz zum Vergessen: ein metaphysisches, nicht mehr anthropologisches, Nichtvergessenkönnen, an dem alle Bemühungen des Vergessenwollens abprallen müssten. – Nun sagt aber Nietzsche ausdrücklich, »das Überhistorische« sei ein »Gegenmittel«[62] zum alles überwuchernden wissenschaftlichen historischen Bewusstsein, welches »das Vergessen, den Tod des Wissens, hasst«[63]. In Nietzsche muss also der Gedanke lebendig gewesen sein, dass der Mensch, im Umkreis des Ewigen, sich um das Werdende und Zeitliche nicht oder weniger kümmert und so manches Gewesene und Gewordene dem Vergessen überlässt. Dieser Gedanke wäre ein Ableger der Platonischen Metaphysik – es gibt in der zweiten Unzeitgemässen viele solcher Ableger –, in der bekanntlich niemand an den Ort der ewigen Wahrheiten kommt, der nicht zuvor alles Werdende und Zeitliche vergessen hat. Bei Nietzsche ist allerdings zugleich die Skepsis gegen die Platonische Verewigung wach. Denn sie verlässt die Lebendigkeit des Lebens, und das ist gerade das, was er nicht möchte.

So bleibt vor allem das Unhistorische, das instinktive, gegenwärtige Lebensempfinden, der Grund, auf dem man das Vergessen lernt. Ich möchte die wesentlichen Konstellationen des Vergessen-Könnens aufzeigen und gehe dabei von Nietzsches idealtypischer Konstruktion eines Menschen aus, der »die Kraft zu vergessen gar nicht besässe«[64].

Dieser Mensch wäre nach Nietzsche dazu verurteilt, »überall ein Werden zu sehen«[65]. Alles würde ihm »in bewegte Punkte auseinander fliessen«[66], und er verlöre darin sein eigenes Sein ganz und gar und wäre nicht mehr fähig, das geringste zu tun. – Wenn man auslegen darf, dass der punktuelle Strom des Werdens eine Metapher für die chaotische Fülle des einzelnen Konkreten ist, wird man Nietzsche zum Teil zustimmen. Die Folgen aber wären vermutlich anderer Art. Der Mensch ohne Vergessen – der Gegentypus zum Menschen ohne Gedächtnis – verlöre in der Omnipräsenz der unterschiedlichsten Einzelheiten die Fähigkeit der Abstraktion und damit des begrifflichen Denkens.[67] Insofern setzen nicht erst Handeln und Schaffen Vergessen voraus, sondern schon das Denken. Aber sind mit der Unfähigkeit zu vergessen alle Möglichkeiten der Identität und der Orientierung verloren? Die Behauptung scheint mir eher für einen Menschen ohne Gedächtnis zuzutreffen.

Die Voraussetzung allen Vergessens, so sagt Nietzsche immer wieder, ist eine »*Kraft*«. Er nennt sie später in der »Genealogie der Moral« im Unterschied zum »Vergessen« die »Vergesslichkeit«[68] und bestimmt sie dort begrifflich als »positives Hemmungsvermögen«[69] und metaphorisch als »Türwärterin«[70] und »Aufrechterhalterin der seelischen Ordnung«[71]. In der zweiten Unzeitgemässen fehlt eine einheitliche Bestimmung. Oft weist Nietzsche bloss auf sie hin wie etwa in der Äusserung: »Es gehört sehr viel Kraft dazu, leben zu können und zu vergessen, in wie fern leben und ungerecht sein Eins ist.«[72] Manchmal wird sie mit dem Vergessen gleichgesetzt. Gelegentlich wird sie »die plastische Kraft des Lebens«[73] genannt oder auch »die plastische Kraft eines Menschen, eines Volkes, einer Kultur ..., aus sich heraus eigenartig zu wachsen«[74]. Alle Bezeichnungen meinen vorerst etwas Gemeinsames: dem Vergessen liegt nicht eine vis inertiae zu Grunde, sondern *ein aktives Vermögen*. Man muss etwas tun, um vergessen zu können, und dieses Vergessen ist selber wieder ein Tun. Deshalb ist es richtig, vom Vergessen-*Können* zu reden und folglich auch von einer »*Kunst*«[75] des Vergessens. Der Aktivitätsgrad mag aber unterschiedlich sein: dynamischer in den Bewegungen des Ab- und des Aufbruchs, hartnäckiger in der Wahrung der Eigenständigkeit sowie in der Haltung der Abwehr und der Revierverteidigung.

Dieselbe plastische Kraft nun, die so manches in die Vergessenheit abschiebt, ermöglicht für Nietzsche zugleich die *Aneignung:* die »Einverleibung« und »Einverseelung«[76] des noch Fremden. Deshalb wird für ihn wichtig, »die Grenze zu bestimmen«, an der man nicht nur vergessen *kann,* sondern vergessen »*muss*«[77]. Diese Grenze liegt dort, wo die Aneignung das eigenständige Wachstum stören und behindern würde. Dort müsste der Zerfall einer Persönlichkeit oder einer Kultur einsetzen. Die Linie trennt somit das Lebensfördernde, Eigengemässe, für mich »Übersehbare, Helle«[78] von dem Lebensbedrohenden, Fremden, »Unaufhellbaren und Dunkeln«[79]. Sie schliesst sich zum bergenden Horizont, »und nichts vermag daran zu erinnern, dass es noch jenseits desselben Menschen, Leidenschaften, Lehren, Zwecke gibt«[80]. Es scheint Nietzsche geradezu ein Gesetz alles Lebendigen zu sein, dass dieses nur innerhalb eines *geschlossenen* und *ganzen* Horizontes »gesund, stark und fruchtbar«[81] werden kann. Das Vergessen-Müssen ist also nicht ein ethisches Vergessen-Sollen, sondern eine Nötigung zur Aktualisierung des Vergessen-Könnens im Interesse der Lebenskraft und der Lebensgesundheit.

Mir scheinen die Reflexionen zum geschlossenen Horizont der schwächste und gefährlichste Teil in Nietzsches Kunst des Vergessens zu sein. In ihr ist das »Leben« der deklarierte höchste Wert des Empfindens, Denkens und Handelns. »Leben« ist aber für Nietzsche, in der Nachfolge Schopenhauers, eine »dunkle, treibende, unersättlich sich selber begehrende Macht«[82], deren Regungen ebenso dunkel sein müssen wie sie selber. Was dem Einen in seinem Wollen als überschaubar und hell erscheinen mag, ist für den Anderen chaotisch und dunkel. Das, was innerhalb des Horizonts unser Leben zu fördern scheint, *»das Unhistorische«*, ist eher, so Nietzsche, eine »Atmosphäre«, eine »Hülle«, ein »geheimnisvoller Dunstkreis«, eine »umschliessende Dunstwolke« oder gar ein »umhüllender Wahn«[83]. Wir könnten diesen Innenraum samt Inhalt auch einen *gelebten Mythos* nennen. Der gelebte Mythos ist von den Geschichten, den Mythoi, dadurch unterschieden, dass er nicht ein Objekt dessen ist, der ihn lebt, sondern nur dessen, der ihn nicht lebt. Nur er sieht ihn von aussen. Der gelebte Mythos ist eine Glocke, die wir um uns mit uns tragen, oder ein Filter, der auf unserer Nase sitzt. Wir sehen *nicht ihn,* sondern *durch* ihn, und er gibt allem seine eigene Färbung und Zeichnung. Solange es sich bloss um einen individuellen Mythos oder Wahn handelt, ist die Gefahr, die von ihm ausgeht, gering. Aber Nietzsche betont immer wieder, dass seine Ausführungen gleichermassen für einzelne Menschen, Völker und Kulturen gelten. Der Salto mortale rückwärts in die kollektiven Mythen, ja in den kollektiven Wahn: im Namen des uns nicht durchsichtigen Lebens, ist ein Sprung hinter die Aufklärung zurück, der, eingedenk der Erfahrungen des 20. Jahrhunderts, mir inakzeptabel zu sein scheint. Der geschlossene Horizont, in den man, wie Nietzsche sagt, »sich« einschliesst[84], ist ein dämmriges Biotop, aber nicht eine menschliche Lebenswelt.

Das *Vergessen-Dürfen* ist für das unhistorische Bewusstsein nahezu unbegrenzt. Denn es ist möglich, »fast ohne Erinnerung«[85] glücklich zu leben, und die Griechen haben, ohne viel historisches Wissen, eine grosse, für Nietzsche: die grösste, Kultur geschaffen. Dennoch wäre – und nun entwirft Nietzsche wieder eine idealtypische Konstruktion – »die mächtigste und ungeheuerste Natur«[86] dankbar, die alles Vergangene, »eigenes und fremdestes«[87], anzueignen vermöchte, ohne Schaden zu nehmen. Die Liberalität des Vergessen-Dürfens ist somit kein Plädoyer für die kollektive Enge, sondern nur für die individuelle Angemessenheit. Was jenseits der plastischen Kraft auch der mächtigsten Natur liegt, »weiss sie zu vergessen«[88]. – Das Vergessen-Dürfen wird aber doch zeitweise aus anderen Gesichtspunkten eingeschränkt. Es wäre jedenfalls, im Interesse der Kultur und der Erziehung, besser, die grossen Gestalten und ihre Werke nicht zu vergessen, die uns zeigen, was Grösse war, und hoffen lassen, dass sie wieder sein kann. Und es wäre, im Interesse der künftigen Überlebensfähigkeit, besser, die schweren Ungerechtigkeiten und Grausamkeiten nicht zu vergessen, falls das Leben dies »verlangt«.

Schliesslich gibt es auch ein Vergessen-*Wollen.* In allem aktiven Vergessen steckt unser Lebenswille, der hin und wieder den Bruch sucht und dann eine Vergangenheit zerbricht und auflöst[89], als gäbe es so etwas wie eine Sehnsucht nach »ein wenig tabula rasa des Bewusstseins, damit wieder

Platz wird für Neues«[90]. Hin und wieder mag das Wollen auch eine Verdrängung bewirken, wie sie in »Jenseits von Gut und Böse« so unübertrefflich angesprochen wird: »›Das habe ich getan‹ sagt mein Gedächtnis. ›Das kann ich nicht getan haben‹ – sagt mein Stolz und bleibt unerbittlich. Endlich – gibt das Gedächtnis nach.«[91]

In der »Fröhlichen Wissenschaft« findet sich eine Bemerkung, die aufhorchen lässt, weil sie auf das Problem der *Qualität* des Vergessens hinweist: »... oh wie wir nunmehr lernen, gut zu vergessen, gut nicht-zu-wissen, als Künstler!«[92] Es ist offenbar nicht alles Vergessen von gleicher Qualität. Denn wenn es ein gutes Vergessen gibt, muss es auch ein nicht-gutes geben. Ein Hinweis darauf findet sich schon in der zweiten Unzeitgemässen, und zwar unmittelbar nach den Reflexionen zum geschlossenen Horizont. Die Trennungslinie des Horizonts nämlich soll ermöglichen, dass man »eben so zur rechten Zeit zu vergessen weiss, als man sich zur rechten Zeit erinnert«[93]. Gut vergessen heisst hier: zur rechten Zeit und am rechten Ort vergessen. Und ebenso ist es mit dem Erinnern. Beides ist nicht ein Geschenk des kairós und nicht eine Leistung der Vernunft, sondern eines »kräftigen Instinkts«, der »herausfühlt«[94], wann und wo man vergessen darf, will und muss – und wann und wo nicht. Dieses instinktive Gespür ist die Stimme des Lebens in uns, die erinnert, dass gut jenes Vergessen und Erinnern ist, das dem Leben dient.

Wollten wir diese Philosophie des Vergessens in eine Kurzform von grösster Vereinfachung bringen, liesse sich sagen: Zwar ist nirgends bewiesen, dass es im strengen Sinn des

Wortes ein Vergessen gibt. Aber die Lebenserfahrungen zeigen doch, dass wir hin und wieder vergessen. Deshalb darf als starke Hypothese gesetzt werden, dass wir vergessen können. Falls wir dieses Können aktiv auslegen, folgt aus ihm auch, dass eine Kunst des Vergessens möglich ist. Wie weit wir im Rahmen dieser Kunst vergessen können, vergessen müssen, vergessen dürfen und vergessen wollen, hängt vom Zentralwert des »Lebens« ab, unter dessen Führung alles Vergessen und Erinnern steht, und ebenso von der »plastischen Kraft«, die das Mass des Vergessen- und Aneignen-Könnens einer Persönlichkeit, eines Volkes, einer Kultur bestimmt. Die zeitgemässe Kultur der universalen Historie und der Verwissenschaftlichung aller Dinge aber hat sich gegen alles Vergessen verschworen und dieses selber in Vergessenheit gebracht. Und deshalb besteht die Kunst des Vergessens darin, das Vergessen neu zu erlernen. Nur wenn das qualifiziert gelingt: zur rechten Zeit und am richtigen Ort, wird eine Kultur möglich, in der Tätigkeit, Lebendigkeit, eine Form der starken Gesundheit, Glück, Heiterkeit und vielleicht sogar Grösse sich in einem Ganzen vereinen.

Was sagt uns Nietzsches »Zweite unzeitgemässe Betrachtung« heute noch? Wir leiden nicht am »historischen Fieber«[95]. Der Blick zurück in das Jahrhundert nach Nietzsche ist für alle europäischen Völker zu beschämend. Und so sind wir Virtuosen der historischen Verdrängung geworden. Da kam uns eine neue Philosophie gerade recht: Dasein in seiner Eigentlichkeit sei sich selbst vorweg: in Sorge. Dieses Dasein ist nicht mehr ein »ununterbrochenes Gewesensein«[96], sondern ein ständiges Nochnicht, und nicht mehr »ein nie zu vollendendes Imperfectum«[97], sondern ein stets offenes Futurum. Das Zeitalter, das sich selbst vorweg ist, verliert sich an das andere Ende der Gegenwart: an die Zukunft. Es leidet an der *präventiven Krankheit,* an der banalsten Form des Utopismus. Im präventiven Fieber verbrauchen und vernutzen wir die Gegenwart, um in der Zukunft etwas zu erreichen oder zu verhindern. Daraufhin durchordnen wir im Kleinen den Alltag und im Grossen die Welt. Kein Dasein ohne einen Fächer von Versicherungen, kein Genuss ohne Mahnfinger, keine Liebe ohne Vorsicht; keine Gemeinschaft ohne Planungen, keine Gesellschaft ohne Risiko-Angst, keine Kultur ohne selbstgeschmiedete Damoklesschwerter – und alles verschnürt mit den globalen Sorgen der Umwelt, der Armut, der Kriege und des Clashs der Kulturen. Gegen die grossen Risiken geht man noch grössere ein, um die nächst kleineren zu kontrollieren. Man ist in einem circulus vitiosus gefangen wie ein Patient in einer letalen Krankheit. Da hilft noch am ehesten eine Kultur des Verfliessens und Vergessens. Wir haben sie uns »angezwungen«. Die Mittel dazu waren und sind die immer grössere Informationsüberflutung sowie die immer schnellere Symbolproduktion und Technikinnovation. Kein Menschengedächtnis kann da noch mithalten. Man *muss* vergessen, am meisten in den Wissenschaften, die ehemals das Vergessen so gehasst haben. Das Vergessen aber wird dem organischen Gedächtnis leicht gemacht, weil im digitalen: im elektronischen Speicher, schlechthin alles abgelegt und gezielt auch wieder abgerufen werden kann. Die Ablage im digitalen Speicher tut nicht weh. – Es ist, als ob die Welt des jungen Nietzsche sich in ihr Gegenteil verkehrt hätte.

Sind die Situationen der Zeit also zu verschieden, als dass die »Zweite unzeitgemässe Betrachtung« uns noch etwas zu sagen hätte? Einerseits ja. Das sind nicht die Sorgen, die wir haben. Eher noch müssen wir das gerechte Erinnern wieder erlernen. Andrerseits war Nietzsche eine der Gestalten, die an der Umwendung des Blicks aus der Vergangenheit in die Zukunft mitgearbeitet haben, sozusagen ein Früh-Futurist, der das Übermass an Historie bekämpfte, um Platz für die Gegenwart und Raum für den Bau der Zukunft zu bekommen. Für diese Wende war die zweite unzeitgemässe Betrachtung wohl die brisanteste kulturkritische Schrift des 19. Jahrhunderts, voller nachwirkender Fragen und Hinweise, voller Provokationen und Ärgernisse, die auch für uns heute anregend geblieben ist. Wenn man bedenkt, dass ein so junger Mensch sie geschrieben hat und *wie* er sie geschrieben hat, bleibt, bei aller Kritik, ein grosses Erstaunen.

II

Die politische Bedeutung der Natalität bei Hannah Arendt

Für Heinz Robert Schlette

Als es 1945 Hannah Arendt zur Gewissheit wurde, dass sie den Holocaust und den Zweiten Weltkrieg zwar im Schutze des Exils, aber letztlich doch zufällig überlebt hatte, war ihr keineswegs, als kehre sie in die Verlässlichkeit einer altvertrauten Welt zurück. Die Zerstörung Europas, vor allem aber der »entschlossene Versuch der Ausrottung« der Juden, hatte den »Boden der Tatsachen in einen Abgrund verwandelt«[1], in den auch noch hineingezogen wurde, wer versuchte, »das Höllenspektakel«[2] im nachhinein zu verstehen. Dennoch musste der Versuch zu verstehen unternommen werden; denn er war der einzige Weg zu einer möglichen Versöhnung – nicht etwa mit den Mördern und den Machthabern: hier konnte es keine Versöhnung geben –, sondern mit der Welt, in der das geschehen war, was kaum jemand zuvor für möglich gehalten hatte, aber nun niemand mehr ungeschehen machen konnte. Die Unabänderlichkeit der Ereignisse zerbrach jedes Vertrauen in die Welt, die Hannah Arendt nach den epochalen Katastrophen noch unheimlicher war als ohnehin schon von Jugend auf. Klar war es ihr, dass für dieses Verstehen das Studium der Geschichte nicht ausreiche; denn weder die Geschichte des deutschen noch des jüdischen Volkes konnte Auschwitz »erklären«[3]. Also galt es, das Unverständliche politisch verstehen zu lernen und vielleicht auch philosophisch. Weil aber die neue Wirklichkeit so radikal die Grenzen der Humanität sprengte, dass niemand darauf vorbereitet war, sie zu denken, musste im Verstehen ein neues Denken geschaffen werden, das ihr gewachsen war. Eben dies war der beharrliche Versuch ihrer künftigen Lebensarbeit, durch den sie – anfänglich »etwas zwischen einem Historiker und einem politischen Publizisten«[4] – zur originellsten politischen Theoretikerin der Nachkriegszeit wurde.

Der ungeheure Schrecken einer abgründigen Realität und in deren Folge die radikale Ungeborgenheit in der Welt waren es also, die Hannah Arendt auf die Suche trieben. Was lag näher, als bei den ehemaligen Lehrern: bei Husserl, Heidegger und Jaspers, und bei deren geistigen Vätern: bei Schelling, Kierkegaard und Nietzsche, zu beginnen? Hatten nicht die Phänomenologen und die Existenzphilosophen durch den Einbruch des Ersten Weltkrieges einen vergleichbaren Schock erlitten? Die Schrift »Was ist Existenz-Philosophie?«[5] von 1946 ist aus dieser Frage entstanden. Sie untersucht das durch die Lehrer Mitbekommene auf sein Krisenbewusstsein hin und auf seine Eignung zu einem Neuansatz des Denkens.

Husserl, für Hannah Arendt ein Denker, der zur modernen Philosophie »nicht eigentlich gehörte«[6], war in ihren Augen gleichsam ein klassizistischer Magier, der zwar etwas von der Fremdheit der Wirklichkeit ahnte, sie aber in den Bewusstseinsakten verschwinden liess, um so, ähnlich wie Hofmannsthal in den kleinen Dingen, »aus der unheimlich gewordenen Welt wieder eine Heimat herauszuzaubern«[7]. Hannah Arendt räumt ein, dass die phänomenologische Reduktion ein Akt humaner Bescheidenheit sein könnte.

Aber er würde exakt dann zur Hybris, wenn er sich selbst mit einer Konstitution verwechselte, durch die der Mensch doch noch zum »Schöpfer der Welt und seiner selbst«[8] wird. Dann wäre nicht allein der Schock über die Wirklichkeit der Welt verflogen, sondern es würde auch jede politische Reflexion gelähmt. Denn wenn jeder der Schöpfer *seiner Welt* und *seiner selbst* ist, gibt es über die gemeinsame Welt und ihre Veränderung nichts mehr zu reden, weil sie ja gar nicht gegeben ist.

Gemessen an Husserl war Heidegger für Hannah Arendt immer ein nicht-epigonaler Denker, der in die Moderne gehörte. Er wusste zweifellos etwas über die Unheimlichkeit der Welt und der Gegenstände in ihr. Aber im Hinblick auf ein politisches Denken war er gleichsam ein verkehrter Wegweiser. Er sprach nie vom Menschen, sondern ausschliesslich vom Dasein, und er reduzierte über diese Reduktion alles Menschliche auf Daseinsmodi, die phänomenologisch nachweisbar sind. Damit entfallen alle jene Qualitäten des Menschen, »die Kant als Freiheit, Menschenwürde und Vernunft vorläufig skizziert hatte«[9], Qualitäten, die aus »Spontaneität« und nicht aus »Funktionen des Seins« entspringen. An ihrer Stelle bleibt bloss noch das Nichts als »eigentlich freie Domäne des Menschen«[10]. Dasein wird nun ausschliesslich rückbezüglich. »selbstisch«, wie Hannah Arendt sagt, und diese »hybride Leidenschaft«[11] der absoluten »Selbstischkeit«[12], in der es sich abtrennt »von allen, die seinesgleichen sind«[13], wird fixiert durch das Existential des Vorlaufs zum Tode, das Heideggers eigentliches »*principium individuationis*«[14] ist. – All das bedeutet: Heideggers Analytik des Daseins verstellt jeden Zugang zur politischen

Reflexion. Sie erstickt das Bewusstsein der Spontaneität in einem realistischen Funktionalismus, durchschneidet die mit-menschlichen Relationen und treibt das Individuum unaufhörlich in die Richtung der Jemeinigkeit des Todes und in die Weltlosigkeit des Alleinseins: Je selbstischer, desto eigentlicher; je gemeinsamer, um so verfallener an das Man. Dass all dies, politisch bedacht, eine schon groteske Verkehrung sein muss, hat sich für Hannah Arendt in Heideggers Rektoratszeit offenbart. »Heidegger (...) hat in seiner politischen Handlungsweise alles dazu getan, uns davor zu warnen, ihn ernst zu nehmen.«[15] Ihre eigene politische Theorie wird geradezu die Revolution, das heisst die Umkehrung, all dieser Verhältnisse sein.

Jaspers' Denken schliesslich schien Hannah Arendt »sehr viel moderner«[16] zu sein als das neusachliche und methodisch schulmässige von Heideggers »Sein und Zeit«. »Modern« aber bedeutete ihr lediglich, »dass für das gegenwärtige philosophische Denken sich unmittelbare Anhaltspunkte ergeben«[17], und zwar schon in der 1919 erschienenen »Psychologie der Weltanschauungen«, dem ersten grossen Werk der deutschen Existenzphilosophie. Die Sprengung aller weltanschaulich mythologisierenden Gehäuse, welche Fluchtnischen vor der Wirklichkeit sind; die Verwandlung der Philosophie in den Plural der Philosophien, der statischen Standpunkte in die Verschieblichkeit der Multiaspektivität; die Rückstellung aller Resultate in eine offene Schwebe, die Umschmelzung des belehrend Normativen in das bewegend Appellative und die Öffnung des Denkens im Raum der Möglichkeiten bis an die Grenze eines Wirklichen, das nicht mehr bloss Möglichkeit sein kann: all das gab seinem Philosophieren eine Weite des Experimentierens, die niemanden zur Zustimmung zwang. Hier war der ontologische Wahn nicht bloss der Erschaffung, sondern auch der Erkenntnis des Seins radikal abgelegt. Eben deshalb konnte die Zerrissenheit des Seins, dieses Grundmerkmal der Moderne, gesehen werden. Die Fremdheit und die antinomische Struktur der Welt mussten nicht geleugnet werden, aber auch nicht der Wille zu einer Menschenwelt, »die Heimat werden konnte«[18]. Die Chance dafür lag in der Kommunikation, jenem kämpfenden Miteinanderreden der Philosophierenden, in dem Existenz sich verwirklicht – aber nun gerade nicht in der Selbstischkeit oder sonst in einem Modus des Alleinseins, »sondern umgekehrt nur in dem Zusammen der Menschen in der gemeinsam gegebenen Welt«[19]. Eben deshalb hielt er als einziger an den Kantischen Qualitäten von »Freiheit und Würde«[20] fest. In all dem war wenigstens der Versuch gemacht, »eine neue Art Philosophie überhaupt zu begründen«[21]. Deshalb sagte Hannah Arendt später gelegentlich, sie sei durch Jaspers' Denken, »trotz meiner Ahnungslosigkeit«[22], für die Politik vorbereitet worden. – Aber auch ihn traf das Verdikt gegen alle Existenzphilosophie: Ihre Auslegung des existentiellen, des eigentlichen Menschseins war an Kierkegaards Kategorie der »Ausnahme«[23] orientiert, und das war kein gutes Erbe für die politische Reflexion – wie es die Philosophie, gerade als reines Denken, insgesamt nicht war.

Schon aus diesen Kritiken und Zustimmungen liesse sich Hannah Arendts politische Theorie in Umrissen entwerfen. Aber man würde sich mit einer solchen Rekonstruktion etwas vormachen: man würde die Schwierigkeiten der ursprünglichen Konstruktion zum Verschwinden bringen, die weit eher einer erlebten Geschichte gleicht als einer logischen Herleitung. Diese Schwierigkeiten waren dadurch gegeben, dass sich die ganze Tradition des abendländischen Denkens darauf verschworen zu haben schien, die politische Reflexion aus der Welt zu schaffen. Das galt gleichermassen von der grossen Philosophie, von den modernen Wissenschaften und von der jüdisch-christlichen Theologie. Sie sprachen immer von *dem* Menschen, als ob es nur einen gäbe oder als ob alle Menschen gleiche Exemplare derselben Gattung wären. Die Philosophen wurden dazu verführt durch die Platonische Metaphysik und die Ontologie, der auch noch Heidegger verfallen war, die Wissenschaftler dazu gezwungen, weil das Besondere nicht der Gegenstand ihrer Theorie sein konnte, und die Theologen wurden dazu genötigt, weil es der Schöpfungsmythos so vorgab. Keine Disziplin hatte eine »gültige Antwort auf die Frage: Was ist Politik? gefunden«[24].

Mehr als jede andere Wissenschaft hatte die grosse Philosophie diese Frage verfehlt. In ihr erreichte die Politik »nie die gleiche Tiefe« wie die metaphysische Spekulation, selbst nicht bei Plato. »Der fehlende Tiefsinn ist ja nichts anderes als der fehlende Sinn für die Tiefe, in der Politik verankert ist.«[25] Wo die tiefe Verankerung der Politik aber versucht wurde, wie bei Aristoteles, wurde sie falsch geortet, nämlich im *Zoon politikon,* als ob es in *dem* Menschen eine »politische Substanz«[26] gäbe. Hannah Arendt opponiert dagegen entschieden: »*der* Mensch ist a-politisch«[27]. Der Ort des Politischen ist nicht ein essentielles Innen, sondern das »*Zwischen-den-*Menschen«[28]. Dieses Inter-esse spielt bei ihr in mehrfacher Hinsicht eine entscheidende Rolle: In ihm sind die Relationen zu Hause, die Sprache und auch die öffentliche Freiheit, ja das politische Leben insgesamt: »inter homines esse«, so schreibt sie öfters, hiess für die Römer »leben« und »desinere inter homines esse« hiess »sterben«[29]. – Auch schien den »professionellen Denkern«[30] die Freiheit als Sinn der Politik nicht »zu passen«. Denn die Freiheit oder die Spontaneität des Menschen muss man mit der Zufälligkeit, der Kontingenz, all dessen bezahlen, was der Mensch aus Freiheit tut, und das bedeutet nichts anderes, als dass wir aus Freiheit immer nur das tun, »was auch ungetan bleiben könnte«[31]. Die Philosophen haben deshalb in der Regel – Kant ist die grosse Ausnahme – die Freiheit auf das neue Jerusalem vertagt, wo sie sich sofort in ein Reich der Notwendigkeit – nämlich der Unveränderbarkeit – verwandeln musste, was ihrer Zerstörung wesentlich näher kam als ihrer Aktualisierung. – Schliesslich ist das Denken der Philosophie in der Regel ein welt-fremdes Denken, eine innere Zwiesprache des Ich mit dem Selbst, kaum ein öffentliches Gespräch. Diese innere Zwiesprache legte sich in ihrer Tradition so sehr in Fesseln der Selbstkontrolle, eben weil ihr das öffentliche Korrektiv fehlte, dass sie alle Kultur des Experimentierens und des Spielens verloren hat, fast überall an Geländern geht und von der Totenstarre der Logik wie gelähmt ist. Der so erstarrte Diskurs hat nun selber Teil an der Gewalt, gegen die sich ursprünglich Sprache doch wendet. – Gegen Ableitungen dieser Art müsste die politische Theorie eine Sprache, eine Philosophie zur Grundlage haben, der die Freiheit »passt«, ohne dass sie selber vom Abgrund der Freiheit verschlungen wird.

Aus Ungenügen an den Theorien suchte Hannah Arendt schliesslich bei den Gründungslegenden und den Menschen der Praxis nach neuen Anstössen. Sie hoffte, dort Hinweise auf das Dilemma des Anfangens zu finden: Wie war es überhaupt möglich, dass Katastrophen und Verbrechen solchen Ausmasses, wie Auschwitz und die totale Herrschaft sie darstellen, nicht in alle Zeiten fortwirken? Wie ist, obwohl sie nicht ungeschehen gemacht werden können, es möglich, politisch einen neuen Anfang zu setzen? Denn *dass* er gesetzt werden musste, war offensichtlich. Aber *warum* und *wie* er gesetzt werden könnte, lag völlig im Dunkeln.

Aber auch hier ergab sich bald ein ernüchterndes Fazit. In den Gründungslegenden klaffte jeweils ein Hiatus zwischen den Aktionen der Befreiung aus einem unerwünschten Zustand und den Handlungen der eigentlichen Neugründung. Dieser Hiatus wies zwar auf das Problem des Anfangens hin, aber löste es nicht. Die Menschen der Praxis wiederum überbrückten ihre Verlegenheit damit, dass sie das Neue als Neugründung eines Alten ausgaben und es damit legitimierten: die Revolution als Wiederherstellung oder, um es krass zu sagen, als Restauration.

Um etwa 1950 scheinen derart alle Versuche gescheitert zu sein, in der Geschichte der Theorien und der Praxis einen Ansatz für eine neue politische Theorienbildung zu finden. Das Sonderbare ist nun, dass ausgerechnet eine Interpretation jenes jüdisch-christlichen, monotheistischen Mythos von der Erschaffung des *einen,* ebenbildlichen Menschen, den Hannah Arendt für den Verlust des politischen Bewusstseins mitverantwortlich machte, den Durchbruch zu einem eigenen konsistenten, politischen Denken ermöglicht, weil diese Interpretation (nicht etwa der Mythos selber[32]) die Anfangsfrage löst, dem Menschen die Freiheit zurückgibt und die Politik verlässlich, tief und dennoch in einem alltäglichen, aber basalen Ereignis gründet: im Faktum des Geborenwerdens. Die Rede ist von Augustinus' Interpretation der Erschaffung des Menschen und von ihrer politischen Umdeutung durch Hannah Arendt.

Im 12. Buch der »Civitas Dei« polemisiert Augustinus heftig gegen die griechische und römische »Annahme von Kreisläufen, in denen sich immerfort notwendig dasselbe von Zeit zu Zeit wiederholen soll«[33]. Diese Lehre – sie ist uns vertraut in der Erneuerung durch Nietzsche – sei »für fromme Ohren unerträglich«[34]. Denn sie würde nicht allein bedeuten, dass die grenzenlose Seligkeit der Heiligen mit einer »jammervollen Sterblichkeit«[35] periodisch abwechselt, sondern auch, dass dauerhafte Liebe unter Menschen unmöglich wäre. Wir müssten den Freund, den wir aufrichtig lieben, bald wieder hassen. Nur wenn die Zeit nicht an Kreisläufe gebunden sei, »kann sich Neues zutragen, noch nie Dagewesenes, ohne dass es aus der Ordnung der Dinge herausfällt«[36]. Eben dieses Neue wäre ein Anfang, der in der ewigen Wiederkehr des Gleichen nicht möglich sei. »*(Initium) hoc ergo ut esset, creatus est homo, ante quem nullus fuit.*« »Damit also ein Anfang in der Welt sei, ist der Mensch erschaffen worden, vor dem Niemand war.«[37]

Diesen Satz und die vorausgehenden Überlegungen muss Hannah Arendt 1953 als eine Art Offenbarung empfunden haben.[38] Plötzlich meinte sie, »eine ansatzhafte Alternative«

zur »gesamten Geschichte des politischen Denkens«[39] entdeckt zu haben, und das bei einem Denker, der selber im Schatten eines »katastrophalen Endes« gelebt hat, »das dem von uns erreichten vergleichbar sein mag«[40]. Eben deshalb ist er für die Gegenwart glaubwürdig. Diese ansatzhafte Alternative galt es nun für das politische Denken systematisch fruchtbar zu machen. Der erste Schritt dazu lag in einer Auslegung des Satzes, welche die Frage des Anfangs befriedigend zu lösen vermochte. Der Interpretationsprozess erstreckte sich über Jahre und führte insgesamt etwa zur folgenden Auslegung:

Der Mensch hat die Fähigkeit anzufangen, weil er selber als Anfang geschaffen ist. Zwar gab es vor ihm einen Anfang anderer Art, ein absolutes *principium,* aus dem die Welt und mit ihr die naturhafte, zyklische Zeitlichkeit erschaffen wurde. Aber *in* der Welt ist er das *initium,* der relative Anfang, vor dem es anderes, aber nicht Andere gab. In ihm als *initium* liegt indes zugleich das Prinzip des Anfangens überhaupt – und insofern gründet sein komparativer Anfang im absoluten der Erschaffung der Welt. Als *initium* ist er ein Initiator, und im Initiator liegt die Schubkraft der Initiative, die neue Anfänge setzt. Der Sprung aus der zyklischen in die lineare Zeitlichkeit geschah nicht nur einmal, sondern geschieht bei jedem Menschen im Geborenwerden neu, im Eintritt nämlich aus einer naturhaften, geschlossenen Fetalwelt in die gemeinsame, offene Sozialwelt, und dieser Sprung ist der Beginn der Geschichte eines bestimmten und durch seine Geschichten einzigartigen Menschen. Einzigartigkeit und Pluralität aber bedingen sich gegenseitig. Beide sind nur möglich, wenn es Freiheit gibt. Und deshalb tritt mit jedem neuen *homo temporalis* die Gabe der Freiheit in die Welt. Sie ist identisch mit der Fähigkeit, etwas Neues anzufangen.

Die Geburt im Sinn von Gebären – wie übrigens auch das Zeugen – hat noch den naturhaften Charakter des Zyklischen. Von ihnen sagt Hannah Arendt, dass sie beide keineswegs »schöpferisch«[41] seien. Aber das Faktum des Geborenwerdens oder, schärfer, des Geborenwordenseins ist der Anfang des Anfangens, in dem die Politik verankert werden darf. Sie ist gleichsam die zweite Geburt, durch die der Mensch aus der offenen in die *öffentliche* Welt tritt, sich in ihr »einschaltet« und damit die Verantwortung dafür übernimmt, dass er zur Welt gebracht worden ist. Das bleibende Anfangenkönnen schliesslich ist die Natalität, ein Existential oder eine Struktur des Menschseins, die Hannah Arendt auch »Gebürtlichkeit« nennt.

So wie die Geschichte eines jeden Menschen als Geschichte in der gemeinsamen Welt mit der Geburt beginnt und mit dem Tod endet, so sind die beiden Grundstrukturen des Menschseins die Natalität und die Mortalität oder eben Gebürtlichkeit und Sterblichkeit, wobei für Hannah Arendt die Natalität die fundamentalere Struktur des Humanen ist. Eben darin ist ihre Philosophie schlechthin revolutionär: Das *»principium individuationis«* der Menschen ist nicht mehr die Sterblichkeit, sondern die Gebürtlichkeit. Das eigentliche Leben ist nicht ein Vorlaufen zum Tod, sondern ein Handeln aus der Freiheit der Natalität. Und die Menschen sind nicht primär »Sterbliche«, sondern »Geborene« oder »Anfänger« oder wie die Griechen von Kleinkindern sagten – »Neue« *(néoi).*

Diese Auslegung ist handwerklich kühn, um nicht zu sagen halsbrecherisch. Hannah Arendt greift einen Satz auf, der einen *Mythos* interpretiert. Sie macht aus ihm eine *Metaphysik* des Anfangs und des Anfangens. Diese verknüpft sie mit einem *ontischen Geschehen,* dem Geborenwerden, und aus ihm erschliesst sie eine *ontologische Struktur,* die Natalität, auf die sie eine *Metapher,* die zweite Geburt als politisches Handeln, pfropft. All dies wird nun zur scheinbar homogenen Grundlage einer neuen politischen Theorie. Die Schritte aber wird sie jeweils in der konkreten Verankerung des Politischen zurückgehen: von der Zufälligkeit des Handelns bis zur Geburt und zur Erschaffung des Menschen. Alles, was in der Schulphilosophie verboten ist, geschieht dabei. Sie denkt in Zirkeln, etwa wenn sie vom Anfang des Anfangens spricht; sie leistet sich Widersprüche zuhauf, und sie geht von einer *metábasis eis állo génos* zur nächsten munter voran. Aber all dies mit Bedacht und mit Bedeutung. Das Vorgehen erwächst nämlich der Einsicht, dass das Problem des Anfangs eine »logisch unlösbare Aufgabe«[42] ist und bleibt. Man könnte zwar schweigen. Aber dann bliebe der existentielle Schock, dass in jedem Anfang der Abgrund der Willkür liegt. Deshalb zieht sie das Reden vor und versucht es eben mit einem logisch fraglichen Sprachspiel, das zeigen möchte, dass der Mensch »gleichsam existentiell vorbestimmt« ist – auch dies ein Widerspruch –, »einen Anfang zu setzen«[43]. Ihre letzte Gründung, nicht etwa Be-Gründung des Politischen, hat selber einen Charakter des »peithein«, des politischen Redens, des Überzeugens und Überredens also, das weiss, dass es nicht zwingen kann, und es übrigens auch gar nicht möchte. Aber sie will, so scheint mir, das Erlebnis der Evidenz vermitteln, die in ihr aufgeleuchtet ist, als sie den Satz des Augustinus las.

Diese Funktion der Evidenz-Vermittlung übernehmen mit der Zeit auch eine Reihe anderer Zitate. So etwa eine Stelle aus Platons »Nomoi«: »Denn der Anfang ist auch ein Gott, und er rettet alle Dinge, solange er unter den Menschen weilt.«[44] Oder der Satz des Polybios »Der Anfang ist nicht nur die Hälfte des Ganzen, sondern reicht bis zum Ende.«[45] Und schliesslich zitierte sie fast ebensooft wie die Augustinus-Stelle die 4. Ekloge von Vergil: »*Magnus ab integro saeclorum nascitur ordo.*«[46] »Aufs Neue hebt an die grosse Ordnung der Zeiten.« Sie hielt diese Ekloge für einen Hymnus auf die Geburt eines »wirklichen Kindes«[47] und kommentiert ihn: »Was in ihm gepriesen wird, ist die Göttlichkeit der Geburt überhaupt, und was er ausspricht, ist, dass die Erlösung der Welt darin beschlossen liegt, dass das Menschengeschlecht sich für immer durch Geburt, durch die Ankunft neuer Geschlechter, erneuert.«[48] Es mutet an, als ob sie die Spuren einer verborgenen Tradition suchte, die übrigens weit zahlreicher sind, als Hannah Arendt dies vermutete, insbesondere in der deutschen Philosophie. So bei Jacob Böhme, der vor ihr als einziger die Geburt »centraliter«[49] dachte, aber auch bei Meister Eckehart[50], Hegel[51] und Fichte, von dem das schöne Wort stammt, mit dem sie ganz einverstanden gewesen wäre: die Geburt sei »die Erscheinung ... der Genesis der Freiheit«[52]. – Wie soll man es aber deuten, dass Hannah Arendt bei ihrer Spurensuche nie auf Heidegger verweist? Sie war eine exzellente Kennerin von »Sein und Zeit«. Der folgende Passus dürfte ihr nicht unbekannt gewesen sein: »Existential verstanden ist die Geburt nie ein Vergangenes im Sinne des Nichtmehrvorhandenen, so wenig wie dem Tod die Seinsart des noch nicht vorhandenen, aber ankommenden Ausstandes eignet. Das faktische Dasein existiert gebürtig, und gebürtig stirbt es auch schon im Sinne des Seins zum Tode.«[53] Das bedeutet natürlich nichts anderes, als dass schon für Heidegger die Gebürtigkeit ein Existential war, dessen Analyse ihn allerdings, aus welchen Gründen auch immer, nicht interessierte. Aus dem Gedanken der Natalität ergeben sich einige Bestimmungen des Menschen, die Hannah Arendt konsequent für ihr politisches Denken fruchtbar macht:

- Die Menschen sind von Geburt ein *Anfang* und dadurch befähigt zum Anfangen. Politik ist dort und nur dort, wo anfangend ein *Neues* versucht wird.
- Die Menschen werden in eine *gemeinsame Welt* hineingeboren. Politik ist deshalb ausgerichtet auf dieses In-der-Welt-Sein der Weltbewohner und auf die gemeinsame Weltgestaltung durch sie.
- Als Weltbewohner sind die Menschen immer echte Vielheit. Dieses *Faktum der Pluralität* ist die grundsätzliche Bedingung »des Handelns wie des Sprechens«[54]. Das Subjekt der Politik ist deshalb nicht *der* Mensch, sondern sind *die* Bürgerinnen und Bürger.
- Durch die Geburt fängt die *lineare Geschichte* der Menschen an. Politik ist dort und nur dort, wo der zyklische Ablauf der Ereignisse linear aufgebrochen wird.
- Durch ihre Geschichten und ihre Vielheit sind die Menschen nicht bloss verschieden wie alles Lebendige,

sondern *einzigartig*. Politik beginnt dort, wo diese Einzigartigen und Vielen zueinander in Relationen treten.
- Der Gegenpol der Einzigartigkeit ist nicht die Gleichheit, sondern die *Gleichartigkeit* aller Geborenen – unabhängig von ihrer individuellen Lebenszeit. Politik beginnt dort, wo die Ungleichen, die dennoch ihresgleichen sind, durch Sprache und Handeln sich in der Öffentlichkeit verständigen.
- Der letzte Grund des anfangenden Handelns ist die *Freiheit*. Politik ist dort und nur dort, wo *aus* Freiheit gehandelt wird und Freiheit der *Sinn* des Handelns bleibt.

Etwa so könnte man nach Hannah Arendt die Maximen einer Politik der Natalität formulieren. Aber sie machen nicht das ganze Fundament ihrer Politik aus. Vielmehr gründet diese auch in einem gewissen Zutrauen zu den Mitgeborenen und in der Liebe zur Welt, ohne die jedes Miteinander zur Qual werden müsste und das Am-Leben-Bleiben nur ein Zeichen unserer Schwäche wäre.

Die Natalität wirkt in der ganzen Breite des Politischen kategorienbildend. Wir wollen dies am politischen Handeln und Reden und an der Bestimmung des Raumes der Politik aufzeigen. Das politische Handeln trennt Hannah Arendt scharf von den übrigen Tätigkeiten: dem Arbeiten und dem Herstellen.

Arbeiten ist für sie ein zyklisches Tun, das sich an biologischen Prozessen orientieren muss, weil es die ebenfalls zyklisch auftretenden Lebensbedürfnisse des menschlichen

Körpers mit den lebensnotwendigen Stoffen versorgt, die ihrerseits zyklisch wachsen und reifen oder erzeugt und zubereitet werden. Die Grundbedingung all dieser Prozesse ist das Leben selbst. Arbeiten ist deshalb als Vollzug kein gebürtliches Tun. Es ist in die Notwendigkeit des Lebens als Natur eingebunden und insofern ohne Freiheit. Aber in ihm liegt ein doppeltes Interesse an der Natalität: Es sichert angesichts der Sterblichkeit das Am-Leben-Bleiben der Geborenen und es sorgt prospektiv immer auch für die künftigen »Neuankömmlinge«[55].

Das *Herstellen* dagegen ist eine Antwort des Menschen darauf, dass er in der Natur keine Heimat findet, weil sie von den Prozessen der Sterblichkeit durchherrscht ist. Es produziert gegen die natürliche eine »künstliche Welt der Dinge«[56], die den Naturprozessen in gewissem Grad widerstehen. Diese Dingwelt bietet den Menschen insofern eine Heimat, als sie individuelles menschliches Leben überdauert. Die Grundbedingung des Herstellens ist Weltlichkeit, das Angewiesensein der Menschen auf Artefakte. – Herstellen ist also in gewissem Sinn eine Rebellion gegen die Sterblichkeit. Es offenbart damit ebenfalls ein Interesse an der Natalität. Aber es ist darum noch nicht ein Tun aus Freiheit. Es ist im Vollzug zu zweckgeleitet, zu material- und produkte-orientiert, um im emphatischen Sinn anfangendes Handeln zu sein. Ja es ist die eigentliche Gefahr für das Handeln, weil es so oft dieses ersetzt und dann die Politik buchstäblich in eine Industrie und das Handeln in eine Fertigung verkehrt.

Im Unterschied zum Arbeiten und zum Herstellen ist das *Handeln* weder prozess- noch gegenstandsorientiert und weder zyklisch in die Natur eingebunden noch in eine materielle Vermittlung überhaupt. Es ist vielmehr die einzige Tätigkeit, die sich »direkt zwischen Menschen abspielt«[57]. Seine Grundbedingung ist die Pluralität. Zwar mag es von einer Einzelinitiative ausgehen; aber auch dann fällt es sogleich in ein »Netz von Bezügen«[58], in dem alles einzeln Intendierte durch Gegen- und Querintentionen und -handlungen wieder aufgehoben und verwandelt wird, so dass niemand weiss, was das Ende der Geschichte bringt. Deshalb ist das Handeln unfähig, »irgendeinen Zweck, so wie er konzipiert ist, je zu verwirklichen«[59]. Somit kann es in ihm keine Souveränität und keine Meisterschaft geben.

Nun ist Handeln zwar auch auf die Sterblichkeit bezogen, so wie Arbeiten und Herstellen auch auf die Natalität bezogen sind. Aber Handeln ist an die Grundbedingung der Natalität, an Anfang und Freiheit, weit enger gebunden als die anderen Tätigkeiten. Handeln ist immer neu, das heisst es ruft »etwas in die Wirklichkeit«, das zuvor »als Gegebenes ... nicht bekannt«[60] war. Es ist deshalb immer unerwartet, radikal überraschend und »unerrechenbar«[61]. Auch ist es immer »Vollzug« von Freiheit und darin »Freisein«[62], ja es ist, wie Hannah Arendt gelegentlich sagt, im strengen, nämlich im Kantischen Sinn ein säkulares Wunder: die Fähigkeit, eine neue Kausalreihe, die alten durchbrechend, »von selbst anzufangen«[63]. In seinen Produkten ist es bereits geronnenes, also verdinglichtes Handeln. Sowie es aber als lebendiges auf diese stösst, wird es sie in neuen Handlungsvollzügen verändern. Handeln ist so nicht nur am Beginn neu, sonder entweder »dauernd neu«[64] oder überhaupt nicht. Es ist seinem Wesen nach so sehr immer- und unaufhörlich-anfangend, dass es uns in die Verlegenheit bringt, ob es denn wirklich jemals angefangen habe und nicht vielmehr immer schon gewesen sei. Zugleich ist es durch sein Immer-anfangend-Sein in allem Erreichten und durch seine Vernetzung in allem Intendierten extrem vergänglich und flüchtig. Zwar »hinterlässt« es in einem buchstäblichen Sinn Ereignisse, die niemand mehr ungeschehen manchen kann und die so die Zähigkeit von Fakten haben; aber es verändert sogleich deren Folgen.

Eben von diesem Handeln in seiner Unvorhersehbarkeit und Unabsehbarkeit, in seiner Flüchtigkeit und Willkür, seiner Zweckverschieblichkeit und strukturalen Wunderhaftigkeit sagt nun Hannah Arendt, dass es »die politische Tätigkeit par excellence«[65] sei. Da es mit der Natalität enger verknüpft ist als jede andere Tätigkeit, ist anzunehmen, dass im Politischen die Natalität »ein so entscheidendes kategorienbildendes Faktum darstellt«[66] wie in früheren Theorien die Sterblichkeit.

Man muss sich klar vergegenwärtigen, wie Hannah Arendt in dieser Handlungstheorie vorgeht. Sie strukturiert das Handeln, das sie zur zentralen Tätigkeit der Politik macht, ganz und gar aus dem Grundgedanken der Natalität. Sie entgrenzt es aus allen nur denkbaren vorwegnehmenden Normen. Sie verabsolutiert damit seine Neuheit so radikal, dass es nicht bloss für Überraschungen gut ist, sondern prinzipiell und nur Überraschungen zeigt. Sie bindet es an keine einzelne Zwecke mehr, sondern nur noch an ein Prinzip, das das Prinzip der Natalität selber ist: die Freiheit. Von dieser radikal entnormten, geöffneten Freiheit kann niemand mehr wissen, ob sie nicht die Willkür sei. Das aber bedeutet, dass das Anfangs-Problem mit Augustinus doch nicht gelöst ist. Beantwortet ist lediglich die Frage, weshalb wir überhaupt anfangen können, aber nicht die Frage, ob im jeweils besonderen Anfang nicht doch der Abgrund der Willkür liege. Diese Frage muss für alles Handeln immer neu im öffentlichen Gespräch erörtert werden. Aber wer und welches Vernunft-Vermögen, welche Instanz also, sollen dafür zuständig sein?

Die erste Frage ist leicht zu beantworten; nicht die Philosophen von Beruf und nicht die Experten der Wissenschaften qua Philosophen und Experten, sondern die Bürgerinnen und Bürger, also die politisch Handelnden insgesamt. Da aber das öffentliche Gespräch selber ein politisches Handeln ist und auch die Philosophen und Experten Bürger sind, ist niemand vom Gespräch ausgeschlossen, der sich nicht selber aus Furcht oder Scheu vor der Öffentlichkeit ausschliesst.

Schwieriger ist die Frage nach dem oder den Vermögen der Vernunft oder des Geistes, und sie hat Hannah Arendt bis in die letzte Arbeitszeit bewegt. Gewiss war ihr schon früh: Alles Denken, das auf *eine* Wahrheit ausgeht, kann der Pluralität der Handelnden und des Handelns nicht genügen. Alles Denken, das zwingen *will,* verstösst gegen das Prinzip der Freiheit. Insbesondere können deduktives und induktives Denken dem Handeln, das neu und überraschend ist, nicht gerecht werden, weil das erste ein Allgemeines voraussetzt, das nicht gegeben ist, und das zweite eines zwingend erschliessen möchte, was nicht möglich ist. Ebenso ist das genuin philosophische Denken mit seiner Struktur des Zwei-in-einem nicht öffentlich genug. All diese Modi des Denkens dienen Wahrheitsweisen, die es in der Politik nicht gibt, und Wahrheitsansprüchen, die es in ihr nicht geben darf. Also muss man das Denken und Reden öffnen über die Grenzen der herkömmlichen Logik und über die harten Wahrheitsweisen hinaus in die Weite der verstehenden und versuchenden Reflexionen. Dabei soll es nur wenig Grenzen geben: eine ist der Respekt vor den Tatsachen, die andere der Verzicht auf eine nur noch beliebig erfindende Phantasie. Beide Grenzen weisen darauf hin, dass wir in einer gemeinsamen, faktischen Welt leben, in der schon vor uns Menschen lebten und nach uns andere leben werden.

Im Verlauf der Jahre bietet Hannah Arendt eine ganze Reihe von Erkenntnis-Vermögen, Reflexionsfähigkeiten und Erkenntnis-Instanzen auf, die dem Politischen besser entsprechen als der reine Verstand oder die reine Vernunft der Philosophie. Zu Beginn ist es das Vermögen der *Einbildungskraft* mit der Instanz des »verstehenden Herzens«, das – »von Sentimentalität gleich weit entfernt wie von allem Papiernen«[67] – uns eigentlich alles verstehen lässt. Es antwortet auf das doppelte Faktum, dass uns manche Ereignisse zu nahe sind und zu nahe gehen, andere aber zu ferne bleiben und gleichgültig lassen. Die Einbildungskraft ist nun das Vermögen, durch Vorstellung sich andere Standorte in der Welt zu geben, so dass wir einerseits vom zu Nahen in die richtige Distanz rücken und andrerseits »die Abgründe der Ferne«[68] überbrücken. Nun werden wir fähig, beides: Nahes und Fernes, zu verstehen und uns mit ihm zu versöhnen. Das weite und verstehende Herz wiederum macht es uns erträglich, mit immer fremden Menschen in der gemeinsamen Welt zu leben.

Nach dem Verstehen sind es einige Formen der *Urteilskraft,* die Hannah Arendt für das politische Denken fruchtbar macht. Der *spiritus rector* ist nun nicht mehr Augustinus, sondern Kant. Kant sagt in der »Kritik der reinen Vernunft«[69], dass die allgemeine Logik »gar keine Vorschriften für die Urteilskraft« enthalten könne. Denn diese sei »ein besonderes Talent, welches gar nicht belehrt, sondern nur geübt sein will. Daher ist dieses auch das Specifische des sogenannten Mutterwitzes, dessen Mangel keine Schule ersetzen kann ...« Dieser Mangel aber »ist eigentlich das, was man Dummheit nennt«[70]. So wie die Augustinus-Stelle die Frage löste, warum wir anfangen können, so löst diese Stelle die Frage, ob es ein von der Logik unabhängiges Reflexionsvermögen gibt. Es liegt in einem durch Geburt mitbekommenen Talent, das man im Vollzug, in der Übung, entfaltet. Eben dadurch haben Anfangen-Können und Urteilen-Können denselben geburtlichen Ursprung.

Hannah Arendt orientiert sich an drei Momenten der Urteilskraft, die alle in der dritten Kritik von Kant analysiert werden: die »reflektierende Urteilskraft« vermag das Besondere zu denken und zu würdigen, ohne es voreilig unter ein Allgemeines zu subsumieren. Sie kann damit dem je Besonderen des Handelns gerecht werden. Die »erweiterte Denkungsart«[71] reflektiert immer auch an Stelle jedes anderen, so dass die Pluralität in allem Denken gesichert ist. Hier wechselt die Einbildungskraft nicht mehr die Standorte in der Welt, sondern die Standpunkte im Denken. Schliesslich vereinigt Hannah Arendt die ästhetische Urteilskraft geradezu mit der politischen. Der *sensus communis* hat die Fähigkeit, von jedem subjektiven Interesse abzusehen und sich dennoch für etwas zu interessieren, das der Möglichkeit nach allen gefällt. Instanz ist nun der Geschmack. Politik wird Geschmackssache.

All diese Reflexionsweisen und ihre Instanzen sind »weich«. Sie lassen dem Geist wahrhaft ein »Spielfeld«. Sie verzichten auf jeden Wahrheitsanspruch. Politische Überzeugung basiert auf Meinung, ja sie *ist* Meinung. Diese von Plato und dann in der ganzen Tradition so verachtete Form des Fürwahrhaltens, von der noch Kant sagt, dass sie »sowohl subjektiv als objektiv«[72] unzureichend sei, hat ihre besonderen Qualitäten, die es zu entdecken gilt. Sie ist radikal plural. Sie ist der Diskussion weit geöffnet. Sie entfaltet im Reden eine gewisse intelligente und nüchterne Virtuosität. Sie ist bescheiden, neigt nicht zur Gewalt und steht jedem Dogmatismus ganz fern – wenn sie nur mit dem Bewusstsein verbunden ist, dass sie Meinung ist. Lediglich an einer Stelle setzt, nach längerem Zögern, Hannah Arendt auf ein »härteres« Vermögen des Geistes, auf den Willen, nämlich im Bereich der Akzeptanz. Weil die politische Reflexion durch nichts zu zwingen vermag, müssen wir letztlich entscheiden, ob wir etwas annehmen wollen, das uns vorgeschlagen und vorgelegt wird – oder nicht. Das Urteil bleibt Meinungssache – die Aneignung wird Willenssache.

Ich muss nicht eigens betonen, welche unglaubliche Provokation es war, Politik zur Geschmacks- und zur Meinungssache zu erklären und auch noch zu behaupten, eben darin liege ihre Qualität, die sie gerade dann verliere, wenn sie den Wahrheitsanspruch stelle. Dennoch kann man das Argument verstehen und in ihm einen rettenden Schritt sehen. Da alles Handeln so emphatisch anfänglich und frei ist, könnte es leicht exzentrisch, absonderlich und inhuman werden. Der *sensus communis* – Hannah Arendt übersetzt die Vokabel mit »*phronesis*«, »*prudentia*« und »*bon sens*« – bringt das Handeln zurück nicht nur zum gesunden Menschenverstand, sondern auch zum menschlich Selbstverständlichen. Was jenseits der subjektiven Interessen zu gefallen vermag, was selbständig und dennoch an Stelle eines jeden anderen bedacht worden ist, was verstehbar bleibt, kann auch bei grösster Freiheit des Handelns nicht ein Abgrund der Willkür sein. Die niederen Erkenntnisvermögen und die anspruchslosen Wahrheitsweisen sind es gerade, die durch ihre Kommunikations- und Pluralitätsfähigkeit die Politik vor ihren schwersten Verirrungen schützen.

Verirrungen aber können schon in der Bestimmung und Abmessung des Raumes der Politik auftreten. Keineswegs ist das ganze Leben im politischen Raum angesiedelt. Vielmehr reicht dieser immer nur so weit, als »Menschen in Freiheit und ohne Herrschaft und Knechtschaft miteinander leben«[73] und als sie öffentlich miteinander reden, handeln und entscheiden. Aber er ist nicht in ihrem privaten Leben, nicht in ihrem professionellen Arbeiten und Herstellen, auch nicht dort, wo sie berechtigt andere Wahrheitsansprüche stellen und Probleme mit weit strengeren Modi des Denkens lösen. Das häusliche Leben, die Erziehungswelt, die Wissenschaft und die Religion, ja sogar die soziale Frage stehen ganz oder überwiegend ausserhalb des politischen Raumes. Dabei werden nicht nur sie vor der Politisierung geschützt, sondern auch die Politik vor ihnen, mithin vor der Privatisierung, der Pädagogisierung, der Ökonomisierung und der Verwissenschaftlichung. Hannah

Arendt insistiert auf diesen Trennungen. Etwa der Versuch, die soziale Frage mit politischen Mitteln zu lösen, führe, so sagt sie, »in den Terror«, was »alle Zeugnisse vergangener Revolutionen ... jenseits allen Zweifels beweisen«[74]. Die soziale Frage müsse »auf technischer und wissenschaftlicher Grundlage, ausserhalb des Rahmens politischer Überlegungen«[75] gelöst werden, was nichts anderes bedeutet, als dass die Korrektur des Sozialen ein Problem des Herstellens ist und nicht des Handelns. Das nie klar eingrenzbare Feld des Gesellschaftlichen wird in ihrer politischen Theorie deshalb systematisch ausgeklammert, weil es eine Zwischenposition zwischen der öffentlichen und der privaten Welt einnimmt und dadurch, der Tendenz nach, alles Private an die Öffentlichkeit zerrt und das Öffentliche privatisiert. Die Kategorie des Gesellschaftlichen zerstört sowohl diejenige des Politischen als auch die des Privaten. Der Raum des Politischen ist also eng, auch enger als der Raum der Öffentlichkeit, in dem auch die Kunst beheimatet ist. Er ist der Staat, aber auch nicht der Staat als verdinglichte Institution, als Verwaltungs- und Funktionssystem, sondern nur als Bühne der Öffentlichkeit, sofern auf ihr geredet, entschieden und gehandelt wird – etwa so wie es in der griechischen Polis der Fall war oder in gewissen Phasen der Revolutionen.

Diese Begrenzung gibt uns einen letzten Hinweis für die Auslegung der Natalität. Sie ist zwar vom Ursprung her ein anthropologisches Prinzip. Hannah Arendt aber legt sie nicht in ihrer umfassenden anthropologischen Bedeutung aus, sondern allein in ihrer politischen Relevanz. Dies liesse sich leicht an ihren Gedanken über Erziehung[76] nachweisen, die vielleicht noch konservativer sind als ihr Denken in der sozialen Frage. Die Fokussierung nicht nur des Politischen auf die Natalität, sondern auch der Natalität auf das Politische mutet an, als wolle sie das ganze Potential der Erneuerung dort einsetzen, wo es angesichts der Katastrophen des Holocaust, des Weltkrieges und der totalen Herrschaft auch am nötigsten ist, damit die anfängliche Hoffnung nicht aus der gemeinsamen Welt verschwindet: Man kann zwar in ihr vieles zerstören, aber nicht die Fähigkeit zu einem Neuanfang, weil sie mit jedem Menschen neu zur Welt gebracht wird.[77]

Von der Monstrosität zur Banalität
des Bösen

Während etwa 30 Jahren hat Hannah Arendt versucht, die Erscheinungen des politisch Bösen im 20. Jahrhundert nicht bloss zu sehen und zu beschreiben, sondern sie auch zu verstehen. Die Shoa und die Formen der totalen Herrschaft waren dabei ihre Gegenstände, die sie bald aus der Perspektive der Zuschauer betrachtete, bald aus der Perspektive der Opfer und bald aus jener der Täter. Dabei erschien ihr das Böse anfänglich als »monströs«, »beispiellos« und »unverstehbar«, dann als »radikal«, das heisst metaphysisch verwurzelt, und schliesslich als zwar »extrem«, aber dabei, weil ohne jede Tiefe, als »banal«. Die »Monstrosität des Bösen« ist eine mythisierende Wendung, eine Frucht des erregten Denkens, eher ein Aufschrei als ein Begriff; die »Radikalität des Bösen« ist eine mit der Erregung verbundene Transformation eines Kantischen Begriffs, die an den Aporien der metaphysischen Tiefe scheitert; die »Banalität des Bösen« scheint nur ein antithetischer literarischer Einfall zu sein, ist aber weit mehr: ein politisch moralisches Konzept des Verstehens einer nun anders gesehenen Realität, dem sie die Dignität der Begrifflichkeit zu geben versuchte. Dies gelang ihr erst Jahre nach dem Einfall, als sie seine Implikationen freilegte. Das bedeutet, dass sie die Tragweite des Konzepts anfänglich selber nicht verstand, sich aber dann Rechenschaft ablegte, was mit ihm gemeint sein könnte. Der Weg ist insgesamt sonderbar, zumal für »Philosophen von Gewerbe«, die sie so oft mit der Ironie Kants betrachtet und belächelt hat, aber exemplarisch für die Verflechtung von Betroffenheit, Verfremdung, Intuition, Nachdenklichkeit und neuem Sehen in ihrem Verstehen, dessen Voraussetzung auf allen Stufen das Denken »ohne Geländer« war: das Wagnis einer radikalen Unabhängigkeit.

Als ab Mitte 1941 Nachrichten von Massenerschiessungen in Osteuropa in den Westen durchsickerten und schon bald nach der Wannsee-Konferenz (20.1.1942) Gerüchte von der geplanten Vernichtungsaktion, dann Nachrichten von ihr, die bis Kriegsende immer furchtbarer wurden, konnten die meisten Menschen einfach nicht glauben, was sie zu hören bekamen. Nicht so Hannah Arendt. Ihr fuhr das Entsetzen in die Glieder, und sie versuchte, öffentlich zu sagen, was sich diffus herumsprach und schliesslich zur Gewissheit wurde. Ihre totalisierende und zuweilen mythisierende Sprache brachte zwar dieses Entsetzen adäquat zum Ausdruck, aber nicht in gleicher Weise die Bedeutung der Tatbestände. Deren allgemeinstes Merkmal schien ihr die »vollendete Sinnlosigkeit«[1] zu sein. Denn an das zentrale Verbrechen, den systematischen, industriell organisierten Massenmord, kam kein Erkenntnisvermögen heran. Er überforderte den gesunden Menschenverstand, überstieg »das menschliche Begriffsvermögen«[2], sprengte die »Vorstellungskapazität«[3], zerbrach die Rahmen der politischen und sozialwissenschaftlichen Kategorien und sprach allen ethischen und religiösen Erwartungen Hohn. Wo man eine Welt weder sich vorstellen noch denken, noch (in der Folge davon) sie beurteilen kann, lässt sich ihr kein Sinn mehr zusprechen. Aber es könnten noch Zwecke in ihr sichtbar werden. Auch diese gab es indes nur in einer merkwürdigen Verkehrung. So waren etwa die Errichtung der Lager und die massenweise Ermordung von an sich arbeitsfähigen Menschen für das Kriegsgeschehen und die Wirtschaft vollständig nutzlos. Ja sie schadeten ihnen, weil der sogenannten »demographischen Politik« der Vorrang vor fast allem anderen eingeräumt wurde. Es gab in diesem System des Holocaust insofern nur *eine* Logik, die diabolische und »unbeugsame«[4] der Vernichtung von Menschen, welche nicht Feinde und nicht Aufrührer waren. Deshalb schien ihr, die Todeslager, aber auch die übrigen Konzentrationslager, seien eine »von den Nazis konstruierte Hölle«[5], der Boden der Tatsachen »ein Abgrund«[6] und die Realität dieser Realpolitiker als ganze »ein Ungeheuer«[7]. Die Konstrukteure der Hölle mussten demzufolge Kreaturen von »übernatürlicher Schlechtigkeit«[8] sein und ihr Führer der »Teufel«[9] in Person. Die Ausmasse der Verbrechen zerstörten jede Verhältnismässigkeit von Schuld und Strafe und eliminierten alle Differenzierungen der Schuld. Die Opfer schienen »absolut unschuldig« und die Täter »absolut schuldig«[10], und zwar nicht als einzelne, sondern als Zugehörige zu einem Volk, als ob es nur absolut unschuldige Juden und absolut schuldige Deutsche gäbe.

Eben um diesen Punkt kam es 1946 zu einer Auseinandersetzung mit Jaspers über Hannah Arendts Hang zu kategorialen Unbestimmtheiten und in der Folge davon zu Mythisierungen. Jaspers schickte ihr im Sommer seine eben erschienene »Schuldfrage«[11]. In ihr unterschied er mit Sorgfalt die »kriminelle« von der »politischen«, der »moralischen« und der »metaphysischen« Schuld.[12] Er versuchte so, die grassierende These von der Kollektivschuld aller Deutschen einerseits zu widerlegen und andererseits zu spezifizieren. Kriminelle Schuld sei immer Schuld von einzelnen und niemals von Völkern. Aber politische Schuld im Sinn der Haftung für das Geschehene müsse kollektiv vom ganzen Volk übernommen werden, und zwar allein aufgrund der politischen Zugehörigkeit. Diese Einengung der kriminellen Schuld auf persönlich begangene Gesetzesübertretungen muss Hannah Arendt wie eine Verharmlosung der Tatbestände vorgekommen sein. Vielleicht unterschied sie nicht genügend, dass es Jaspers nicht um eine Beschreibung dieser Tatbestände ging, sondern um eine Differenzierung von Begriffen, um die Tatbestände dann bewerten zu können. Jedenfalls machte sie in einem Brief vom 17. August ihre Einwände geltend:

»Mir ist Ihre Definierung der Nazi-Politik als Verbrechen (›kriminelle Schuld‹) fraglich. Diese Verbrechen lassen sich, scheint mir, juristisch nicht mehr fassen, und das macht gerade ihre Ungeheuerlichkeit aus. Für diese Verbrechen gibt es keine angemessene Strafe mehr. ... Das heisst, diese Schuld, im Gegensatz zu aller kriminellen Schuld, übersteigt und zerbricht alle Rechtsordnungen. ... Ebenso unmenschlich wie diese Schuld ist die Unschuld der Opfer. So unschuldig wie alle miteinander vor dem Gasofen waren (der widerwärtigste Wucherer nämlich so unschuldig wie das neugeborene Kind, weil kein Verbrechen eine solche Strafe verdienen kann), so unschuldig sind Menschen überhaupt nicht. Mit einer Schuld, die jenseits des Verbrechens steht, und einer Unschuld, die jenseits der Güte und der Tugend liegt, kann man menschlich-politisch überhaupt nichts anfangen. Dies ist der Abgrund, der sich vor uns schon 1933 öffnete ... und in den wir nun schliesslich hineingeraten sind.«[13]

Jaspers antwortete, ihre Auffassung sei ihm »nicht ganz geheuer, weil die Schuld, die alle kriminelle Schuld übersteigt, unvermeidlich einen Zug von ›Grösse‹ – satanischer Grösse – bekommt, die meinem Gefühl angesichts der Nazis so fern ist, wie das Reden vom ›Dämonischen‹ in Hitler und dergleichen. Mir scheint, man muss, weil es wirklich so war, die Dinge in ihrer ganzen Banalität nehmen, ihrer ganz nüchternen Nichtigkeit. ... Ich sehe jeden Ansatz von Mythos und Legende mit Schrecken, und jedes Unbestimmte ist schon ein solcher Ansatz.«[14]

In diesem Brief vom 19. Oktober 1946 fällt, wenn ich mich nicht täusche, zum ersten Mal die Wendung von der »Banalität« – allerdings nicht »des Bösen«, sondern »der Dinge« – und im Zusammenhang damit die Wendung von »ihrer ganz nüchternen Nichtigkeit«. Was aber heisst hier »Dinge«? Das Wort ist selber unbestimmt, aber was es repräsentiert, ist im Brief genannt, nämlich die Taten der Nazis als vermeintlich unfassbare Verbrechen. Die Meinung von Jaspers war offensichtlich: Es lässt sich feststellen und beurteilen, was sie getan haben, und es ist entscheidend, dies auch nüchtern zu sagen, weil sich nur so die Mythen- und Legendenbildung vermeiden lässt.

Hannah Arendt war von Jaspers' Einwand nur »halb überzeugt«. Es war ihr einerseits klar, dass »alle Ansätze von Mythen der Schrecklichkeit« zu bekämpfen seien – »und solange ich aus solchen Formulierungen nicht herauskomme, habe ich den eigentlichen Vorgang nicht verstanden«. Es bleibe aber andererseits die Frage, ob mit der

Errichtung von »Fabriken ... zur Herstellung von Toten« nicht doch ein völlig neuer Typus von Verbrechen vorliege, für den es keine juristischen Kategorien gebe.[15] Falls es aber keine gab, musste man eben welche schaffen, um die Vorgänge jenseits mythisierender Metaphern zu erfassen. Und ebenso musste das den Taten oder den Tätern inhärente Böse kategorial schärfer bestimmt werden, um sie aus der »gefährlichen Nähe« einer »satanischen Grösse« wegzurücken.

Markiert die geschilderte Auseinandersetzung also die Wende vom mythisierenden zum kategorialen politischen Denken, insbesondere in den Problemen der Schuld und des Bösen? Das lässt sich mit solcher Eindeutigkeit keineswegs sagen. Für Hannah Arendts experimentellen Denkstil aus dem Ursprung einer, wie sie selber sagt, »ungeheuren Erregung«[16], bleibt es – bis zum Erscheinen der »Elemente und Ursprünge totaler Herrschaft«[17] – vielmehr charakteristisch, dass zuweilen die gegensätzlichsten Motive, Denkhaltungen und Hypothesen gleichzeitig auftreten. Sie kann es zugleich mit dem Gedanken versuchen, dass wir überhaupt keine Kategorien für die Morde in den Vernichtungslagern haben, *und* mit den Kategorien des »organisierten Verwaltungsmassenmordes« oder »des Verbrechens gegen die Menschheit«, das an den »Körpern des jüdischen Volkes«[18] verübt, aber allen Völkern angetan worden ist. Das Erstaunlichste in dieser Hinsicht ist wohl, dass sie schon vor Ende des Krieges eine Täterbeschreibung entwarf, die stark an die spätere Charakterisierung Eichmanns erinnert. Im Essay »Organisierte Schuld«[19] ist der Täter nicht ein Höllenkonstrukteur von »übernatürlicher Schlechtigkeit«[20], sondern der »Durchschnittsdeutsche«[21], der weder Fanatiker noch Sadist ist. »Er ist ein Spiesser mit allem Anschein der Respektabilität, mit allen Gewohnheiten des guten Familienvaters, der seine Frau nicht betrügt und für seine Kinder eine anständige Zukunft sicherstellt.«[22] Er bedient »widerspruchslos die Vernichtungsmaschinen«, wenn sein Beruf ihn dazu zwingt; aber er wäre niemals fähig, aus Leidenschaft »einen Juden auf eigene Faust«[23] zu töten. Er ist der »normale Massenmensch«[24], der »Jobholder«[25], der Mann, der »nur an seiner privaten Existenz hängt«[26]. Das galt ihrer Meinung nach selbst für »die diensttuenden SS-Männer«[27]. Für all diese Normalen der vier Wände prophezeite sie, dass nach dem Krieg ein ganzer »Chor von Spiessern«[28] ausrufen werde: »Das haben wir nicht getan!« Das Grauenhafte werde darin liegen, »dass es in der Tat stimmt«[29].

Diese Ähnlichkeit darf indes nicht darüber hinwegtäuschen, dass die spätere Darstellung Eichmanns das Porträt eines bestimmten Täters ist, das auf Studien und Wahrnehmung beruht, der frühere Text dagegen ein totalisierender Entwurf eines Menschentyps »vom Schlage Herrn Heinrich Himmlers«[30]. Der späte sagt: so war ein Täter, der frühe: so könnten die massenhaften Mittäter gewesen sein. Die Frage stellt sich unvermeidlich: Wenn es bei Hannah Arendt tatsächlich eine Frühversion, ante verbum, der Banalität des Bösen gab: ist diese dann nicht leitend geworden für die Wahrnehmung Eichmanns? Wichtiger scheint mir aber die Feststellung als solche zu sein, dass es von früh auf *zwei komplementäre Modelle* gab, das spezifisch neue Böse im Hinblick auf die Täterschaft zu verstehen: das eine setzte ihre »übernatürliche Schlechtigkeit« voraus und das andere ihre spiessige Normalität. Beide aber trafen sich in dem System, in der totalen Herrschaft, die das abgründigste Böse gerade deshalb mit der Normalität verbinden kann, weil sie selber auf das scheinbar Normalste von der Welt sich beruft: auf die angeblichen Gesetze der Geschichte und der Natur. Im Bemühen, vom erregten zum politischen Verstehen des Systems zu kommen, setzte Hannah Arendt vorerst auf die Hypothese eins und versuchte, ihre Art des Bösen zu erfassen.

Wo und wie zeigt sich das Böse im System der totalen Herrschaft? In der Durchsetzung von Ideologien und Pseudotheorien, die antisemitisch, rassistisch und imperialistisch sind; in der Herausbildung einer kleinen Partei-Elite, die streng nach dem Führer-Prinzip hierarchisiert ist; im Aufbau eines Instrumentariums der Gewalt aus Geheimpolizei, Schutzverbänden, Konzentrationslagern, Todesfabriken; in der Gleichschaltung und Unterwerfung der Justiz; in der Ausübung des grenzenlosen Terrors ohne Rechtfertigungspflicht und ohne Rechtsfolgen; in der Gleichmachung der Menschen durch ihre Reduktion auf den kleinsten Nenner von Funktionären und Jobholdern und schliesslich im Wahn, dass in der Herrschaft des Systems alles möglich und alles erlaubt sei. In der unbeschränkten Gewalt bestimmt die totale Herrschaft de facto, wer ein Recht auf Leben hat und wer nicht. Sie merzt die Menschen, die sie, aus welchen Gründen auch immer, für überflüssig hält, aus. Für Hannah Arendt bedeutet das, dass im System der totalen Herrschaft der Mensch als solcher überflüssig wird; denn angesichts einer solidarischen oder rechtlichen Welt wird das, was einem oder einigen angetan wird, allen angetan. Die Zerstörung des Wesens des Menschen, seine Überflüssigkeit und die auf ihr beruhenden systematischen Massenmorde sind die äussersten Phänomene des Bösen.

Alle diese Phänomene sind indes signa auf das hin, was das Böse als Absolutes ist. Hannah Arendt bezeichnet es gegen Ende ihrer Totalitarismus-Analyse als das »radikal Böse«, das sie wie folgt einführt: »Aber in ihrem Bestreben, unter Beweis zu stellen, dass alles möglich ist, hat die totale Herrschaft, ohne eigentlich zu wollen, entdeckt, dass es ein radikal Böses wirklich gibt ...«[31] Was heisst hier »entdeckt«, und warum hat ausgerechnet die totale Herrschaft diese Entdeckung gemacht, die doch das, was sie tut, gerade nicht als radikal böse definiert? Mir scheint, man muss »entdeckt« mit Bindestrich lesen, »ent-deckt« im Sinne von »aufdecken«, »entbergen« und »zeigen«. Die totale Herrschaft ist im griechischen Wortsinn die »Apokalypse«, die Ent-deckung, Offenbarung des radikal Bösen. Sie zeigt, dass es »ein radikal Böses wirklich gibt«, und offenbart, aber in lauter negativen Bestimmungen, was es ist. Hannah Arendt nennt drei solche Bestimmungen, denen in der Auslegung dann weitere erwachsen: Radikal ist das Böse, das unbestrafbar[32] ist, das unverzeihlich[33] bleibt und das weder verstehbar noch erklärbar wird durch die üblichen »bösen Motive von Eigennutz, Habgier, Neid, Machtgier, Ressentiment, Feigheit oder was es sonst noch geben mag«[34]. Was nur negative Bestimmungen hat, wird als es selbst substantiell nicht fassbar. Es eignet sich nicht zu einem Begriff. Diese letzte rationale Unfassbarkeit ist gerade durch die Absolutheit des radikal Bösen notwendig gegeben. Hannah Arendt sieht sich darin in der ganzen Tradition der Philosophie und der christlichen Theologie bestätigt. Sie eckt damit aber bei Kant an, von dem der Terminus stammt und der ihn scharf definiert hat als eine Verkehrung der Bedingungs-Verhältnisse von Pflicht und Neigung im Grund aller Maximen.[35] Hannah Arendt gesteht ihm zu, dass er die Existenz des radikal Bösen »zumindest geahnt haben«[36] müsse, wirft ihm aber zugleich vor, dass er das Nicht-Rationalisierbare »sofort wieder in ein aus Motiven Begreifliches«[37] rationalisiert habe. »So haben wir eigentlich nichts, worauf wir zurückfallen können, um das zu begreifen, womit wir doch in einer ungeheuerlichen, alle Massstäbe zerbrechenden Wirklichkeit konfrontiert sind.«[38] Nur dies eine zeichne sich ab, »dass dieses radikal Böse im Zusammenhang eines Systems aufgetreten ist, in dem alle Menschen gleichermassen überflüssig werden«[39]. Hannah Arendt stellt uns also mit dem radikal Bösen vor ein Tiefengeheimnis, das in keinen Begriff eingeht, auf das hin es aber in der totalen Herrschaft viele signa gibt. Es ist beinahe, als ob in dieser ein böser Gott sich in vielen Chiffren zeigte, den niemand je von Angesicht zu Angesicht gesehen hat. Wen wundert's, dass früher oder später die Frage gestellt werden musste: Gibt es diese Transzendenz des Bösen überhaupt?

Die signa des absolut Bösen lassen sich dennoch auslegen, das heisst dem Verstehen annähern, wenn auch nicht einem Begriff zuführen:

»Unverzeihlich« ist das, was niemals hätte geschehen dürfen, weil niemand es verantworten kann. Es ist die Untat, die nicht mehr im Umkreis der menschlichen Fehlbarkeit liegt und die deshalb auch alle menschlichen Reaktionen zunichte macht. Als Un-Tat reisst sie eine Lücke in die Kontinuität der Geschichte und macht damit auch das künftige Handeln unmöglich. Das Böse zerstört so die zwischenmenschlichen Relationen von Schuld und Verzeihen. Streng genommen wird nie eine Sache verziehen, sondern einer Person wird eine Sache vergeben, sei es, weil sie nicht weiss, was sie tut, und somit nicht im Wissen und Willen des Bösen gehandelt hat, sei es, weil sie als Person mehr ist, als was sie getan hat. Die neuen Verbrecher der totalen Herrschaft stehen aber, gleich wie ihre Untaten, jenseits dessen, was wir als Fehlbare anderen fehlbaren Menschen nachsehen können und sollen. Wenn Untaten nicht mehr verziehen werden können, trennen sie Menschen und Völker auf alle Zeiten, und ihre wachsende Bürde zerstört die menschliche Gemeinschaft.

Die einzige Alternative zum Vergeben, um mit den Untaten ins reine zu kommen, ist das Bestrafen. Aber alle Rechtsgesetze bewegen sich im Rahmen menschlicher Untaten und menschlicher Tugenden: »was darüber hinausliegt, geht sie nichts an«[40]. Deshalb stellen sich exakt diejenigen Verbrechen als unbestrafbar heraus, die »wir ausserstande sind zu verzeihen«[41]. Das bedeutet, dass die Untaten des radikal Bösen auch unser Rechtswesen sprengen, weil dieses weder solche Tatbestände noch ihnen angemessene Normen und Strafen kennt.

Wenn schliesslich alle üblichen Motive unzureichend sind, um dieses Böse in seiner Abgründigkeit zu verstehen; wenn es jenseits der Laster und jenseits der Schwäche und jenseits des Schmutzes liegt, gründet es in einer Tiefe, an die man »weder im politischen Handeln noch im geschichtlich politischen Denken«[42] herankommen kann.

Die Hypothese des radikal Bösen führte so Hannah Arendt in eine Sackgasse, in eine Blockade der Theorie und des Handelns, aus der sie nur zurückfinden konnte, wenn sie den Versuch aufgab, das Böse der totalen Herrschaft mit Hilfe einer Idee des negativen Absoluten zu verstehen.

Dazu bot ihr bekanntlich der Eichmann-Prozess von 1961 in Jerusalem die Gelegenheit. Sie fuhr als Berichterstatterin für den *New Yorker* hin, weil sie unbedingt einen dieser Leute »leibhaftig« sehen wollte. Sie war, wie alle Welt, auf ein Monster an Bosheit und Perversität gefasst; denn sie glaubte seit über 15 Jahren an die abgründige Niedertracht der Täter. Was sie nun zu hören und zu sehen bekam, liess sie vorerst einmal aufhorchen. Auch der Staatsanwalt, Gideon Hausner, glaubte an ihre These und ebenso die Richter, und sie wollten dem Angeklagten das Geständnis abverlangen, dass er auch wirklich so sei, wie sie ihn sahen.

Aber er sah sich selbst ganz anders: Er sei »immer ein gesetzestreuer Bürger gewesen«[43] und habe stets dem kategorischen Imperativ gemäss gehandelt, den er übrigens auch ziemlich genau zitieren konnte.[44] Auch sei er kein Atheist, sondern ein »Gottgläubiger«, dessen Gott ein »höherer Sinnträger«[45] sei. Niemals habe er »aus niedrigen Motiven und in voller Kenntnis der verbrecherischen Natur seiner Taten gehandelt«[46], wie man ihm nun unterstellen wolle. Er habe bloss Befehle befolgt und gewissenhaft seine Pflicht getan. Die Sondermassnahmen an den Juden habe er innerlich nicht gebilligt; aber in seiner Verantwortung hätten sie nicht gelegen; denn er sei im ganzen Getriebe nur ein kleines Rädchen gewesen. Er sei aus »guten privaten Gründen«[47] nie ein Judenhasser gewesen. Vor allem aber: »Ich hatte mit der Tötung der Juden nichts zu tun. Ich habe niemals einen Juden getötet ... Ich habe auch nie einen Befehl zum Töten eines Juden gegeben, auch keinen Befehl zum Töten eines Nichtjuden. ... Habe ich nicht getan.«[48] – Das Problem war, dass ihm dies niemand glaubte.

Hannah Arendt aber entschloss sich dazu. In diesem Entschluss könnte man den Sprung in die Hypothese zwei sehen. Sie zeichnete nun das Bild eines Menschen, dessen funktionale Normalität auf dem Hintergrund des objektiven Grauens das zugleich Erschreckende, Makabre und Groteske war. Eichmann war in ihren Augen weder eine perverse noch eine zynische noch eine sadistische Persönlichkeit, noch liess er etwas von einem eigenen »Mordtrieb«[49] verspüren. Er war weder rational dumm, noch notorisch verlogen, noch moralisch oder gesetzlich unzurechnungsfähig, noch ideologisch oder rassistisch besonders verhetzt. Sein vielleicht einziges Laster war in ihren Augen die »Wichtigtuerei«[50], die ihn zuweilen als etwas pathetischen Hanswurst erscheinen liess. Er war vor allem ein loyaler Funktionär, fugenlos eingepasst in die Apparatur einer Organisation und in ihre Hierarchie. Wenn er die Codifizierungen ihrer Amtssprache verlassen sollte, nahm er, unfähig zu einer persönlichen Sprache, Zuflucht zu abgegriffenen Redensarten und Klischees. Von seinen Transporten sprach er wie von pragmatisch-technischen Problemen, die er aufgrund von ergangenen Befehlen zu lösen hatte. Er blendete ihre grauenhafte Funktion völlig aus, als wüsste er nicht, was er tat. Niemals fiel ihm ein, seinen

Job auch aus der Perspektive der Opfer zu betrachten. Das Bewusstsein, dass er Unrecht begehe, quälte ihn nie; es war schlicht und einfach nicht vorhanden. – Mit einem Wort: die Monstrosität Eichmanns war seine Banalität. Diese Einschätzung der Person wäre vielleicht der Öffentlichkeit annehmbar gewesen, wenn etwa der Titel des Buches gelautet hätte: »Eichmann in Jerusalem. Ein Bericht von der Banalität eines Funktionärs«.

Hannah Arendt wählte aber, offenbar ohne sich an den frühen Brief von Jaspers zu erinnern, für die Buchausgabe den Untertitel: »Ein Bericht von der Banalität des Bösen«. Das war nicht nur literarisch viel provokativer, sondern politisch und philosophisch auch viel rätselhafter. Die Fragen waren unvermeidlich: War nun die Person banal oder das Böse? Und wenn letzteres: War damit das Böse insgesamt gemeint oder das spezifische Böse dieser Person? Kann das spezifisch Böse einer Person allein vom Täter her definiert werden? Machen nicht erst die Leiden der Opfer seine Taten zu Un-Taten? Falls aber alles Böse banal sein soll: wird dann nicht das schrecklichste Unheil des Jahrhunderts bagatellisiert? Etwa Gerhard Scholem wandte ein, dass der Untertitel eher ein »Schlagwort«[51] als das Resultat einer Analyse sei, und Jaspers präzisierte, dass »der Einfall« zwar »glänzend« sei, aber richtig verstanden werden müsse: »*dieses* Böse ist banal, nicht *das* Böse«[52]. Und ein amerikanischer Leser fragte zurecht, ob sie einen solchen Untertitel auch gewählt hätte, wenn »Goebbels der Angeklagte gewesen«[53] wäre?

Hannah Arendt liess in ihrer Antwort an Scholem, die im *Encounter*[54] veröffentlicht wurde, keinen Zweifel, wie der Untertitel zu verstehen sei:

»I changed my mind und spreche nicht mehr vom radikal Bösen. ... Ich bin in der Tat heute der Meinung, dass das Böse immer nur extrem ist, aber niemals radikal, es hat keine Tiefe, auch keine Dämonie. Es kann die Welt verwüsten, gerade weil es wie ein Pilz an der Oberfläche weiterwuchert. Tief aber und radikal ist immer nur das Gute.«[55]

Später berief sie sich gelegentlich auf Brecht, der in den Anmerkungen zu seinem Stück »Der aufhaltsame Aufstieg des Arturo Ui« schrieb:

»Die grossen politischen Verbrecher müssen durchaus preisgegeben werden, und vorzüglich der Lächerlichkeit. Denn sie sind vor allem keine grossen politischen Verbrecher, sondern die Verüber grosser politischer Verbrechen, was etwas ganz anderes ist. Keine Angst vor der platten Wahrheit, wenn sie nur wahr ist! So wenig das Misslingen seiner Unternehmungen Hitler zu einem Dummkopf stempelt, so wenig stempelt ihn der Umfang dieser Unternehmungen zu einem grossen Mann. Die herrschenden Klassen im modernen Staat bedienen sich bei ihren Unternehmungen meistens recht durchschnittlicher Leute. ... Solche Leute wecken den Anschein von Grösse durch den Umfang der Unternehmungen. – Und im allgemeinen gilt wohl der Satz, dass die Tragödie die Leiden der Menschen häufiger auf die leichte Achsel nimmt als die Komödie.«[56]

Sie konnte in der Folge von Hitler etwa sagen, dass »gleichgültig, was er tut, und wenn er zehn Millionen Menschen tötete, er immer noch ein Clown ist«[57].

Aus all dem scheint mir zu folgen, dass der Untertitel *mehr* als ein Schlagwort oder eine Provokation war, nämlich die Deklaration der Wende im Denken über das Böse, die zu einer Hypothese für eine künftige Moral der Politik wurde. Diese Wende muss sie einerseits als eine ungeheure Befreiung empfunden haben, weil nun der Grund des Bösen nicht mehr in einem metaphysischen Substrat gesehen werden musste, an das kein Erkennen und kein Handeln herankam und das auch alle Hoffnungen auf das Anfangen-Können der Menschen, also auf ihre Natalität, gleichsam erstickte, sondern, mit Kant gesprochen, in einer »selbst verschuldeten Unmündigkeit«[58], die zwar viele Menschen teilen mochten, aber doch nicht die Urschuld aller Menschen war. Zugleich überfiel sie ein neues Erschrecken, dass nämlich die Banalität das extrem Böse auf dem Hintergrund der totalen Herrschaft, deren Spuren in allen modernen Gesellschaften zu finden sind, jederzeit neu hervorbringen kann. »Dass etwas gleichsam aus der Gosse geboren werden kann, ohne allen Tiefgang, und doch Macht über nahezu alle Menschen gewinnt, ist doch gerade das Furchtbare an dem Phänomen.«[59]

Als Hannah Arendt ihren Bericht veröffentlichte, war ihr nicht bewusst, mit welchen moralischen Implikationen sie ihn befrachtet hatte. Der Entrüstungssturm, den das Buch aus vielen Gründen auslöste, zwang sie zu einer Archäologie dieser Implikationen. Ihre Frage lautete: Wie ist es möglich, dass normale Menschen, die weder besonders lasterhaft, noch besonders zynisch, noch in irgendeiner Weise unzurechnungsfähig sind, im konkreten Fall nicht mehr unterscheiden können, was Recht oder Unrecht ist? Die Antwort, die sie in mehreren Schüben gegeben und 1971 mit dem Essay »Über den Zusammenhang von Denken und Moral«[60] abgeschlossen hat, ist in ihrer Kurzfassung so einfach, dass man sie selber für banal halten könnte: So weit kommt es, wenn man nicht denkt. Sie wird aber kompliziert, wenn man weiss, was für Hannah Arendt »Denken« heisst. Denken ist nicht das Erkennen des Verstandes, das zu einem Wissen führt, und nicht das pragmatische Verknüpfen von Mitteln und Zwecken, das im Herstellen Produkte hervorbringt. Denken ist vielmehr eine im Prinzip nicht endliche Bewegung der Vernunft, die nach dem Sinn eines Geschehens und des Handelns fragt, weil sie verstehen möchte. Diese Bewegung verlangt eine radikale Unabhängigkeit, denn jede Abhängigkeit müsste sie zum Stehen bringen. Sie bindet sich deshalb nicht an vorgegebene Werte und Normen. Sie löst sich aus den Interessen der Parteien und befreit sich aus den Vorurteilen. Sie verlässt jedes Geländer. In dieser Unabhängigkeit wird das Denken von seinem Gegenstand angestossen. Aber es dringt nicht auf diesen ein, sondern wahrt Abstand zu ihm, damit sich seine Phänomenalität, von Konzepten unbedrängt, zeigen kann. Über das, was sich ihm zeigt, führt der Denkende ein Selbstgespräch – Denken ist ein Gespräch mit sich selbst –, dessen drohende Enge aufgebrochen wird durch die Vergegenwärtigung der möglichen Meinungen aller anderen. Nun bewegt sich das Denken in einer Pluralität der Dimensionen, die eine grössere Weite erreicht als das reale Gespräch auf der Agora. Auf dem Hintergrund dieser Weite bildet sich der Denkende seine eigene Meinung. Aber nicht um diese geht es Hannah Arendt letztlich, sondern um zwei Nebenprodukte, die der Prozess des Denkens zeitigt. Das erste ist das Gewissen, das sich im Selbstgespräch herausbildet, in dem der Denkende sich selbst zur Frage geworden ist, und das zweite ist das Urteil, das durch das Denken heranreift. Das Gewissen ist die autonome Instanz der Verantwortung und das Urteil die nicht bloss subsumierende Aneignung eines Geschehens oder Handelns im Verstehen.

Wie weit also kommt es, wenn man nicht denkt? So weit, dass man gewissenlos und verantwortungslos handelt, dass man das Geschehen nicht versteht, auf das man einwirkt, und deshalb auch nicht weiss, was man tut. Das aber ist der moralische Nullpunkt der Banalität des Bösen, der sich unvermittelt als Apokalypse des Bösen der Banalität erweist.

»Das ist eigentlich mein stärkstes Nachkriegserlebnis gewesen ...«
Zur Begegnung von Hannah Arendt mit Karl Jaspers

Hannah Arendt kam zum Sommersemester 1926 nach Heidelberg, um bei Jaspers Philosophie zu studieren, und sie promovierte dort Ende November 1928. Im August 1929 schickte Jaspers ihre überarbeitete Dissertation »Der Liebesbegriff bei Augustin« an den Springer Verlag, wo sie noch im selben Jahr als Band 9 der von ihm herausgegebenen »Philosophischen Forschungen« erschien.[1] Aus dieser frühen Zeit sind nur wenige Dokumente erhalten, einige Briefe und das Gutachten von Jaspers.[2] Sie zeigen eine schüchterne Studentin, die eine »Kinderangst« zu haben schien, den Erwartungen des Lehrers nicht zu genügen, und einen etwas schulmeisterlichen Professor, der dem Temperament und der Ungeduld seiner Studentin offenbar misstraute. Für die originelle Studie gab er ihr nur die dritte Note, weil weder die Arbeitsmethode noch die Sprache noch die philosophische Durchdringung des Stoffs ihn überzeugten.[3] Dass sie aber eine ungewöhnlich intelligente Person war, muss er gesehen haben; denn er versuchte, sie über verschiedene Stiftungen zu fördern, bot ihr die Habilitation an und führte gerne Gespräche mit ihr. Sie wiederum hat in ihm – wie sie später selber sagte – den einzigen Erzieher gefunden, den sie jemals annehmen konnte, die ganz und gar integre Gestalt, die lebte, was sie sagte, und den Lehrer, der nicht Schüler und Schülerinnen haben wollte, sondern unabhängig denkende Menschen, die das Wagnis in einen neuen Aufbruch eingingen. Er selber stand in einem solchen Aufbruch. Schon berühmt als Psychiater und angesehen als Psychologe, begann er mit dem systematischen Aufbau einer eigenen Philosophie, die er bald »Existenzerhellung« und bald »Existenzphilosophie« nannte. Das Mitgenommenwerden in den Schwung dieses Aufbruchs, gleichsam die Bewegung der Vernunft in praxi, muss sie bezaubert haben. Sie kannte bereits Husserls Strenge und Heideggers Eindringlichkeit des Denkens. Nun lernte sie hinzu, dass Philosophieren mehr als nur Denken, mehr als phänomenologische oder fundamentalontologische Analyse ist, nämlich auch existentielle Durchdringung eines Lebens in gegebenen Augenblicken.

Einige Gespräche nach der Promotion scheinen die Schüchternheit von Hannah Arendt aufgelöst zu haben. Jaspers nahm sie uneingeschränkt auf gleicher Ebene an. Nun wagte sie ihre ersten Kritiken an seinen Schriften – ganz und gar souverän an seinem Bändchen über Max Weber[4]: Dass er darin »das deutsche Wesen« mit »Vernünftigkeit und Menschlichkeit aus dem Ursprung der Leidenschaft«[5] identifiziere, könne sie als Jüdin weder gutheissen noch ablehnen; aber distanzieren müsse sie sich davon, genauso wie von manchen patriotischen Äusserungen von Max Weber selbst. »Für mich ist Deutschland die Muttersprache, die Philosophie und die Dichtung.«[6] Dafür stehe sie ein; aber nicht für die deutsche Politik, an der die Juden so spät und nur lückenhaft beteiligt worden seien. Diese Sätze schrieb sie Anfang Januar 1933 in einem Brief an Jaspers, als sie längst ahnte, was auf Deutschland zukam, während er noch in der Illusion lebte, dass »Deutschland im alten Glanze«

wieder aufgerichtet werden könne, allerdings – und das war seine prophetische Ahnung – »nur in einem geeinten Europa«[7].

Wahrscheinlich sahen sich die beiden im Dritten Reich nur noch ein einziges Mal, Mitte April 1933. Im August floh Hannah Arendt mit ihrer Mutter ohne Papiere über Prag und Genf nach Paris, und sie reiste später (1941) von Südfrankreich, wo sie einige Zeit interniert war, mit Heinrich Blücher, ihrem Mann, und der Mutter über Spanien und Portugal in die USA aus. Jaspers wollte anfänglich in Deutschland bleiben, weil er die Herrschaft der Nazis für eine Operette hielt, über die bald der Vorhang fallen musste. Als er nach dem Röhm-Putsch kapierte, dass ein Verbrecher-Regime an der Macht war, und bald danach, dass das totalitäre System von innen nicht mehr aufgebrochen werden konnte, sah auch er sich nach Möglichkeiten der Emigration um, aber vielleicht nie ganz ernsthaft. Er wurde im Sommer 1937 entlassen, weil seine Frau Jüdin war, und 1938 mit einem Publikationsverbot belegt. Aber er konnte immerhin arbeiten. Die grossen Ängste kamen nach der Kristallnacht und steigerten sich bis zum Ende des Krieges. Im März 1945 bekam er über Emil Henk, einen sozialdemokratischen Freund, die Nachricht, dass sein Abtransport und der seiner Frau für den 14. April vorgesehen sei. Am 30. März wurde Heidelberg von den Amerikanern besetzt. Seine Frau und er waren davongekommen – mit einiger Klugheit, aber vor allem mit viel Glück.

Im Spätsommer 1945 besuchte Melvin Lasky, der Kriegshistoriker des amerikanischen Heeres war, Jaspers. Im Gespräch erfuhr dieser, dass Hannah Arendt noch am Leben war. Er bekam die Erlaubnis, ihr über die amerikanische Militärpost zu schreiben. Den ersten Brief schickte er Ende Oktober ab.[8] Das war der Beginn der eigentlichen Freundschaft mit Hannah Arendt, in die Gertrud Jaspers von Anfang an eingebunden war und Heinrich Blücher immer stärker einbezogen wurde. Bis zum Tod von Jaspers (1969) wurden nun an die 400 Briefe gewechselt. Die Beziehung bekam noch einmal eine andere Intensität und Nähe durch die dreizehn Besuche von Hannah Arendt in Basel seit 1949. Es waren Tage und manchmal Wochen der rückhaltlosen Gespräche, die, ausser den Essenszeiten, mit wenigen Ausnahmen zu zweit geführt wurden. Denn Jaspers war der Meinung, dass zu dritt bereits die Unterhaltung beginne. Ein Gespräch aber war für ihn etwas anderes: ein wechselseitiger Prozess der Erhellung von Wahrheit und Sinn, der unbedingte Offenheit und Redlichkeit im Umgang mit den Differenzen voraussetzte. Grundbedingung war die Anerkennung der Fakten; ihre Deutung aber blieb offen und deren Aneignung unterschiedlich. Zu solchen Gesprächen gehörten die Auseinandersetzung und der Streit als Kampf der Vernunft und der Existenzen, aber auch eine gewisse Verwandtschaft der Denkungsart, die sich die Zuflucht zu Mythisierungen, Magien, Dogmen, Ideologien und Fundamentalismen nicht erlaubte. Man musste, wie Hannah Arendt sagte, »ohne Geländer« denken und sich aufs offene Meer hinauswagen, um mithalten zu können. Da sie vielleicht eher zu Thesen neigte als er, waren diese Gespräche für sie eine permanente Öffnung neuer Horizonte und eine Disziplinierung des Zuhörens und des präzisen Eingehens auf das Gehörte. Denn darin: im Zu-Worte-kommen-Lassen des Anderen und im Zuhören-Können, war er ebenso souverän wie in der Präzision der Entgegnung. In diesen Gesprächen verstand man den Sinn des Wortes von Hölderlin »Wir sind ein Gespräch« und des Ausspruchs von Nietzsche »Die Philosophie beginnt zu zweien«.

Hannah Arendt sprach in der Laudatio, die sie 1958 zur Verleihung des Friedenspreises des Deutschen Buchhandels an Jaspers hielt, die Vermutung aus, dass jene Fähigkeiten zum Gespräch sich bei Jaspers herausgebildet haben, weil er durch seine Lebensumstände (er war von Jugend auf chronisch krank) gezwungen war, in einer »Welt en miniature« modellartig zu erfahren, wie es in der Welt zuging: »Denn in dieser kleinen Welt entfaltete und übte sich seine unvergleichliche Fähigkeit für das Gespräch, die herrliche Genauigkeit des Zuhörens, die ständige Bereitschaft, Rede und Antwort zu stehen, die Geduld, bei der einmal besprochenen Sache zu verweilen; ja mehr noch die Fähigkeit, das sonst Verschwiegene in den Gesprächsraum zu locken, es sprechwürdig zu machen und so alles im Sprechen und Hören zu verändern, erweitern, verschärfen – oder, wie er selbst am schönsten sagen würde: zu erhellen.«[9] Im Fernseh-Interview mit Günter Gaus sagte sie 1964, was ihr diese Gespräche bedeutet haben: »Das ist eigentlich mein stärkstes Nachkriegserlebnis gewesen. Dass es ein solches Gespräch gibt! Dass man so sprechen kann!«[10] Briefe schrieben sie einander in Ermangelung der Gespräche. Aber in sie ist etwas von der Rückhaltlosigkeit der Gespräche eingegangen.

Es ist keine Frage, dass auch Jaspers diese Gespräche viel bedeutet haben; aber vielleicht hatten sie für ihn nicht die gleiche Singularität wie für Hannah Arendt. Denn so sprach er eigentlich überall, wo er vertraute, wenngleich die Gespräche auch nur mit wenigen Menschen in dieser Intensität gelangen. Die Singularität lag für ihn in der Person Hannah Arendts: in ihrer absoluten freundschaftlichen Treue und Solidarität, in ihrer ursprünglichen Fähigkeit, Ereignisse und Menschen zu verstehen, vor allem aber in ihrer Unabhängigkeit des Denkens, welche die Grundlage des Verstehens war.

Ihre Solidarität zeigte sie ihm keineswegs allein in Briefen und mit Besuchen. Sie ernährte in der Nachkriegszeit, bis zum Wegzug nach Basel (März 1948), das Ehepaar mit monatlich drei Care-Paketen praktisch, obwohl sie und Heinrich Blücher in bescheidenen Verhältnissen lebten. Sie plazierte seine neuen Aufsätze in renommierten Zeitschriften der USA und gab dort seinem Namen Resonanz. Sie beriet ihn in allen Verträgen mit amerikanischen Verlegern, hielt ein Auge auf die Übersetzungen und leitete persönlich diejenige der »Grossen Philosophen«. Sie widmete ihm ihr erstes Buch im Deutschland der Nachkriegszeit[11] und später dem Ehepaar das Buch über die amerikanische Revolution[12], und sie hielt bei der damals umstrittenen Verleihung des Friedenspreises die Laudatio, die zu einem Porträt grossen Stils wurde. Wo immer es ihr angebracht schien, bekannte sie sich öffentlich zu ihm. Er empfand dies als Wohltat, nicht aus blosser Eitelkeit, sondern weil er – vor allem quer durch Deutschland – so viele Feinde hatte. Im übrigen ironisierte er die Überhöhungen seiner Person. Sie hatte eben, wie er das nannte, »vergrössernde Augen«, und er liess sich ihr Bild gefallen, weil es aus Freundschaft kam.

Ihre ungewöhnliche Fähigkeit, zu verstehen, beeindruckte Jaspers sowohl auf der Ebene ihrer theoretischen Schriften als auch ihrer spontanen Reflexion. Vielleicht galt dies stärker in politischen als in philosophischen Belangen. Er hat von ihrer Theorie der Politik einiges gelernt, zum Beispiel über den Totalitarismus, die amerikanische und ungarische Revolution, die Räte-Republiken, die Demokratie und über die Grundlagen des Antisemitismus – und aus ihren spontanen Reflexionen in Briefen und Gesprächen vieles über das Geschehen der Nachkriegszeit. Sie brachte ihm die Welt in das Haus und erweiterte ständig jene Sicht »en miniature«. Dass ihm das politische Denken wichtig wurde, lag zwar an den eigenen historischen Erfahrungen. Dass es aber für einige Jahre so stark in den Vordergrund rückte, dass er sich geradezu als politischen Schriftsteller[13] verstand, hing wohl auch mit dem Einfluss von Hannah Arendt zusammen. Jaspers hat sie in ihrer Jugend mit dem Freiheitsgedanken auf das politische Denken vorbereitet. Sie hat ihn durch ihre Welterfahrung und ihre Urteilskraft in seinem späten politischen Denken zugleich beflügelt, korrigiert und bestätigt. Als 1966, nach seiner fulminanten Kritik an West-Deutschland (»Wohin treibt die Bundesrepublik?«), die Empörung von allen Seiten über ihn hereinbrach, verwies sie sofort auf den springenden Punkt: Was den Deutschen »nämlich nicht passt, ist, dass Du konkret denkst … Die Sache ist von grosser Wichtigkeit«[14], weil »auch ein Mensch verstehen kann, der philosophische Stenographie nicht gelernt hat«[15].

Über alles aber schätzte er ihre Unabhängigkeit. Dass sie sich an keine Ideologie, keine Weltanschauung, keine philosophische Richtung und keine religiösen Bekenntnisse band, auch nicht an irgendwelche Normen und Werte, die mit dem Anspruch auf universale Gültigkeit auftraten, um an diesen Krücken heil durch die schwierigste Zeit der Moderne zu kommen, hat ihn sehr beeindruckt. Ihre Urteile, wie entschieden sie auch ausfallen mochten, kamen nie durch Subsumtion unter allgemeine Fälle oder Regeln zustande. Sie waren vielmehr Versuche, das je Besondere besonderer Ereignisse und Handlungen zu verstehen. Dafür musste das Besondere in seiner Besonderheit zuvor »ohne Geländer« bedacht werden. Erst aus diesem Denken wurden für sie unabhängige Urteile möglich, die ein Besonderes unverstellt in das Verstehen rückten. Es brauchte dann Mut, das so Verstandene auch öffentlich zu sagen, und zwar um so mehr Mut, je dichter der Schutzwall aus Tabuierungen und Vorurteilen war.

Dass man nicht alles sagen darf, bekam sie mit voller Wucht zu spüren, als sie 1963 ihre Artikel-Serie »Eichmann in Jerusalem« im *New Yorker* und danach in überarbeiteter Form als Buch mit dem provokativen Untertitel »Ein Bericht von der Banalität des Bösen« veröffentlichte. Ein Sturm der Entrüstung erschütterte über Jahre das Judentum der westlichen Welt und insbesondere Israels und Amerikas. Aus mehreren Gründen: Der Ton des Berichts schien angesichts der Opfer völlig unangebracht, ja beleidigend zu sein, die Kritik an der Inszenierung des Prozesses überzogen, die Einschätzung Eichmanns als banalen, gedankenlosen Funktionär ohne besondere Abgründigkeit oder Perversität völlig verfehlt und der Vorwurf an die Judenräte der Kollaboration mit den Nazis eine Ungeheuerlichkeit. Nun setzte eine koordinierte Rufmord-Kampagne mit grossem Aufwand ein, die Hannah Arendt zuweilen an die Grenzen der Verzweiflung trieb. Am schmerzlichsten für sie war, dass darob einige Freundschaften in die Brüche gingen, vor allem die wirklich nahe mit Kurt Blumenfeld.

Jaspers hatte den Fall Eichmann seit 1961 mit Hannah Arendt brieflich und mündlich oft erörtert. Er hatte seine eigenen Ideen, wie Israel das Urteil in die Verantwortung eines noch zu schaffenden Welt-Gerichtshofes stellen sollte, der beauftragt wäre, die »Verbrechen gegen die Menschheit« abzuurteilen.[16]

Als das Buch erschien, war er über den Untertitel, wegen seiner Allgemeinheit (»... *des* Bösen«), nicht besonders glücklich. Während der organisierten Hetze aber stand er bedingungslos zu Hannah Arendt und erwartete diese Solidarität auch von seinen Freunden. Wenn sie öffentlich in den Chor der Kritiker einstimmten, war er bereit, mit ihnen zu brechen. Am schmerzlichsten fiel ihm das bei Golo Mann, den er fast so lange kannte wie Hannah Arendt.

In den letzten Jahren wollte er ihr eine besondere Huldigung zuteil werden lassen. In der Folge der Eichmann-Debatten schrieb er an einem Buch, das »Von der Unabhängigkeit des Denkens« heissen sollte. Sie wäre darin die Kronzeugin geworden, dass solches Denken möglich ist. Sie wusste von dem Projekt und sah ihm mit gemischten Gefühlen entgegen. Denn sie kannte nicht allein die Verlässlichkeit von Jaspers' Freundschaft, sondern auch seine Lust an der Auseinandersetzung und seine Schärfe der Kritik. Dass das Werk, an das sie nur »rot wegen der Ehre und blass vor Furcht« denken konnte, Fragment blieb, dürfte sie eher erleichtert haben.

Anfang September 1968 sahen und sprachen sich die beiden zum letzten Mal. Am 26. Februar 1969 starb Jaspers. Hannah Arendt hielt an der öffentlichen Gedenkfeier der Universität Basel eine Rede, die sie mit den Sätzen schloss: »Das, was an einem Menschen das Flüchtigste und doch zugleich das Grösste ist, das gesprochene Wort und die einmalige Gebärde, das stirbt mit ihm und das bedarf unser, dass wir seiner gedenken. Das Gedenken vollzieht sich im Umgang mit dem Toten, aus dem dann das Gespräch über ihn entspringt und wieder in die Welt klingt. Der Umgang mit den Toten – das will gelernt sein, und damit fangen wir jetzt an in der Gemeinsamkeit der Trauer.«[17]

Weltlose Liebe
Zum Briefwechsel Hannah Arendt/Martin Heidegger

»Willst Du heute Abend zum Wald kommen?

Aber erst gegen 10. Denn ich habe bis 8 Examen und dann bin ich – da ich bis Semesterende allein hause, bei Bultmann zum Abendbrot eingeladen.

Wir können ja dann länger bleiben.«

Dieses billet doux steckte ein 35jähriger Philosophie-Professor in Marburg seiner jüngsten Studentin zu. Das Privatissimum, das dann stattfand – manchmal im Wald, manchmal auf einer Bank, manchmal in der Wohnung, wenn ihr Licht nicht brannte, war das bestgehütete Geheimnis Martin Heideggers vor seiner Frau und seinen Kollegen und Hannah Arendts vor ihren Mitstudenten und Mitstudentinnen. Es wird nun endlich gelüftet – mit der Radikalität, die, nach all den Strategien der Verheimlichung und der selektiven, zuweilen peinlichen Enthüllung, noch möglich ist. Dass über diese Liebesbeziehung Authentisches auf die Nachwelt gekommen ist, verdanken wir ausschliesslich Hannah Arendt, die, wie es scheint, alle Briefe Heideggers und selbst die zugesteckten Zettel aufbewahrt hat, während er all ihre Briefe vor 1966 (!) offenbar vernichtet hat. Die Quellenlage entbehrt somit nicht der Ironie: Der rigorose Spurenverwischer ist ganz präsent; die Bewahrerin aber wäre es allein im Spiegel *seiner* Briefe, wenn sie nicht einige wenige *ihrer* Briefkonzepte und -kopien – bis 1966 ganze acht – ebenfalls aufbewahrt hätte. Das Fehlen der Gegenstimme über so weite Strecken hinterlässt denn auch unvermeidlich eine Enttäuschung, wenn man die von Ursula Ludz sorgfältig edierte und mit Dokumenten angereicherte Korrespondenz liest.

Der Sturm der frühen Jahre

Zu Beginn des Wintersemesters 1924/25 kam Hannah Arendt, wenig über 18jährig, von Königsberg nach Marburg, um dort Philosophie, Klassische Philologie und Protestantische Theologie zu studieren. Sie hörte u.a. auch Heideggers Kolleg über Platons »Sophistes« und war, wie alle Studenten, hingerissen von der denkerischen Intensität und Präsenz dieses Lehrers. Einmal, wahrscheinlich im November, muss ihm ihr Blick eingefahren sein, »der am Katheder mir zublitzte«. Wie es dann zu den ersten Gesprächen und abendlichen »Gängen« kam, erfahren wir nicht. Aber der erste Brief Heideggers an das »Liebe Fräulein Arendt« kommt bereits aus einer Nähe jenseits der Alma Mater:

»Ich muss heute Abend noch zu Ihnen kommen und zu Ihrem Herzen sprechen.

Alles soll schlicht und klar und rein zwischen uns sein. Dann sind wir einzig dessen würdig, dass wir uns begegnen durften. ...

Ich werde Sie nie besitzen dürfen, aber Sie werden fortan in mein Leben gehören, und es soll an Ihnen wachsen.«

Vom zweiten Brief an duzt er sie und im dritten gesteht er: »Das Dämonische hat mich ergriffen. ... Nie noch ist mir so etwas geschehen.« Noch etwas später nennt er sie einfach »Mein Liebstes!«

In der intensivsten Zeit dieser Liebe schien es Heidegger, sie habe die Möglichkeit, »zu einer grossen Leidenschaft der Existenz aufzuwachsen«. Er könne nur sagen, »dass die Welt nicht mehr meine und Deine – sondern *unsere* geworden ist – dass, was wir tun und leisten, nicht Dir *und* mir sondern *uns* gehört«. Exakt hier aber lag der wunde Punkt dieser Beziehung. Sie hatte ihre Welt nur im Dunkel der Heimlichkeit. Für Heidegger stand weder eine Auflösung der Familie noch das öffentliche Durchbrechen der gesellschaftlichen Konventionen jemals zur Diskussion. Diese Liebe war also unabdingbar mit dem Verzicht auf Welt verbunden. Heidegger war es klar, was er damit der jungen Frau abverlangte. Er neigte deshalb dazu, sie kompensierend zu überhöhen, nannte sie mehrmals eine »Heilige«, sprach von ihrem »unirdischen Gesicht« oder rutschte vollends in den Pastoralkitsch ab: »Ich halte Deine lieben Hände in den meinen und bete mit Dir für Dein Glück.« So notabene im Erscheinungsjahr von »Sein und Zeit«!

Dieser Zug der Weltlosigkeit wurde noch verstärkt durch sein unabweisbares Verlangen nach Einsamkeit im Denken. Als er im Sommer 1925 sich in seine Hütte zurückzog, um dort ungestört den Fragen seiner Fundamentalontologie nachzugehen, und sich dabei förmlich in »eine Raserei der Arbeit« hineinsteigerte, muss sich Hannah Arendt beklagt haben, dass sie sich von ihm vergessen fühle. Er antwortete ihr mit rücksichtsloser Härte: »Ich habe Dich vergessen …, weil ich Dich vergessen musste und vergessen werde, so oft ich auf den Weg der letzten konzentrierten Arbeit komme.« Dieses Abbrechen aller menschlichen Kontakte im Hinblick auf das Schaffen sei »das Grandioseste«, was er an Erfahrungen kenne. Unter der Last dieser notwendigen Isolierung, die nur »eine scheinbare Rückkehr zu den Menschen« kenne, wünsche er sich jedesmal »die Kraft zu einer letzten und ständigen Ferne von ihnen«.

Sie begriff schnell – und sie akzeptierte seine Lebensform ganz und gar. Sie verliess Marburg nach drei Semestern um seinetwillen, entschlossen, die Einsamkeit ebenfalls auf sich zu nehmen. Aber dazu war sie wahrlich nicht geschaffen. Nach einigen Amouren heiratete sie 1929 – eher aus Verzweiflung als aus Liebe – Günther Stern (G. Anders), den Heidegger nicht ausstehen konnte, übrigens exakt an dessen 40. Geburtstag. An ihn richtete sie die »alte Bitte«: »vergiss mich nicht, und vergiss nicht, wie sehr und wie tief ich weiss, dass unsere Liebe der Segen meines Lebens geworden ist. Dieses Wissen ist nicht zu erschüttern ...«

Eine erste Erschütterung wird es ja doch gegeben haben, als ihr im Winter 1932/33 zu Ohren kam, nun sei auch Heidegger Antisemit geworden. Sie muss ihn daraufhin angeschrieben haben. Er wies alle diesbezüglichen »Gerüchte« kategorisch von sich, aber in einem sehr gereizten Ton, der die Abwehr eher verdächtig macht. Die wirkliche Erschütterung kam danach, als sie in die Emigration ging – und er in die Partei.

Die bemühten Herzen

Im Winter 1949/50 war Hannah Arendt zum ersten Mal nach dem Krieg wieder in Europa. Sie bereiste mehrere Länder, um gestohlenes jüdisches Kulturgut ausfindig zu machen und zu inventarisieren. Am 6. Februar kam sie aus Basel nach Freiburg. Sie hatte Heidegger seit 1930 nicht mehr gesehen und seit 1933 mit ihm keine Briefe gewechselt. Nach allem, was geschehen war, wusste sie nicht recht, ob sie mit ihm wieder Kontakt aufnehmen sollte. Schliesslich gab sie »dem Zwang eines Impulses« nach und teilte ihm die Adresse ihres Freiburger Hotels mit. Heidegger deponierte dort sogleich eine Antwort: »Es wäre schön, wenn Sie (!) heute Abend gegen 8 zu mir herauskommen könnten. Meine Frau, die von allem Kenntnis hat, würde Sie gern begrüssen. Sie ist aber leider heute Abend verhindert.« Noch am selben Abend kam es zu einer langen Aussprache mit Heidegger und am nächsten Morgen mit seiner Frau. Alles schien in bester Ordnung zu sein, als gäbe es keine Geschichte. Heidegger geriet über so viel »Einklang der bemühten Herzen« der beiden Frauen in ein schrecklich falschgestimmtes Entzücken. Hannah Arendt ihrerseits schrieb ihm: »Dieser Abend und dieser Morgen sind die Bestätigung meines ganzen Lebens.« Jener »Zwang des Impulses« habe sie »gnädig bewahrt ..., die einzig wirklich unverzeihliche Untreue zu begehen und mein Leben zu verwirken«. Auch Elfride Heidegger teilte sie mit, sie sei glücklich, »dass alles gut geworden ist«.

Nun schien diese Liebe endlich Raum in der Welt zu bekommen. Aber gerade das wurde ihr zum Verhängnis. Sie wuchs keineswegs, wie Heidegger beteuerte, mit der häuslichen zusammen. Sondern sie wuchs ihr davon. Er jedenfalls war bald wieder bis über beide Ohren verliebt: »Ach Du Vertrauteste – wärst Du da – und bist doch da – aber ich möchte Dich durch Dein Wort hindurch bezaubern. ... So habe ich ›nur‹ Dein Bild – aber im Herzen Dein Herz und die Sehnsucht und das Hoffen ... Sey in der Fremde daheim, Du – Vertrauteste, Du Wiedergekommene, Ankünftige – Hannah – Du –« – Er schrieb ihr eine Reihe schöner Liebesbriefe und viele Gedichte, auf die sie besonders stolz war. Und schliesslich glaubte er allen Ernstes, ein Vierteljahrhundert »nachholen« zu müssen. Die Antworten Hannah Arendts kennen wir nicht. Es war wieder Vorsicht geboten. Wenn sie nach Freiburg schreiben sollte, mahnte er sie, dies »in der unumgänglichen Hermeneutik« zu tun.

Als sie im Mai 1952 Heidegger wieder besuchte und etwa eine Woche in Freiburg blieb, kam es zum éclat der bemühten Herzen. Wir kennen eine Schilderung nur aus dem Briefwechsel mit Heinrich Blücher. Danach soll es zu einer »halbantisemitischen« Eifersuchtsszene durch Frau Heidegger gekommen sein. Dass etwas Gravierendes vorgefallen sein muss, lässt zugleich ein Brief von Heidegger erahnen: »Es ist gut, wenn Du jetzt nicht mehr schreibst und auch nicht vorbeikommst. Es ist alles schmerzlich und schwierig. Aber wir müssen es tragen.« Man sah sich erneut 15 Jahre nicht mehr, eine Zeit, in der auch nur wenige Briefe gewechselt wurden.

Die Alterslösung

Im Oktober 1966 – zu Hannah Arendts 60. Geburtstag – schickte Heidegger seine Wünsche »für den kommenden Herbst Deines Daseins«. Mit diesem Brief beginnt der dritte Teil der Korrespondenz, der für alle Seiten eine erträgliche Alterslösung brachte. Hannah Arendts Antwort ist der erste Brief von ihr, den Heidegger nicht vernichtete. Erst jetzt also wird die Briefsammlung für den Leser zu einem Briefwechsel. Ab Sommer 1967 sah man sich auch wieder, so oft es die Europa-Reisen und die Aufenthalte in Tegna erlaubten.

Hannah Arendt war zweifellos glücklich über diese Wende. Denn aus der Jugend war eine Wunde übriggeblieben und seit der zweiten Krise der Beziehung eine Angst, diese könnte sich im Nichts verlieren und die Kontinuität des Lebens und mithin das Bleibende in ihm zerstören. Auf diese beiden Momente spielte ihre Antwort an: »Denen der Frühling das Herz bracht und brach, denen macht es der Herbst wieder heil.« Und: »Das Bleibende, scheint mir, ist wo man sagen kann – ›Anfang und Ende immerfort dasselbe‹.«

Nachdem 1969 Jaspers und 1970 Heinrich Blücher gestorben waren, blieb für sie Heidegger als einzige philosophische Instanz übrig. Die Beziehung wurde nun wieder enger, aber auch asymmetrischer. Hannah Arendt half in allen praktischen Dingen wo immer möglich. Sie tat viel für Heideggers Übersetzungen in den USA. Sie bekannte sich mehrmals öffentlich zu ihm, als dies für die dominierenden »Frankfurter« noch ein Verbrechen war. Und sie studierte seine Texte intensiv. Er revanchierte sich eigentlich nirgends. Ihre Bücher waren ihm zweifellos fremd und ihr politisches Interesse wohl eher verdächtig. Dass er etwas für sie tun könnte, was über einen »Zuspruch« hinausging, kam ihm nie in den Sinn. Und so blieb in dieser Beziehung eigentlich nur etwas möglich: das Gespräch über *sein* Denken und über *seine* Lesart der Dichter und Denker. Kein

Zweifel, dass es auch jetzt noch so etwas wie eine Kontinuität der Liebe gab. Aber sie war hineingenommen in das Denken, und dort sind die Stürme, so sagt Hannah Arendt, »um einen Grad metaphorischer«.

III

Überleben mit einer Jüdin in Deutschland
Karl und Gertrud Jaspers in der Zeit des Nationalsozialismus

Für Rolf Hochhuth

I

Karl Jaspers und seine Frau Gertrud Jaspers-Mayer übersiedelten 1948, einem Ruf der Universität folgend, aus Heidelberg nach Basel. Dort gaben sie 1967 dem deutschen Generalkonsul ihre Pässe ab, nachdem sie das Basler Bürgerrecht erworben hatten. Als deutsche Bürger hatten sie die bewegteste Zeit der Geschichte ihres Landes miterlebt: den Wechsel vom Kaiserreich zur Weimarer Republik, von ihr zum Dritten Reich bis an dessen Ende in der bedingungslosen Kapitulation und schliesslich in das zweigeteilte Deutschland der Bundesrepublik und der Deutschen Demokratischen Republik.

In diesen wechselvollen Jahrzehnten veränderte sich Jaspers' Einstellung zum öffentlichen Leben radikal. Die anfängliche Gleichgültigkeit, um nicht zu sagen Verachtung, für das Politische machte der Einsicht Platz, dass auch die Philosophie, bis in die Metaphysik hinein, politikbewusst werden muss. Zwar setzte dieser Wandel schon durch die Bekanntschaft mit Max Weber und insbesondere durch die Ereignisse des Ersten Weltkrieges ein. Aber die zentrale, ihn vorantreibende Erfahrung war die Zeit des Nationalsozialismus. Jaspers verbrachte sie mit seiner Frau, die Jüdin war, in Heidelberg. Während ihr erlebte er, dass

Politik zum Schicksal aller werden kann. Also war ihre Ausklammerung aus dem Denken nur eine verhängnisvolle Flucht in die Apolitie, die selber ein negativer politischer Akt war.

Die persönlichen politischen Erlebnisse der beiden zeigten sich in jenen Jahren kaum öffentlich. Man muss in die Verborgenheit ihres damaligen Lebens eindringen, um zu verstehen, in welchem Ausmass das private Leben ein politisches Erleben und Erleiden war.

II

Jaspers, 1883 in Oldenburg geboren, ist in einer heilen Welt aufgewachsen. Auf den grosselterlichen Gütern in den Marschen herrschte noch ein patriarchalisches Leben, beinahe wie in biblischer Zeit. Als der Knabe in den ersten Schuljahren die Geschichten von Abraham hörte, fühlte er sich »wie zu Hause«[1].

Sein Vater, Jurist, dann Amtshauptmann und schliesslich als Bankdirektor Landtagsabgeordneter und lange Jahre Vorsitzender des Stadtrates, war ein liberaler und demokratischer, vom Geist der Rechtlichkeit durchdrungener Mann. Er war unwillig über die Invasion preussischer Gesinnung in Oldenburg, hasste den militärischen Geist und hielt den blinden Gehorsam für ein ebenso schweres Vergehen wie die Lüge. »Einst in den neunziger Jahren, bei einem Spaziergang auf dem Weserdeich bei Brake, sagte er zu mir, dem Knaben: ›Schade, dass Holland nicht bis an die Weser reicht.‹«[2]

Die Mutter beseelte mit ihrem heiteren Gemüt und ihrer temperamentvollen Geistigkeit das Haus. »Bei diesen Eltern aufzuwachsen, schuf Geborgenheit und Sicherheit, die nie ganz verloren werden können. Es war nicht nur der materielle Schutz. Die Liebe zu den Eltern gab die Gewissheit im Grunde des Lebens, die nicht aufhörte, als dann seit 1933 die schrecklichen Ereignisse in unser Dasein einbrachen.«[3]

Von diesem Elternhaus mochte für ihn eine Grundstimmung der »vertrauenden Lebensbejahung« ausgehen, in der er seine Welt annehmen und gelegentlich auch verklären konnte: Da war die Universität, für ihn die unpolitische Stätte der freien und aristokratischen Geistigkeit, in der man rückhaltlos mit jedem solidarisch war, der ernsthaft wissen wollte. Da waren die Freunde, denen er sich in der Idee der Universität verbunden fühlte: Heidegger, Ludwig Curtius, Gundolf, Radbruch u.a., dann die drei Gestalten, die Leben und Werk mitformten: Ernst Mayer, der im gemeinsamen Denken tief befreundete Schwager, Max Weber, der überragende Gelehrte und Mensch, und vor allem seine Frau, die durch ihre Mitarbeit die stete Anregerin und Kritikerin war. Heidelberg war der Mittelpunkt all dieser Beziehungen. Dadurch wurde die Stadt selber für Jaspers ein Ort der Erkenntnis, der seinen genius loci hat.[4]

Was ihm so in Heidelberg zum Erlebnis wurde, verband sich für ihn seit der Bekanntschaft mit Max Weber mit dem Wort »deutsch«. »Deutsch« – das bedeutete ihm Sprache, Heimat, Herkunft und die grossen Gestalten der eigenen Geistesgeschichte. »Deutsch« war also für ihn kein politischer und nationaler Begriff. Aber durch das Denken Max Webers wurde er zuweilen auch politisiert und, obwohl das Jaspers' Denken von Haus aus ganz fremd war, mit einer Aura des Nationalen umgeben: »Was ich seit dem Kriegsausbruch 1914 politisch dachte, stand unter dem Einfluss Max Webers. Der nationale Gedanke war mir bis dahin fremd gewesen. Durch Max Weber lernte ich das nationale Denken und nahm es in mein Herz auf.«[5]

Das Elternhaus, die befreundeten Menschen, die Universität, Heidelberg und das, was er unter »deutsch« verstand, waren gleichsam die lichten Stellen in der Welt, die ihn für die Macht der aufsteigenden Gemeinheit in der politischen Realität blind machten.

III

Anzeichen einer politischen Gefahr wurden allerdings für Jaspers schon früh erkennbar. Das begann 1908 beim ersten Rundflug des Zeppelin und steigerte sich 1914 beim Kriegsausbruch dramatisch. Die »alles mit sich fortreissende, aus Jubel und Schicksalsbestimmung gemischte Kriegsbegeisterung ... war mir fremd und unheimlich ... Wiederum war diese Massenbewegung 1918 da, als der revolutionäre Rausch im Zusammenbruch zu der Erwartung führte, nunmehr herrliche menschliche Zustände zu schaffen. Und dann kehrte dieser Rausch grotesk 1933 noch einmal wieder mit allen Zügen eines Massenwahns. ... Ich konnte mich nicht bezwingen, innerlich jeden zu verachten, der an solchen Rauschzuständen teilnahm.«[6]

Für schlimmer als diesen zeitweiligen Massenwahn hielt er die grundsätzliche Verlogenheit, die dem Weltkrieg folgte: das Nichtwahrhaben-Wollen, dass Deutschland als Grossmacht abgedankt hatte, das Aufkommen der Dolchstosslegende, aber auch die Unwahrhaftigkeit und Ungerechtigkeit des Versailler Vertrages, der Deutschland die alleinige Kriegsschuld zuschrieb.

Das eigentliche Feld der Anschauung war indes für ihn die Universität. Es schmerzte ihn mitanzusehen, wie zunehmend politische und nationale Gesichtspunkte die Lehrfreiheit einschränkten. Jaspers beklagte es 1924/25, als die Philosophische Fakultät zweimal den Privatdozenten Emil Gumbel verstossen wollte, weil er in einer öffentlichen Rede der Toten gedacht hatte, »die – ich will nicht sagen auf dem Felde der Unehre gefallen sind, aber auf schreckliche Weise ums Leben kamen«[7]. Nicht etwa diese Aussage, sondern die Reaktion der Fakultät auf sie, veranlassten Jaspers zu den Sätzen: »Die Freiheit der Universität ist zu Ende, niemand weiss mehr, was das ist; ich gebe den Kampf auf und treibe nur noch Philosophie.«[8]

Aber worauf die Anzeichen in der Realität hindeuteten, das begriff er nicht sehr schnell.

IV

Über die gesellschaftlichen Stimmungen und Trends der Jahre vor 1933 ging Jaspers keineswegs gedankenlos hinweg. Er hatte für sie ein seismographisches Gespür und dachte systematisch und gründlich über sie nach. Er analysierte so die »geistige Situation der Zeit«. Liest man heute das gleichnamige, 1930 geschriebene kleine Buch[9], so mag in vielen Einzelheiten scheinen, Jaspers habe damals den Gang der Dinge vorausgeahnt. Aber das war für die politische Lage keineswegs der Fall. Sein Werk war weder eine soziologische noch politologische Analyse. Auf den Nationalsozialismus ging es mit keinem Wort ein. Das Wenige, was Jaspers von dieser Bewegung wusste, lag so weit ab von dem, was er unter »deutsch« verstand, dass er ihr keine politischen Chancen einräumte. Insofern gehörte er in die Reihe jener Intellektuellen, die vor 1933 die politische Lage Deutschlands falsch einschätzten. Sein Irrtum lag allerdings nie darin, dass er den Wahn für etwas anderes hielt, als er war, sondern nur darin, dass er seine Durchschlagskraft und seine Brutalität unterschätzte und auch die Bereitschaft der Bevölkerung zur Akzeptanz.

1946 schrieb er rückblickend über seine »Geistige Situation der Zeit«: »Dieses Buch ist im Jahre 1930 geschrieben. Ich hatte damals kaum Kenntnis vom Nationalsozialismus, etwas mehr Kunde vom Faschismus. In der Befriedigung über den gerade erreichten Abschluss des Manuskripts war ich bei den Septemberwahlen 1930 erstaunt und erschreckt über den damals ersten Erfolg der Nationalsozialisten.«[10] Und er ergänzte dies 1954: Ich war »überzeugt, niemals würde in Deutschland der Nationalsozialismus zum Siege gelangen«[11].

V

Als Hitler am 30. Januar 1933 an die Macht kam, hatte Jaspers zwar, wie er sagte, »einen grossen Schrecken«[12]. Aber an den vollen Ernst der Lage mochte er nicht glauben. Als Hannah Arendt ihn fragte, was er nun zu tun gedenke, antwortete er: »Das Ganze ist eine Operette. Ich will kein Held in einer Operette sein.«[13] Nachdem er vernommen hatte, dass sie emigriert sei, meinte er: »Die Emigration wird die Dummheit ihres Lebens sein. Was nun ist, wird vergehen, wie es gekommen ist: wie ein schlechter Spuk.«[14] Und als Ernst Mayer ihm im Sommer 1933 sagte: »Man wird uns Juden eines Tages in Baracken bringen und die Baracken anzünden!«[15], hielt er dies für eine Ausgeburt der Phantasie. Seine damalige Einstellung schilderte er 1962 Klaus Harpprecht wie folgt: »Am Anfang machte ich mir in der Tat Illusionen. Ich denke daran mit Beschämung. An die äussersten Konsequenzen dachte ich überhaupt noch nicht, hielt eine schnelle Wandlung des Unfugs und einen Umsturz der Regierung für möglich. Ich wollte das Fürchterliche nicht gleich wahrhaben.«[16]

Ähnlich wird es mit den Veränderungen an der Universität gewesen sein. Schon am 7. April 1933 erliessen die neuen Machthaber ein »Gesetz zur Wiederherstellung des Berufsbeamtentums«[17], das es ihnen ermöglichte, aus rassischen oder politischen Gründen Dozenten aller Stufen »im Interesse des Dienstes« oder »zur Vereinfachung der Verwaltung«[18] zu emeritieren oder zu entlassen. Noch im Sommer des Jahres 1933 wurden einige von Jaspers' Freunden davon betroffen: Gustav Radbruch[19], Alfred Weber[20],

Leonardo Olschki[21], Albert Fraenkel[22], Franz Wilmanns[23] u.a. Niemand protestierte in Heidelberg dagegen, auch Jaspers nicht. Als Heidegger ihm im August seine Rektoratsrede schickte, die eine Trias von Arbeitsdienst, Wehrdienst und Wissensdienst im Namen einer angeblich zur Wahrheit zurückgeführten Freiheit der Universität forderte, lobte er sie, allerdings in kritischer Distanz zu ihrem Pathos, als das »bisher einzige Dokument eines gegenwärtigen akademischen Willens ..., das bleiben wird«[24]. Zwei Tage zuvor (21.8.1933) hatte das Kultusministerium in Karlsruhe für die Badischen Universitäten eine Verfassung zur »völligen Erneuerung der Deutschen Hochschule«[25] erlassen, durch die der Rektor, vom Minister ernannt, zum »Führer der Hochschule« wurde, der seinerseits die Dekane ernennen sollte. Auch diese Übertragung des Führerprinzips auf die Universität begrüsste Jaspers – allerdings mit der Einschränkung, dass, wer führt, auch haften muss »für Fehler, sei es des Charakters oder der Einsicht, bei seinen Handlungen«[26]. Es musste also ein Weg gesucht werden, auf dem die Kritik an der Führung bei einer richtenden Instanz zur Wirkung kommen konnte. Für Jaspers war es klar, wie ein eigener Entwurf zur Universitätsreform[27] zeigt, dass diese Kritik aus der Professorenschaft kommen musste und nicht etwa von den politischen Instanzen oder von den jeweiligen Führungsleuten selber.[28]

In der Folge zeigte sich immer deutlicher, dass die Universität durch die politische Macht kontrolliert und schliesslich instrumentalisiert wurde: Ab Mai 1934 mussten alle Mitglieder des Lehrkörpers ihre Auslandverpflichtungen der Auslandabteilung der Universität melden, damit sie möglichst auch in den Dienst der Kulturpropaganda gestellt werden konnten; am 1. Juni wurde verordnet, dass sich die Beamten der Badischen Unterrichtsverwaltung hinfort dem Fahnengruss »durch Erheben des rechten Armes« nicht entziehen dürfen; am 17. Juli stellte der Rektor allen Professoren ein Schreiben über die Treuepflicht der Beamten zu, in dem sie zu unbedingtem Gehorsam gegenüber der Staatsmacht verpflichtet wurden; im November musste der entsprechende Beamteneid geleistet werden. Im Frühsommer 1935 erklärte dann der Rektor Groh in einer Rede, dass die Juden unter den Dozenten und die jüdisch Verheirateten von der Universität zu entfernen seien. Er nahm damit die Nürnberger Gesetze[29] vom gleichen Jahr und auch schon das Deutsche Beamtengesetz[30] von 1937 voraus. Die Nürnberger Gesetze unterschieden zwischen Staatsangehörigen und vollen Reichsbürgern. Juden konnten nicht Reichsbürger sein, und deshalb waren alle jüdischen Beamten in den Ruhestand zu versetzen. Das Deutsche Beamtengesetz von 1937 bestimmte dann, dass nicht allein der Beamte die Qualität eines Reichsbürgers haben müsse, sondern auch sein Ehegatte. Nun wurden auch Beamte mit »nicht-arischer Versippung« entlassen. Die Universität Heidelberg huldigte dem vorauseilenden Gehorsam.

Der Verrat der Wissenschaftler an der Wissenschaft war nun opportun geworden, und er griff um sich: Man begann die Wahrheit den Anschauungen der Partei anzupassen; man nahm nationalsozialistische Ideen in die wissenschaftliche Diskussion auf und bescheinigte damit, dass man sie für diskussionswürdig hielt; man verbeugte sich in Vor- und Nachworten vor der Macht; oder man demonstrierte seine politische Treue, indem man das Prestige des wissenschaftlichen Namens für eine politische Aktion einsetzte, insbesondere in Aufrufen, die ein Bekenntnis zur »Persönlichkeit Adolf Hitlers« ablegten. Jaspers hatte eine eigene Methode, die Unterschrift zu verweigern: er verreiste zu den Terminen und verpasste sie so.

Die gleichzeitigen politischen Ereignisse machten für Jaspers die Hoffnung vollends zunichte, dass die nationalsozialistische Diktatur bald wieder zerfallen könnte. Er selber nannte die Ereignisse, die er in den dreissiger Jahren als politisches Unheil empfand: 1933 das Konkordat des Vatikans mit Hitler, das diesem in der Folge die Anerkennung durch alle Staaten der Welt einbrachte; 1935 den freiwilligen Anschluss der Saarbevölkerung an das Reich und den Flottenpakt mit England; 1936 die Teilnahme der ganzen Welt an der Olympiade in Berlin und die ungestrafte Besetzung des Rheinlandes; 1938 das Statement Churchills in der *Times*[31], in dem dieser für Hitler überaus anerkennende Worte fand, der nicht verhinderte Anschluss Österreichs und die ungestrafte Annektion der Sudetengebiete sowie die Gleichgültigkeit der Welt angesichts der Reichskristallnacht; 1939 der ebenso ungestrafte Überfall auf die Tschechoslowakei und der Pakt mit Stalin. Seit dem Röhm-Putsch (30.6.1934) war ihm klar, dass Deutschland unter einer Verbrecher-Führung stand, die zu allem entschlossen war, und die Unentschlossenheit aller anderen Staaten zeigte ihm, dass sich Hitler praktisch alles erlauben konnte. Der Umsturz schien von innen unmöglich und von aussen unwahrscheinlich zu sein.

VI

In diesem Staat galt Jaspers, auch ohne eine Provokation seinerseits, als Staatsfeind, weil seine Frau Jüdin war. Da er nicht allein an der Universität Heidelberg, sondern auch im übrigen Deutschland und in weiten Teilen der Welt als Psychiater und Philosoph grosses Ansehen genoss, wurde er in die Kategorie der privilegierten Mischehen eingestuft. Das konnte ihn allerdings von der allmählichen Entrechtung nicht schützen. Schon 1933 wurde er von der Mitwirkung an der Universitätsverwaltung ausgeschlossen. 1935 legte er die Geschäftsführung des Seminars nieder, weil er in ihr bereits völlig isoliert und blockiert war. Störungen der Vorlesungen wurden ihm angekündigt, aber nicht durchgeführt. Nach dem Erlass des Beamtengesetzes im Januar 1937 wurde seine Personalakte in Karlsruhe vervollständigt: »Frau Jaspers ist Jüdin.« Das Kultusministerium meldete diesen Befund mit der geziemenden Genauigkeit, Jaspers sei mit einer »Volljüdin« verheiratet, dem Staatsministerium und fügte hinzu, dass Jaspers die Existenzphilosophie vertrete, die »nichts mit nationalsozialistischer Weltanschauung zu tun« habe. Seine fachliche Bedeutung sei anerkannt, aber kein Grund, eine Ausnahme zu machen. Das Ministerium stelle daher den Antrag, ihn in den Ruhestand zu versetzen.[32]

Jaspers hatte kurz vor der letzten Vorlesungsstunde des Sommersemesters 1937 Mitteilung bekommen, dass er aufgrund des Par. 6 des Berufsbeamtengesetzes »zur Vereinfachung der Verwaltung« in den Ruhestand versetzt werde. Er hielt die Mitteilung geheim. Er wollte die letzte Vorlesungsstunde vorbeigehen lassen, als ob dieser Verfügung kein Gewicht zukäme. Nur am Schluss der Stunde sprach er ein paar Worte, die als Erinnerung für die Hörer gedacht waren, wenn sie einige Tage später erfahren sollten, dass er nicht mehr lesen durfte: »Ich habe oft gesagt am Ende des Semesters: Die Philosophie ist kein rundes Ganzes; – dass die geplante Vorlesung aufhört, bevor der Plan vollendet ist, ist wie ein Symbol der Unvollendbarkeit der Philosophie – trotz gelungenen Philosophierens. Eine Vorlesung hört auf, das Philosophieren geht weiter.«[33]

Der langanhaltende Beifall zeigte ihm, dass die Hörer bereits wussten. Die Nachricht hatte sich wie ein Lauffeuer durch Heidelberg verbreitet. Während Tagen brach der Besucherstrom der Schüler und Kollegen an der Plöck nicht ab. Briefe von Studenten und Gelehrten aus Heidelberg, aus Deutschland und dem Ausland trafen in grosser Zahl ein, Zeichen einer vornehmen, aber stillen Solidarität. Eine seiner Schülerinnen, Hilde Dinckelacker, schrieb: »... für Deutschland ist es eine wahre Schande, dass so etwas passiert, und wenn ich irgendwem mein Beileid bezeugen soll, dann am besten – mir selbst und uns jungen Leuten, die wir so langsam verzweifeln, weil nirgends mehr Menschen sind, zu denen wir mit Ehrfurcht und Vertrauen aufblicken könnten als zu unseren Lehrern und Meistern. Schon in guten Zeiten sind ja solche Menschen selten genug, heute trifft uns der Verlust eines einzigen geradezu vernichtend. ... Und doch sind auch wir, die wir noch ein Stück wahrer geistiger Grösse und menschlichen Ranges miterleben durften und darin etwas Unverlierbares besitzen, das uns zugleich tief verpflichtet, seiner würdig zu werden, – wir sind noch nicht am schlimmsten dran. Wirklich zu bedauern ist erst die Jugend, die nach uns kommt und von alledem keine Ahnung mehr haben wird. Denn dass sie es eben darum auch wenig entbehren wird, ist ja kein Trost, sondern erst recht – trostlos.«[34] Das erlösend einfache Wort fand aber der Vater: »Es ist gut, mein Junge, dass es so gekommen ist; in diese Gesellschaft passen wir nicht.«[35]

Der Ausschluss aus einer bereits politisierten Universität war als solcher vielleicht nicht schmerzlich; aber in dieser Lage den Schutz zu verlieren, den eine Korporation gewährt, war gefährlich. Eigentlich traurig und betroffen aber war Jaspers, weil er den Kontakt mit den jungen, unmittelbar fragenden und kritisierenden Menschen verlieren sollte. Darüber schrieb er an Ernst Robert Curtius: »Der täglich fühlbare Anspruch der Jugend, der die Arbeit so leicht in Gang brachte, muss in einer wirklichen Umordnung des Innern ersetzt werden durch die selbstgesetzte Disziplin, durch die ja alle geistigen Menschen leben, denen es nicht vergönnt ist, Lehrer an der Universität zu sein.«[36]

Abgebrochen wurde bald auch das Gespräch in der Öffentlichkeit. 1938 sprach Jaspers zum letztenmal öffentlich.[37] Im selben Jahr konnte noch das Bändchen »Existenzphilosophie«[38] erscheinen. Danach durfte er nicht mehr publizieren.

Damit war der Wirkungskreis an der Universität und in der Öffentlichkeit genommen. Es blieb nur noch die Möglichkeit, für sich selber zu arbeiten – auf ein imaginäres Danach hin.

VII

Jaspers nahm diese allmähliche Entrechtung nicht tatenlos hin. Er machte in allen Fällen hartnäckig den Versuch, seine Lage mit den ihm möglichen Mitteln zu verändern.

Seine Entlassung wollte er in eine »Entpflichtung«[39] umwandeln, um so zumindest äusserlich in der Korporation der Universität zu verbleiben. Sein Gesuch wurde durch den Rektor Ernst Krieck, der ein übler Nazi war, weitergeleitet. Krieck vertrat es nicht besonders intelligent. Der Gesundheitszustand von Jaspers sei »so beschaffen, dass er in absehbarer Zeit von sich aus um Emeritierung hätte nachkommen müssen«. Überdem geniesse er im Ausland ein bedeutendes Ansehen, und seine Entlassung habe schon unliebsames Aufsehen erregt. Das Reichserziehungsministerium lehnte im September das Gesuch »aus grundsätzlichen Erwägungen« ab.[40]

Gegen das Verbot der Berufsausübung eines Schriftstellers versuchte er Neuauflagen seiner Werke und Ende 1942 die vierte völlig neu bearbeitete Auflage der »Allgemeinen Psychopathologie« drucken zu lassen. Er bekam deshalb am 27. Februar 1943 vom Präsidenten der Reichsschrifttumskammer, Hanns Johst, eine Verwarnung: »Ich habe in Erfahrung gebracht, dass Sie den Verlagen wiederholt Ihre Manuskripte zur Verwertung angeboten haben. Ich mache darauf aufmerksam, dass Sie zu einer derartigen Tätigkeit, die in den Rahmen einer Berufsausübung als Schriftsteller fällt, nicht berechtigt sind, so lange Sie nicht die Mitgliedschaft bezw. einen sogenannten Befreiungsschein nachweisen können. Weitere Zuwiderhandlungen muss ich gemäss § 28 der Ersten Durchführungsverordnung zum Reichskulturkammergesetz mit Ordnungsstrafen belegen.«[41]

Jaspers antwortete, dass es sich in seinen Publikationen um fachwissenschaftliche Arbeiten handle, philosophische und psychopathologische, die keiner speziellen Genehmigung bedürfen.[42] Die Reichsschrifttumskammer schrieb zurück, dass er zwar in die Kategorie der wissenschaftlichen Autoren gehöre, aber trotzdem einen Befreiungsschein benötige, der ihn vom Berufsverbot entbinde. Im Antragsformular für den Befreiungsschein stand die Bestimmung im Vordergrund, dass die Ehefrau des Gesuchsstellers arischer Abstammung sein müsse. Deshalb war nichts zu erreichen. Das Verbot blieb gültig bis Kriegsende.

VIII

Schikanen unterschiedlicher Art hatten zum Ziel, die arischen Ehegatten von ihren nicht-arischen zu trennen. Jaspers spürte natürlich diesen Druck, und die Gestapo gab ihm gelegentlich auch zu verstehen, dass seine Probleme lösbar wären, wenn er sich von seiner jüdischen Ehefrau trennen könnte. Also baute er sich eine Argumentation auf, die zeigen sollte, dass eine Trennung für ihn schon physisch unmöglich wäre. Er beanspruchte dafür die Hilfe zweier Ärzte, die Gutachten über seine Krankheit verfassten, aus denen hervorging, dass eine Veränderung der Lebensweise, insbesondere eine Trennung von seiner Frau, lebensgefährlich sein müsste. Der erste Arzt war

Viktor von Weizsäcker, der Neurologe an der Heidelberger Medizinischen Universitätsklinik und Mitbegründer der Psychosomatik. Er war der Bruder des Staatssekretärs im Auswärtigen Amt, Ernst von Weizsäcker. Jaspers erhoffte sich von dieser Verbindung zumindest eine Beachtung seiner Lebensbedingungen.

Viktor von Weizsäcker fasste am 5. Januar 1939 folgenden ärztlichen Bericht ab:

»Professor im Ruhestand Karl Jaspers, den ich gestern eingehend untersucht habe, leidet seit vielen Jahren an Erweiterungen und chronischem Katarrh der Bronchien. Die tägliche Entleerung des Auswurfes beträgt etwa 40 ccm und erfolgt in kleineren Mengen stündlich. In grösseren 2–3 mal täglich unter Einnahme einer besonderen liegenden Körperstellung. Unterlässt er diese geregelte Entleerung, so entstehen erfahrungsgemäss Retensionen mit mehrtägigem Fieber, zuweilen Schüttelfrost, Blutspucken und der Gefahr eitriger Lungenerkrankung. Dasselbe gilt für die Folgen einer Erkältung oder eines leichten Infektes.

Im Zusammenhang damit sind Herz und Kreislauf erheblich beeinträchtigt. Der Kranke kann nicht weiter als 500 Meter in langsamen Schritten gehen ohne auszuruhen. Es bestehen Extrasystolen und Neigung zu Pulsbeschleunigung. Bergsteigen, körperliche Leistungen sind ausgeschlossen. Es ist demnach erforderlich, dass Herr Jaspers eine strenge Lebensordnung einhält, die ihm die bezeichneten Schonungen sowie die geregelte Entleerung des Auswurfs auferlegt und ermöglicht. Jede Veränderung derselben würde meines Erachtens auch eine schwere Erkrankung und Lebensgefahr mit sich bringen.«[43]

Am 1. Dezember 1940 ergänzte der Internist Wilhelm Waltz, der viele Jahre Jaspers' Hausarzt war, diesen Bericht mit den Hinweisen auf die lebenserhaltende Funktion von Frau Jaspers:

»Nur bei sorgsamster Pflege ist sein Leben und seine wissenschaftliche Arbeit zu erhalten. Diese Pflege hat ihm seine Frau geleistet, auf die er angewiesen ist. Nur ihre in langen Jahren erworbene Kenntnis aller Einzelheiten und ihre ständige sorgsame Bereitschaft ermöglichen ihm sein Leben. Obgleich sie 62 Jahre alt und selber leidend ist, vermag sie gerade diese Aufgabe zu erfüllen, für die sie unersetzlich ist.

Will man nicht bewirken, dass Professor Jaspers schnell zu Grunde geht, so darf man seine Lebensbedingungen nicht ändern, und wenn er nicht in sehr ernstliche Gefahr geraten soll, so darf seine Frau nicht gezwungen werden, ihn zu verlassen.«[44]

IX

Die Gutachten sollten zugleich die Hindernisse gegen eine gemeinsame Emigration abbauen.

Die frühesten Bemühungen um eine Berufung ins Ausland gehen auf das Jahr 1933 zurück und ziehen sich bis 1937 hin.

In Zürich wurde 1933 Willi Freytag in den Ruhestand versetzt. Ein Briefentwurf lässt vermuten, dass sich Jaspers sogleich Eberhard Grisebach für eine Nachfolge angetragen hat:

»Sehr verehrter Herr Grisebach!

In der Zeitung lese ich, dass Freytag in den Ruhestand tritt. Ich weiss nicht, ob eine Nachfolge geplant ist und wen Sie dafür in Aussicht nehmen. Für den Fall – den ich keineswegs erwarten darf – dass Sie und die Schweizer Behörde eine Philosophie, wie sie von mir vertreten wird, nach Zürich ziehen wollen, möchte ich Ihnen sagen, dass ich nicht unbeweglich bin. Das würde wohl einige Schwierigkeiten geben, da für die Lebensbedingungen meines nicht gesunden Körpers gesorgt sein muss, und da vielleicht die Schweizer Behörde einem nicht Gesunden die Pensionsberechtigung in ausreichendem Masse zu gewähren sich scheut. Daher würde eine Berufung nur Erfolg haben können, wenn Sie und die Behörde besonderen Wert darauf legen, mich zu gewinnen – wozu kein Anlass ist. Nur für den unwahrscheinlichen Fall, dass es so wäre und dass man mich unbenachrichtigt liesse, weil ich ja doch nicht zu haben sei, schreibe ich dies. Ich bin gern in Heidelberg, würde aber eine Berufung doch ernstlich erwägen.«[45]

Im März 1936 hielt Jaspers in Zürich Höngg einen Vortrag über das radikal Böse bei Kant[46], um sich den Zürchern zu empfehlen. Als er dann abgesetzt wurde, intensivierte der Staats- und Verwaltungsrechtler Fritz Fleiner, den Jaspers aus Heidelberg kannte, die Bemühungen um eine Berufung. Im September 1937 bekam Jaspers Mitteilung, der Ruf an ihn stehe unmittelbar bevor.[47] Im Oktober starb Fleiner unerwartet. Die Berufung blieb unter nicht geklärten Umständen aus.

1938 erging an Jaspers eine private Anfrage, ob er eventuell einen Ruf nach Istanbul annehmen würde. Er antwortete unverbindlich. Die Angelegenheit kam aber dem Kultusministerium zu Ohren, das ihn am 29. Juni wissen liess, dass eine Bewerbung weder dem Auswärtigen Amt noch dem Reichserziehungsministerium erwünscht sei.[48] Deshalb könnte eine Wohnsitzverlegung eventuell nicht gestattet werden. Das kam praktisch einem Verbot gleich. Es dürfte Jaspers nicht allzu schwer getroffen haben, weil er eine Emigration in die Türkei nicht ernsthaft in Erwägung zog.

Andere Bemühungen wurden in London unternommen. Sein Schwager Gustav Mayer, der Historiker der deutschen Arbeiterbewegung, versuchte, das Ehepaar nach Oxford zu holen. Aber Jaspers fürchtete das englische Klima, weshalb die Anstrengungen nicht weiterverfolgt wurden.

Dagegen hätte er wahrscheinlich eine Berufung an das Princeton-Institut angenommen. Paul Gottschalk, ein Vetter von Frau Jaspers, der in New York ein wissenschaftliches Antiquariat führte, sprach deshalb bei Einstein und Thomas Mann vor, die Empfehlungen einreichen sollten. Einstein liess sich einige Schriften geben. Eine Empfehlung, so sagte er Paul Gottschalk, sei ihm nicht möglich; denn Jaspers' Philosophie sei, wie die Hegels, »das Gefasel eines Trunkenen«. Thomas Mann soll gesagt haben: »So, will er jetzt endlich auch kommen? Aber es wird uns natürlich eine Ehre sein.«[49]

Eine Einladung erfolgte – 1951! Da lehnte Jaspers sie ab.

X

Die Frage der Emigration stellte sich 1939 konkreter und mit vollem Ernst. Am 20. Januar schrieb ihm Lucien Lévy-Bruhl aus Paris:

»Lieber Kollege und Freund,

wir haben mit Bedauern vernommen, dass das Verbleiben in Deutschland für Sie immer schwieriger wird, und wir möchten Sie gerne in Lebensbedingungen wissen, die für ihre Arbeit günstiger sind.

Es gibt hier eine nationale Kasse der wissenschaftlichen Forschung. Die Sektion Philosophie dieser Kasse hat, auf den Vorschlag des Präsidenten Léon Brunschvicg, beschlossen, Sie zum Maître de recherches zu ernennen, was Ihnen erlauben würde, Ihre Arbeiten in Paris weiterzuführen, in einer geistigen Freiheit, die für einen Philosophen unabdingbar ist, und umgeben vom Respekt all derer, die Ihr Werk kennen und bewundern ...

Wenn Sie, wie wir hoffen, in unserer Nähe arbeiten wollen, wären wir sehr glücklich. Erlauben Sie mir beizufügen, dass ich persönlich seit langer Zeit wünsche, Sie von Angesicht zu Angesicht zu kennen und dass ich mich schon zum voraus freue, zuweilen in den Genuss eines Gesprächs mit Ihnen zu kommen.

Mit den Gefühlen herzlicher Ergebenheit

L. Lévy-Bruhl«[50]

Über die Gedanken, die Jaspers damals durch den Kopf gingen, wissen wir exakt Bescheid. Er führte von 1939 bis

1942 Tagebuch[51], um Klarheit über seine Situation und die Frage, ob er auswandern könne und wolle, zu erlangen.

Er sah triftige Gründe für die Emigration: In Deutschland bleiben, das konnte bedeuten: »Drohung mit Lebensvernichtung«, »Trennung unserer Ehe durch Gewalt«, »Entzug der Subsistenzmittel«, »Wegnahme der Wohnung«[52]. Deshalb rieten einige Freunde, vor allem Heinrich Zimmer, unbedingt zur Annahme des Angebots. »Fast alle Nachdenklichen wünschen, wir möchten hinausgehen. Die es nicht wünschen und also das Gegenteil sagen, sind nicht im gleichen Mass vertrauenswürdig.«[53] »In den Augen dieser Menschen sinke ich moralisch, wenn ich hier bleibe.«[54] – »Wenn wir hier sterben ..., so wird man uns für passiv, dumm, irreal halten und beklagen.«[55]

Aber auch die Einwände wogen schwer: »Wohin ins Ausland man mich auch holt, man will dort etwas von mir haben. Ich muss sichtbar sein, gefallen, sprechen. Nur wo man in der Geselligkeit steht, wird einem auf die Dauer Fürsorge zuteil. Da liegt die Hemmung, ja die Unmöglichkeit infolge von Krankheit und Sprache. Dies darf ich mir nicht verschleiern.«[56]

Die Forderung an ihn sah Jaspers vor allem darin, sich in eine Front einzureihen und so aus seiner Emigration und damit aus seinem Leben ein Politikum zu machen: »Es ist keine volle Uneigennützigkeit, sondern das unbewusste Begehren, durch mich eine Frontstellung in der Welt objektiv zu verstärken. Ich will aber nur Front sein durch den Gehalt meines philosophischen Werkes, nicht durch Gesten und Handlungen ... Mein Dasein ist ›privat‹, öffentlich nur durch das Werk, durch nichts anderes.«[57]

Zugleich war in ihm eine gewisse Scheu, aktiv in sein Schicksal einzugreifen: »Not im Inland leiden wir als Schuldlose: Man tut uns schreiendes Unrecht. Sterben im Ausland ist, als ob wir uns aufdrängten und anderen lästig würden. Sterben hier ist Erleiden des Äussersten und tastet unsere Würde nicht an. – Hinausgehen ist eine Aktivität, ist Eingriff in das Schicksal. Hierbleiben ist niemals Schuld, ist kein Eingriff, ist das Bewahren des Zugehörigen und der Rechte, solange es geht, ist Festhalten am Boden und an allen Ursprüngen der Kraft, bleibt Vertrautheit mit dem genius loci.«[58]

Neben diesen Einwänden gab es für Jaspers noch einen positiven Grund zu bleiben: die Liebe zu jenem anderen Deutschland, dem er durch sein Leben verbunden war: »Gegen allen Verstand und auf keine Weise zu rechtfertigen und doch da ist ein undefinierbares Vertrauen zum Genius des Vaterlandes, der nicht zu böse gegen uns wüten kann. ... Noch als Opfer sind wir zu Hause, schuldlos preisgegeben, aber von dem tiefleidenden Genius selbst umfangen und aufgefangen, der hier mit uns stirbt und doch ewig ist.«[59] – »Denn mit Liebe zum Land und zum Grund der Geschichte kann ich nur in Deutschland leben, wenn ich es jetzt auch gern verlassen würde.«[60]

So paradox es klingen mag: Deutschland, das er verlassen wollte, war zugleich der positive Grund des Bleibens. Zunehmend wurde ihm klar, dass als Alternativen die beiden schlimmsten Möglichkeiten in Rechnung zu stellen waren: in Deutschland die völlige Entrechtung und der Tod durch Gewalt, im Ausland das Preisgegebensein, das vielleicht einen noch einsameren Tod bedeuten konnte.

Noch in der Ungewissheit der Entscheidung suchte er den französischen Kulturattaché auf und fragte ihn: »Wenn Sie an meiner Stelle wären, was würden Sie tun?« Dieser antwortete: »Wenn Deutschland Frankreich angreifen sollte, weiss ich nicht, ob seine Soldaten nicht in drei Monaten in Paris sind.« –

Der Zufall wollte es, dass überdem während der Verhandlungen Lévy-Bruhl starb (13.3.1939). Jaspers lehnte ab. Am 10. Mai 1940 begann der Westfeldzug, und schon am 14. Juni war Paris besetzt.

Was die Ablehnung zu bedeuten hatte und welche Konsequenzen sie mit sich brachte, war ihm klar. Gefährdet war vor allem seine Frau. Ihr war er es vielleicht schuldig, die Emigration »um *jeden* Preis«[61] zu wagen. Mit ihr in Deutschland zu bleiben hiess, mit ihr den Tod auf sich zu nehmen: »Ich darf nur hierbleiben, wenn ich bereit bin, in einem gegebenen Augenblick mit Gertrud zu sterben. Das Leben muss von nun an unter dieses Mass und diese Gefahr treten.«[62] – »Gertrud kommt immer wieder auf den Gedanken: Sie allein wolle sterben, sie wolle nicht zugleich mich vernichten – mein Tod quält sie, nicht der ihre. Sie möchte die Erlaubnis von mir, allein die Welt verlassen zu dürfen.

Aber ich kann es nicht dulden, dass sie stirbt ohne mich. Diese Solidarität ist absolut. ...

Will die Staatsmacht mein Leben, muss sie auch Gertrud leben lassen. Die Schuld für die Vernichtung des Einen ist immer die Schuld für die Vernichtung von uns beiden.«[63]

Wer diese Solidarität ernst nimmt, muss bereit sein zum Selbstmord. Jaspers verschaffte sich über Doktor Waltz Zyankali. Tagsüber war es in einem Schrank verwahrt. Nachts lag es auf dem Nachttisch; denn die Gestapo konnte frühmorgens kommen.

XI

Noch einmal zeigte sich später eine Möglichkeit der Emigration. Das Kuratorium der Freien Akademischen Stiftung in Basel lud Jaspers am 14. Januar 1941 zu Gastvorlesungen an der Universität für zwei Jahre ein. Jaspers entschloss sich sofort zur Annahme. Am 20. Februar ersuchte er beim Reichserziehungsministerium um Erlaubnis. Die Ablehnung des Reichserziehungsministers wurde ihm im Mai über den Rektor der Universität Heidelberg zugestellt: »Entsprechend dem Wunsch des Auswärtigen Amtes vermag ich Prof. Dr. Jaspers die Genehmigung zur Abhaltung von Gastvorlesungen an der Universität Basel nicht zu erteilen.«[64]

Aber Basel hielt die Einladung auch nach dieser Ablehnung aufrecht. 1942 wurde der Wunsch des Kuratoriums indirekt dem Staatssekretär des Auswärtigen Amtes, Ernst von Weizsäcker, mitgeteilt. Er liess durch den Gesandten Twardowski Jaspers wissen, dass das Auswärtige Amt gegen die Gastvorlesungen in der Schweiz nichts einzuwenden habe. Dann aber folgte der perfide Nachsatz: »In der gleichen Verbindung ist mir mitgeteilt worden, dass es wegen Ihres Gesundheitszustandes erforderlich wäre, dass Sie im Falle einer Auslandreise von Ihrer Gattin begleitet würden. Hierzu muss ich freilich bemerken, dass dies nach Lage der Dinge undurchführbar sein dürfte.«[65] Eine darauf folgende

Mitteilung des Schweizer Konsulats in Stuttgart, dass Frau Jaspers für zwei Monate die Grenze zur Schweiz an allen Orten überschreiten dürfe, änderte an der Ablehnung nichts mehr. Jaspers war es klar, dass er Deutschland mit seiner Frau nicht mehr verlassen konnte.

XII

Seit Beginn des Dritten Reiches machte er menschliche Erfahrungen, die er zuvor so nie gemacht hatte: »Was den Menschen möglich ist an Ungeheuerlichkeit, was geistig Begabten an Wahn, was scheinbar guten Bürgern an Treulosigkeit, was dem scheinbar ordentlichen Menschen an Bosheit, was der Menge an Gedankenlosigkeit, eigennütziger, kurzsichtiger Passivität möglich ist, das wurde in einem Umfang wirklich, dass das Wissen um den Menschen anders werden musste. Kurz, was früher überhaupt nicht erwogen wurde, war jetzt nicht nur möglich, sondern wirklich.«[66]

Die neuen Wirklichkeiten zeigten sich politisch als wachsender Verlust der Rechtsgarantien im eigenen Staat und menschlich als zunehmendes stilles Verlassenwerden. Dieses war besonders schmerzlich. Etwa Furtwängler kam nicht mehr ins Haus – warum auch immer. Andere liessen in den Briefen den Gruss an die Frau plötzlich weg. Zwar wahrten die meisten Kollegen in der Stille eine gewisse Solidarität. Aber in ihr lag eher eine Distanz der Vorsicht als der Vornehmheit. Selbst enge Freunde, wie etwa Marianne Weber, blieben in ihrer Beziehung nicht ohne Flunkerei.[67]

Das allmähliche Fallengelassenwerden war eine Grunderfahrung.

Die Vereinsamung nahm zuweilen Züge einer Stigmatisierung an. Jaspers empfand dies insbesondere bei seinem Versuch, auf dem Bergfriedhof eine Grabstätte zu erwerben. Der Kauf sollte für ihn und seine Frau die Bedeutung eines Zeichens der Zugehörigkeit zu Heidelberg und der deutschen Tradition haben, auch über die Zeiten der Not hinaus. Der Friedhofswärter orientierte ihn damals, dass solche Käufe durchaus üblich seien und dass sie betagten Menschen auch gewährt würden, obwohl Familiengräber einer Verordnung gemäss eigentlich erst bei einem Todesfall erworben werden könnten. Da eben sein Freund Gustav Radbruch ein Familiengrab gekauft hatte, rechnete Jaspers mit einer Genehmigung. Auf seine Eingabe antwortete der Oberbürgermeister Neinhaus am 26.7.1939:

»Ich bestätige den Eingang Ihres Schreibens vom 22. ds. Mts., bedaure jedoch, Ihrem Antrage, jetzt schon eine Familiengrabstätte zu erwerben, nicht entsprechen zu können. Es ist allgemeiner Grundsatz, dass Familiengräber erst beim Todesfall zur Abgabe gelangen. Der Folgerungen wegen kann ich keine Ausnahme machen.

Heil Hitler

Ihr sehr ergebener Neinhaus.«[68]

Jaspers empfand das als Ausflucht. In Wahrheit wurde die Grabstätte seiner Frau verweigert. Als Jüdin sollte sie nicht auf dem Friedhof, sondern draussen an der Chaussee, an der die Juden gemeinschaftlich bestattet wurden, ihren Platz haben. Diese letzte Zurückweisung traf ihn, wie er sagte, »unverhältnismässig«[69] schwer: »Da ist etwas gerissen, das nicht wieder heil gemacht werden kann. Die Erfahrung des Ausgestossenseins vom eigenen Volk durch einen Staat, der ein Verbrecherstaat war, ändert die Beziehung zu diesem Volk.«[70]

Für sich selber und seine Frau zog er die privaten Konsequenzen. Die absolute Solidarität sollte auch nicht durch eine Trennung nach dem Tod begrenzt sein. Deshalb fügte er 1942 seinem Testament den Passus hinzu: »Ich wünsche, dass die Reste meiner Leiche unter allen Umständen gemeinsam mit denen meiner Frau nach dem Tode beigesetzt werden. Sollte den Resten der Leiche meiner Frau behördlich ein bestimmter Platz angewiesen werden, so sollen die Reste meiner Leiche an derselben Stelle ihren Platz finden.«[71]

1942 sollte Jaspers und seiner Frau, so die Anordnung der Geheimen Staatspolizei, die Hausangestellte weggenommen werden. Das scheint eine Bagatelle zu sein. Aber Frau Jaspers hatte kaum je den Haushalt geführt. Sie war herzleidend und mit der Pflege und Mitarbeit vollauf beschäftigt. Überdem sah Jaspers in dieser Verfügung ein Präjudiz für künftige staatliche Willkürakte, an deren Ende die Katastrophe stehen konnte. Deshalb gelangte er mit der ihm eigenen Hartnäckigkeit direkt und indirekt an die Behörden, um den Beschluss rückgängig zu machen. Die Gestapo sprach ihm schliesslich eine »Halbarierin« als Hausangestellte zu. Sie war begeisterte Anhängerin der Nationalsozialisten. Fortan stand man auch im Haus unter Kontrolle.

XIII

Über das Ausmass der Gefährdung seiner Frau wusste zwar Jaspers vorerst nichts Bestimmtes. Aber seit dem Erlass der Nürnberger Gesetze und seit der Reichskristallnacht war er nicht geneigt, sich auf Illusionen einzulassen. Die Gerüchte von einer sogenannten Siedlung in Theresienstadt, in die sich Juden einkaufen konnten, nahm er nie ernst. Ins Tagebuch trug er am 28. August 1942 ein: »Manche sprechen von Theresienstadt. Es sei doch möglich, dort zu leben. Es ist eine Verführung in diesem Sprechen: doch im Dasein zu bleiben. Aber: Eine Deportation ist so gut wie eine Hinrichtung: Das Leben dort ist das im Gefängnis eines Konzentrationslagers. Vor allem aber: Wer darf Vertrauen haben zu solchem ›Altersheim‹? Keine Nachricht kommt von da. Post ist ›vorläufig‹ verboten. Man ist völlig preisgegeben. Daher ist es menschenwürdig und erlaubt, in hoffnungsloser Lage dem Todesurteil zuvorzukommen.«[72] – »Die Grundlage ... unseres Tuns muss bleiben, dass wir beide uns voneinander nicht trennen. Dass die Welt, die uns durch Rassenklassifikation trennen will, nicht in uns eindringt, wir *absolut* solidarisch und nicht unter Bedingungen solidarisch bleiben.«[73]

Das galt auch für den Vorschlag einer Scheinscheidung, zu der ihm geraten worden war: »Es gibt Rettungen, die gegen die eigene Würde gehen: ... Mir und Gertrud scheint eine angeratene Scheinscheidung und Scheinehe mit einem Ausländer zwecks Rettung unmöglich. Dann lieber sterben.«[74]

Zugleich aber musste bedacht werden, den Tod in der Angst nicht voreilig auf sich zu nehmen. Solange das Dasein noch mit einer gewissen Würde vereinbar war, sollte zu seiner Erhaltung das Mögliche getan werden.

In den Zeiten der grössten Not war Frau Jaspers zweimal versteckt. Meldungen von der drohenden Gefahr für die Mischehen bekam Jaspers durch Emil Henk, der seinerseits durch eine Polizeiärztin aus Berlin, Frau Dr. Greta Schellworth, gewarnt wurde. Sie hatte die Möglichkeit zu erfahren, welche Massnahmen wo gegen Mischehen geplant wurden. Mit einem Kennwort verständigte sie Henk telefonisch, der die Meldung an Jaspers weitergab. Mitgeteilt wurde auch, wann die Gefahr vorüber war.

Nach der ersten dringenden Warnung besuchte Henk Jaspers. Frau Jaspers war schon unterwegs, um bei einer einfachen Bürgersfrau, die sie verstecken wollte, die Schlüssel zu holen. Als sie heimkam, sagte sie zu ihrem Mann: »Wir müssen jetzt tapfer sein; es geht nicht – ihr Mann kommt auf Urlaub.« Nach längerem Schweigen sagte Henk: »Dann bleibt nichts anderes: Sie müssen zu mir kommen.« Frau Jaspers fragte zurück: »Darf ich wissen, warum Sie so lange gezögert haben?« »Ja«, sagte Henk, »ich habe schon wegen Vorbereitung zum Hochverrat im Gefängnis gesessen. Der Schutz, den ich Ihnen anbieten kann, ist nicht ohne Gefahr.«[75]

Emil Henk schrieb mir vor Jahren (25.7.1968) einen Brief über das Versteck an der Kaiserstrasse 33: »Frau Jaspers war im Zimmer meiner Mutter untergebracht und dieses Zimmer lag im mittleren Stockwerk, während ich im oberen Stockwerk wohnte. Meine Mutter selbst war in Oberstorf. Es war also möglich, sie (Frau Jaspers) gut abzudichten. Sie wohnte im Haus als Frau Wittmann. Sie war so gut abgesichert, dass mein Sohn, der 14 Tage Urlaub von der Ostfront hatte, nicht merkte, dass wir diesen versteckten Gast hatten ...

Ich erinnere mich noch genau an den Abend, wo das Ehepaar Jaspers durch die dunklen Strassen von Heidelberg ging und sich mit mir an einer Ecke traf. Es war ein sehr schmerzlicher Abschied, und ich glaube zu wissen, dass es die erste Trennung im ganzen Leben dieser beiden alten Leute war. Es war erschütternd.«[76]

In der Öffentlichkeit tat man so, als wäre Frau Jaspers verreist. Sollte es zu einer Aktion der Gestapo kommen, so war die Fiktion eines Selbstmords bis in alle Einzelheiten vorbereitet. Frau Jaspers hatte den entsprechenden Abschiedsbrief schon geschrieben und an der Plöck zurückgelassen. Informiert waren ausser Henk nur Alexander Mitscherlich und Frau Roth, bei der Jaspers als Student gewohnt hatte. Mitscherlich schaute gelegentlich nach Frau Jaspers und versorgte sie mit Büchern. Frau Roth hatte einen schwierigeren Auftrag: Für den Fall, dass intensiv nach Frau Jaspers gesucht werden sollte und Jaspers gezwungen wäre, sich einer Verhaftung zu entziehen, sollte Frau Roth, um Henk nicht zu gefährden, Frau Jaspers abholen, mit ihr in den Wald gehen und dort bei ihr bleiben, bis das Zyankali seine Wirkung getan hatte.

Sollte aber eine unvermutete oder ungemeldete Aktion in Heidelberg durchgeführt werden, lag zu Hause das Gift bereit. Hinterlegt war auch ein Schriftstück an einen Arzt:

»Falls ein Arzt notwendig würde oder kommen sollte, bitte ich, ihm folgendes zum Lesen vorzulegen:

Ein Arzt ist verpflichtet, nach einem Selbstmord zu retten, wenn das Motiv des Selbstmordes pathologisch war, nicht aber, wenn das Motiv in voller Besonnenheit wirksam gewesen, zureichend verständlich, objektiv begründet ist. In letzterem, unserem Falle, wäre ein ärztlicher Rettungsversuch ein Eingriff in das Selbstbestimmungsrecht des Menschen, solange der Selbstmord nicht gänzlich verboten ist. Ich erkläre für uns beide, dass wir einen Rettungsversuch nicht wünschen, vielmehr um Massnahmen der Euthanasie bitten, falls der Tod nicht alsbald eingetreten sein sollte.
    Heidelberg, 24.2.1944
                                    Karl Jaspers.«[77]

Im März 1945 kam dann, wieder über Henk, die Mitteilung, dass der Abtransport von Jaspers und seiner Frau für den 14. April vorgesehen sei. Andere Transporte hatten in den Wochen zuvor stattgefunden. Am 1. April wurde Heidelberg von den Amerikanern besetzt. »Ein Deutscher kann es nicht vergessen, dass er mit seiner Frau sein Leben den Amerikanern verdankt gegen Deutsche, die im Namen des nationalsozialistischen deutschen Staates ihn vernichten wollten.«[78]

Für viele Freunde kam das Ende der Nazizeit zu spät: Afra Geiger, die Freundin und Schülerin, war im KZ Ravensbrück ermordet worden; Frau Goldschmidt, die Witwe des weltbekannten Mineralogen, hatte sich, 80jährig, vor dem Abtransport umgebracht; Theodor Haubach, der bei Jaspers promoviert hatte, war, im Zusammenhang mit dem 20. Juli, kurz nach einem letzten Besuch in Heidelberg, in Berlin verhaftet und hingerichtet worden. Hans Kampffmeyer, einer der geliebtesten Schüler, dessen umfangreiche Dissertation über Schelling und Deutschland abgeschlossen war, fiel vor Leningrad. Wie viele Schüler und Bekannte und insbesondere wie viele Mitglieder aus der Familie von Gertrud Jaspers ihr Schicksal teilten, ist ungewiss.

XIV

Wie wurde es möglich, dass Jaspers und seine Frau die Nazizeit in Deutschland überleben konnten? Es war vielleicht einer Reihe glücklicher Zufälle zu danken, die in ihnen beiden den Eindruck erwecken mochten, dass sie »wunderbar behütet« worden seien. Auch mögen daran Freunde öffentlich und im Stillen mitgewirkt haben. Die Tatsache, dass er ein prominenter Mann war, den man auch in Italien und Japan kannte und schätzte, wird ihn ebenfalls vor dem schnellen Zugriff der Nazis geschützt haben. Zu einem guten Teil war es allerdings das Verdienst seiner Klugheit. In der Kenntnis seiner vitalen Voraussetzungen verschaffte er sich Klarheit über die Prinzipien des Durchhaltens, die für ihn Geltung hatten. Da ein aktiver Widerstand gar nicht in Frage kommen konnte, war es von vornherein sinnlos, das Leben mutwillig einzusetzen, es wäre denn, er hätte sich selber die Rolle des Märtyrers und seiner Frau die des Opfers zugedacht. Er hat es nicht getan, sondern für sich und seine Frau das Leben gewählt, allerdings unter der Bedingung, dass es ein gemeinsames und nicht würdeloses Leben sei. Durch diese Wahl galt für ihn, nicht aus Fahrlässigkeit dem Terrorapparat anheimzufallen, sondern sich ihm nach

Möglichkeit zu entziehen. Dieser Entzug war ihm innerlich leicht möglich und durch Vorsicht und Schweigen auch äusserlich. Es gibt von Jaspers aus den Jahren der Nazizeit kein falsches öffentliches Wort, und er hat nie dem Druck nachgegeben, durch eine öffentliche Handlung sein Einverständnis mit dem Nationalsozialismus kundzutun.

Im mündlichen und schriftlichen Umgang mit Nazibehörden war er jederzeit besonnen und oft schlau. Wo ihm ein Recht beschnitten wurde, hat er konsequent, aber unaufdringlich auf seiner Geltung bestanden. Wenn ihm Nazis Hilfe anboten, hat er sie ohne falschen Stolz angenommen, aber ohne dem Helfer jemals zu vertrauen; manchmal hat er auch um sie direkt oder indirekt ersucht, wenn ihm Wesentliches auf dem Spiel zu stehen schien. Es geschah immer in der gespielten Naivität, als ob Recht und Verdienst im totalitären Staat ihre Geltung hätten. Vor der Lüge schreckte er im Notfall nicht zurück: »Denn Bestien, die im Besitz aller Gewalt zum Vernichten sind, sind mit List zu behandeln, nicht wie Menschen und Vernunftwesen.«[79] Durch nichts wollte er den Untergang provozieren, der nicht allein sein Untergang gewesen wäre.

In dieser durchdachten Vorsicht hat Jaspers keinem Menschen das Leben gerettet, es sei denn das seine und das seiner Frau; er hat nicht die Wahrheit bezeugt, es sei denn in der Stille der Arbeit und in der Integrität der Person; er hat nicht das Leben aufs Spiel gesetzt, es sei denn im Vorsatz, im äussersten Fall der Gewalt durch den freien Tod ein Ende zu machen; er war nicht heroisch, es sei denn in der Kraft, trotz allem an der Vernunft nicht zu verzweifeln. Absolut solidarisch war er in jener Zeit nur mit dem vielleicht einzigen Menschen, dem er auch absolut vertraute: mit seiner jüdischen Frau.

Als nach dem Krieg in verschiedenen Zeitungen ein Artikel erschien, der aus ihm einen Helden machen wollte, veröffentlichte er in der *Rhein-Neckar-Zeitung* (25.1.1946) eine Erklärung »Gegen falsche Heroisierung«, in der die Sätze standen: »Unwahrheit ist auch dann schädlich, wenn sie aus freundlicher Gesinnung kommt. ... Gegen eine falsche Heroisierung sind wir nach der Nazizeit empfindlicher als je. Ich bin kein Held und möchte nicht als solcher gelten.«

Was er damit meinte, hatte er bereits in seiner ersten öffentlichen Rede gesagt, die er nach dem Krieg hielt, als die Universität Heidelberg wieder eröffnet (15.8.1945) wurde: »Wir Überlebenden haben nicht den Tod gesucht. Wir sind nicht, als unsere jüdischen Freunde abgeführt wurden, auf die Strasse gegangen, haben nicht geschrien, bis man auch uns vernichtete. Wir haben es vorgezogen, am Leben zu bleiben mit dem schwachen, wenn auch richtigen Grund, unser Tod hätte nichts helfen können. – Dass wir leben, ist unsere Schuld. – Wir wissen vor Gott, was uns tief demütigt.«[80] Über diese eigene und die deutsche Schuld nachzudenken war nun die politische und sittliche Aufgabe der Zeit.

Existentielle Aneignung und historisches Verstehen
Zur Debatte Jaspers–Curtius um die Goethe-Rezeption

Im Jahr 1947 wurde Karl Jaspers der Goethe-Preis der Stadt Frankfurt am Main zuerkannt. Anlässlich der Preisverleihung bedankte er sich mit der Rede »Unsere Zukunft und Goethe«[1]. Fast zwei Jahre später wurde sie, durch ein doppeltes Missverständnis[2], zum Anlass der wohl seltsamsten Literatur-Debatte, die im Deutschland der frühen Nachkriegszeit geführt worden ist. Kein Geringerer als Ernst Robert Curtius, der im Jahr zuvor sein Hauptwerk »Europäische Literatur und lateinisches Mittelalter«[3] veröffentlicht hatte und nun im Zenit seines Ruhmes stand, lancierte sie am 2. April 1949 in der Züricher Zeitung *Die Tat*[4], deren literarischer Leiter sein enger Freund Max Rychner[5] war. Als Curtius vier Wochen später, am 28. April, seinen Angriff auf Jaspers zu Ehren Goethes auch in der *Zeit*[6] erscheinen liess, brach ein innerdeutscher Streit los, in dem die konservativen Germanisten und Humanisten in West und Ost zwar nicht die besseren Argumente, aber eindeutig die grössere Gefolgschaft hatten. Zur Diskussion stand vordergründig eine plakative Alternative, die jedem Germanisten ans Herz gehen musste, hatte doch Curtius seiner Polemik den Titel »Goethe oder Jaspers?«[7] gegeben. In Wahrheit ging es um eine andere Alternative – nämlich: Fortsetzung des Goethe-Kults oder kritische Goethe-Aneignung?, hinter der eine zweite Alternative stand: Rezeption aus historischer oder aus gegenwärtiger Sicht? Diese verborgenen Alternativen sind der einzige Grund, warum es sich auch heute noch lohnt, die Auseinandersetzung zu überdenken.

Die Heftigkeit der Kontroverse kann nur auf dem Hintergrund der damaligen Lage verstanden werden. Als Jaspers seine Rede hielt, war Deutschland, aufgeteilt in vier Besatzungszonen, der Gnade der Siegermächte radikal ausgeliefert. Die Städte, vor allem im Westen – unter ihnen auch Frankfurt am Main –, waren noch weitgehend zerstört. Die Ernährungslage war katastrophal, die Wohnungsnot durch Zerstörung und Flüchtlingsströme aus dem Osten enorm, und die Wirtschaft lag, nach der Demontage der Schwerindustrie an Rhein und Ruhr, darnieder. Noch drückender war indes die moralische Not der Bevölkerung. Man kapierte allmählich, dass man unter einem Verbrecherregime gelebt, gearbeitet und gekämpft hatte. Man bekam die Verachtung nahezu der ganzen Welt zu spüren. Man wurde als Deutscher stigmatisiert, allein weil man ein Deutscher war, und lebte doch ohne deutsche Identität. In diesem Desaster aus physischer Not, Scham und Ratlosigkeit suchte das sich neu formierende Bildungsbürgertum Zuflucht und Halt bei den unbeschadeten Referenzgrössen der Geistesgeschichte, in denen der ehemalige Glanz Deutschlands unvernichtbar zu überleben schien. Keine Gestalt aber war so umfassend gross und zugleich human, massvoll und weise wie Goethe. Er wurde zum Gewährsmann der deutschen Möglichkeiten, ja gleichsam zum Inbegriff des besseren Deutschland. Bald nach der Niederlage setzte denn auch eine neokonservative Goethe-Rezeption ein, deren Neigung zu einem Goethe-Kult in fataler Weise an nationalsozialistische und frühere Verehrungshaltungen erinnerte, die vielleicht selber mit zur

Katastrophe beigetragen hatten. Eben um diesen heiklen Punkt baute Jaspers seine Rede auf.

Er ging von einer radikalen Alternative aus: Wenn ein Land in einer derart »verzweifelten Lage«[8] steckt, scheinen ihm nur noch zwei Möglichkeiten zu verbleiben: Entweder es versinkt ganz und gar in seiner selbstverschuldeten Katastrophe oder es fängt sich – aller Not zum Trotz – doch wieder auf. Dieser Neubeginn, so glaubte Jaspers, konnte, da eine politische Gemeinschaft nicht mehr existierte, nur gelingen, wenn es in jedem Einzelnen zu einer »inneren Revolution«[9] kam. Sie setzte ein klares Wissen um die historisch entstandene Situation voraus, mithin eine »Besinnung auf das Vergangene«[10] um der Gegenwart und der Zukunft willen. Wichtig wurden ihm nun die Fragen: Inwiefern hat das Vergangene mit in die Katastrophe getrieben? Lag das Unheil schon in gewissen Traditionsbeständen selber? Oder lag es lediglich in der Art und Weise, wie man mit ihnen umgegangen ist? Im ersten Fall müsste man vielleicht mit Teilen der Tradition brechen, im zweiten Fall lediglich mit ihrer bisherigen Aneignung. Fragen dieser Art richtete Jaspers an alles Überkommene: an die Geschichte, die Philosophie, die Religion und die Kunst. Angesichts der Katastrophe musste es zu einer Re-Vision der ganzen Tradition und ihrer Aneignung kommen.

Es war nur konsequent, dass Jaspers mit solchen Fragen auch vor Goethe nicht Halt machte, was offenbar in weiten Kreisen als Sakrileg empfunden wurde. Im Hinblick auf die *Goethe-Rezeption*, die, wie Mandelkow sagt, nun erstmals im Zentrum einer Betrachtung stand[11], wurden die Fragen vorsichtig als Vermutungen formuliert: »Vielleicht ist die

Bildung durch Goethe so wie sie geschehen ist, nicht zu wiederholen, vielleicht ist sie gar zum Teil ein Verhängnis gewesen. Vielleicht ist eine neue Aneignung Goethes gefordert.«[12] Diese letzte Vermutung verdichtet sich gegen Ende der Rede zu einer Gewissheit, die eigentlich ein Postulat ist: »Vor uns steht, wenn wir geistig leben werden, eine *Revolution der Goethe-Aneignung.*«[13] Im Hinblick auf *Goethe selber* stellt er, freilich erst nach der Würdigung seiner Grösse und nach Rückweisung aller Kritiken, die seine Höhe nicht erreichen[14], die Frage: »Aber gibt es vielleicht ein *Recht zu einer tieferen Auflehnung gegen Goethe?*«[15] Dieses Recht könnte sich nur zeigen, wenn neben der Grösse Goethes auch seine »Grenzen«[16] sichtbar würden. Sie aufzuzeigen sei deshalb »unerlässlich für die Aneignung Goethes in unserer Welt«[17]. Dabei geht es Jaspers nicht etwa um die Grenzen der Kunst; denn diese kann in den geglückten Werken vollkommen sein. Sondern um die Grenzen der geistigen Gestalt, der Existenz; denn diese kann *nicht* vollkommen, sondern nur auf ihre Weise mehr oder weniger gross sein. Die Grenzen werden die Wegweiser für die »Revolution der Aneignung«, die ihrerseits eine Konkretion der »inneren Revolution« eines jeden Einzelnen ist. Die Aneignung, dieses zweite Verstehen des bereits Verstandenen, ist für Jaspers das zentrale Anliegen im Umgang mit allen historischen Gestalten. Sie ist eine Kunst der Übersetzung ihrer Wahrheit in unsere eigene Welt.[18] Sie ist selbst dann noch möglich, ja unumgänglich, wenn die beiden Welten – die Welt einer historischen Gestalt und unsere Welt – unvergleichbar sind. So kann er etwa sagen, dass Goethe nur in einer Welt möglich war, von der sich die unsrige so weit entfernt hat, dass er

»Homer näher zu stehen scheint als uns«[19]. In diese Welt und Zeit können wir nicht zurück. Es hätte deshalb keinen Sinn, werden oder sein zu wollen, wie Goethe war. Aber indem wir *seine* Wahrheit weder als bloss historische noch als überzeitliche, sondern als Wahrheit *für uns* und unsere Welt verstehen, eignen wir uns etwas von seiner Welt an. Jaspers' Auslegung der Tradition ist immer auf unser Hier und Jetzt bezogen.

Jaspers gibt in seiner Rede vier Hinweise auf Goethes Grenzen:

1. Goethe hat »mit einer erbitterten Hartnäckigkeit« und »mit einer Leidenschaft, die bis zur moralischen Verdächtigung ... ging«[20], gegen Newtons Naturwissenschaft gekämpft, die mathematisch und abstrakt die Gesetze erklärt, welche den Phänomenen zugrunde liegen, dabei aber die Naturerscheinungen als solche verlässt. Goethe wollte bei den Phänomenen bleiben: bei den Farben, den Formen, den Metamorphosen und den Entwicklungen. Die »Abstraktion von der unmittelbaren Menschen- und Naturwelt«[21] aber wurde zum Fundament der neuzeitlichen Naturbeherrschung. »Die Grenze Goethes ist, dass er sich vor dieser heraufkommenden Welt verschloss, ohne sie begriffen zu haben, dass er nur Unheil sah, wo der Grund der Zukunft des Menschen gelegt wurde. Die Aufgabe, in dieser neuen Welt den Weg des Menschen zu finden, erkannte er nicht. Daher ist Goethe nach dieser Seite uns in unserer heutigen Welt so fremd. Hier hilft er uns gar nicht.«[22]

Jaspers hat diese Kritik 1947 keineswegs ad hoc formuliert. Sie geht vielmehr bis auf das Jahr 1919 zurück. Die »Psychologie der Weltanschauungen«[23] legte schon damals

– vielleicht differenzierter – dar, inwiefern Goethe in seiner Polemik gegen Newton im Unrecht war. Sein Irrtum lag nicht etwa in der Wahl oder Ausgestaltung der eigenen Methode. Diese war der sinnlichen Anschaulichkeit seiner Wissenschaft durchaus angemessen. Aber er hielt sowohl »die mechanische Naturerklärung« Newtons als auch »sein eigenes naturgeschichtliches Verfahren«[24] für etwas Absolutes. Die *ausschliessliche* Akzeptanz einer der beiden Methoden und damit verbunden die Verteufelung der anderen für die Erforschung der Natur, mithin ein Mangel an dialektischer Komplementarität, und ein blinder Fleck für die Chancen der Abstraktion machten diesen Kampf zum Irrtum. Im übrigen konnte Jaspers das Entsetzen Goethes »vor der heraufkommenden Welt der technischen Naturbeherrschung«[25] nur zu gut verstehen. Deshalb nannte er 1949 seine Abwehr der Abstraktion auch »ein verehrungswürdiges Zeugnis«[26]. Negiert hat er ausschliesslich die Ausschliesslichkeit und die in ihr zwingend liegende Verschlossenheit für eine neue Welt.

2. Eine zweite Grenze sieht Jaspers in Goethes *«harmonischer Grundauffassung»*[27] der Welt im ganzen. Auch diese Kritik geht bis in sein Jugendwerk zurück.[28] Aber in der unmittelbaren Nachkriegszeit wird sie mit einer gewissen »Empörung«[29] aufgeladen. »Denn die Anklage gegen das Leid der Welt, gegen die Herrschaft des Bösen verlangt den Schrei des Entsetzens«[30] und verbiete eine generelle »Weltbejahung«[31]. »Wir haben Situationen kennengelernt, in denen wir keine Neigung mehr hatten, Goethe zu lesen, in denen wir zu Shakespeare, der Bibel, Äschylus griffen, wenn wir überhaupt noch lesen konnten.«[32] Jaspers kritisiert

damit nicht etwa, dass Goethe die Abgründe im Menschen und in der Welt nicht *gesehen* habe, sondern dass er vor ihnen *zurückgewichen* sei im Sich-Fernhalten und Schweigen. Wenn aber der Riss im Dasein von einem Philosophen mit Entschiedenheit behauptet worden sei, wie etwa in Kants Nachdenken über das radikal Böse[33], dann habe er dessen Wahrheit mit ebensolcher Entschiedenheit verworfen[34], in der Überzeugung, dass er nichts als wahr anerkennen müsse, was seiner eigenen Lebensbedingung widerspreche.[35] Eine gewisse Schonhaltung habe ihm ermöglicht, nicht zu scheitern, sondern im Gelingen des Lebens alles anzueignen, was ihn förderte – aber eben allein das.

3. Mit der Grenze, die sich in der ganzheitlichen Weltbejahung zeigt, ist für Jaspers eine weitere verbunden, die »mit Goethes umfassender Menschlichkeit als solcher«[36] vielleicht unweigerlich gegeben sei. In der »Psychologie der Weltanschauungen« fallen die beiden Grenzen im Typus des »Humanen«[37], für den Goethe »das grandiose Beispiel«[38] sei, noch ganz zusammen. Sie werden dort anschaulich gemacht in der Kontrastierung des Humanen, der alles in sich harmonisch vereinigen möchte, mit dem »Absolutisten«[39], der entscheidet und wählt und sich durch ein Entweder-Oder konkret bindet. Kierkegaard sei dafür ein Beispiel. Auf ihn greift Jaspers auch 1947 zurück, nämlich auf seine »wenig beachtete«[40] Goethe-Kritik in den »Stadien«[41]:

In den »Unterschiedlichen Gedanken über die Ehe«[42] sagt ein anonymer Ehemann – Kierkegaard spricht also in einer Rolle –, dass es neben dem Entschluss eines Verführers und dem Entschluss zur Ehe »noch ein drittes Verhalten«[43] gebe, nämlich »gar keinen Entschluss«[44] zu fassen. Eine solche »Zwitterexistenz«[45] sei »Goethe, wie er sich selbst in Dichtung und Wahrheit dargestellt hat«[46]: »er verliebt sich; ... und dann hört die Liebe auf ...; und dann vergisst er«[47]. Er bricht, in liebenswürdiger Verständigung, ohne eigentlich zu brechen. Darin zeige sich »ein offenkundiger Mangel an ihm: dass er kein Pathos hat. ... So oft für jenen existierenden Dichter die Situation kritisch wird, springt er ab. So in der Liebe, so überall.«[48] Und er springt ab, indem er das Liebesverhältnis dichtet.

Jaspers nennt diese Kritik Kierkegaards eine »beschwörende Konstruktion«[49] und fragt, ob in ihr eine Wahrheit stecke oder ob sie »absurd«[50] sei. Seine Antwort ist, nach kasuistischen Erwägungen, sokratisch: »Wie es in Goethes Existenz war, wird niemals jemand ergründen.«[51] Dann differenziert er zusätzlich: Die Kritik »trifft wohl nicht Goethe, aber gewiss eine Weise der Goethe-Aneignung«[52]. Vielleicht ist in dieser Differenzierung die Bereitschaft zur Konzession grösser als der Wille zur Konsequenz. In der Jugend jedenfalls war sein Urteil psychologisch stringenter.[53] An einer späteren Stelle der Rede von 1947 wird die Grenze denn auch aufgezeigt: »Seine Grenze ist die Grenzenlosigkeit des menschlich Möglichen, die es ihm verbietet, in die Unbedingtheit als endliche Erscheinung anders als vorübergehend einzutreten.«[54] Sie markiert für Jaspers nicht einen beiläufigen Mangel, sondern ist der Preis für den Reichtum einer Lebensverwirklichung, alles sein zu wollen und zu können.

4. Da Goethe seine Erfahrungen und Visionen nicht allein in Gestalten, sondern auch in Gedanken umsetzt; da er im Medium der Dichtung auch philosophiert[55], sich

persönlich von Reflexion führen lässt und zeitlebens in einem Prozess der Selbsterhellung steht, ist er für Jaspers auch Philosoph – und dies nicht etwa zusätzlich und beiläufig, sondern »im höchsten Masse«[56]. Selbst wenn von Philosophie im engeren Sinn die Rede sei, gebühre ihm in ihrer Geschichte, obwohl er sie so oft für fremd und überflüssig gehalten habe, ein Platz. Denn einige Kategorien des *anschaulichen Naturwissens*[57], wie »Urphänomen«, »Metamorphose«, »Polarität«, »Steigerung« u.a.m. seien von ihm geschaffen oder geklärt worden, und die Erscheinungshaftigkeit von Farbe und Gestalt habe er in seiner Farbenlehre und Morphologie erhellender gesehen als irgendwer vor ihm. Jaspers fragt deshalb auch nach den Grenzen »in seinem Philosophieren«[58].

Auch diese Grenzen hängen für ihn mit Goethes »Daseinsgeschlossenheit«[59] zusammen. Er wehre in den philosophischen Reflexionen alles ab, »was nicht zu ihm gehört«[60]. Schon früh habe er eine Vorliebe für Systeme, die alle Gegensätze auflösen und Harmonien in einer alles durchherrschenden Ordnung »stiften«[61]. Er wolle »das Unerforschliche«, zum Beispiel das Dämonische[62], »ruhig« – das heisst in angemessener Distanz und ohne jede Zudringlichkeit – »verehren«[63]. Die Frage aber dränge sich auf, ob Goethe seine Zurückhaltung »nicht zu früh«[64] ansetze, ob sie nicht eine Strategie der Abschiebung des Unerforschlichen werde und ob sie ihn nicht dazu verleite, das klare und hartnäckige Durchdenken oft preiszugeben zugunsten eines zwar eindrucksvollen, aber doch nur andeutenden symbolischen Sprechens. Es könnte sein, dass Goethes Antworten auf die letzten Fragen öfters ausbleiben, als es nötig wäre. Es stellt sich, so bedeutet das in einem Wort, zuweilen ein philosophisches Ungenügen ein, wenn man Goethe liest.

Die vier Hinweise auf Goethes Grenzen werden von Jaspers überaus vorsichtig formuliert, immer im Bewusstsein, dass man eine so umfassende, ja »unerschöpfliche«[65] Gestalt in einseitigen Perspektiven verzeichnet. Auch ist es keine Frage, dass alle Kritik auf dem Hintergrund einer Verehrung vorgebracht wird, die durch jahrzehntelangen Umgang mit Goethe gefestigt worden ist. Aber ebenso alt wie die Bewunderung ist nachweislich die Kritik.[66] Und sie trifft in allen Punkten zentrale Positionen, in denen Jaspers in seinem eigenen Philosophieren diametral entgegengesetzt entschieden hat: nicht für die Harmonie der Welt und des Daseins, sondern für ihre »antinomische Struktur«[67] und die mit ihr gegebene Dissonanz; nicht für die Weltbejahung im ganzen, sondern für den Aufschrei des Entsetzens angesichts der Risse in der Schöpfung; nicht für das Gelingen des Daseins in seiner personalen Abgeschlossenheit, sondern für sein Scheitern an den aufbrechenden Dauerlasten der Grenzsituationen; nicht für ein Leben in den Möglichkeiten einer unentschiedenen Allseitigkeit, sondern für eine absolute Existenz in ihrer Bindung durch Kommunikation und Transzendenz; nicht für das Ausweichen vor der Moderne, sondern für ihre Gestaltung in einer wissenschaftlichen und technischen Welt. Erst wenn man sich dieser Differenzen bewusst wird, erkennt man auch das Gewicht von Jaspers' Kritik. Sie ist eine Antwort der Moderne in ihrer Zerrissenheit an die letzte Ära eines wohlgeordneten klassischen Humanismus. Zwischen beiden Welten aber klafft ein »Abgrund«[68], der immer tiefer wird. Deshalb stellt sich für

Jaspers eine »Grundfrage unseres Lebens«[69]: wie die Aneignung einer derart vergangenen Welt und einer grossen Gestalt in ihr überhaupt noch möglich sei.

Ich bringe Jaspers' Antwort auf zehn Grundsätze, was er selber so nicht getan hat:

1. Jede künftige Goethe-Aneignung muss »unter der Bedingung uneingeschränkter Wahrhaftigkeit«[70] stehen, sowohl im Verhältnis zu unserer Zeit als zur Zeit Goethes.
2. »Die Zeit des *Goethe-Kultus ist vorbei*«[71] – und es hätte ihn auch nie geben dürfen; denn er ist eine Form der Menschenvergötterung.
3. Goethe ist weder »das Ideal«[72] des Menschseins, das es gar nicht geben kann, noch »*Vorbild zur Nachahmung*«, sondern lediglich »Orientierung für uns«[73].
4. »Es darf keine Rechtfertigung durch Berufung auf Goethe geben.«[74] Nichts ist gut oder richtig, weil Goethe es getan oder gesagt hat.
5. Wir können uns Goethes Grenzen nicht als unsere aneignen; denn gerade sie »haben wir durchbrochen«[75].
6. Wir dürfen »den Blick in den brüchigen Grund des Menschseins nicht verlieren«[76] und müssen somit gerade das sehen, was Goethe verborgen hat.
7. Goethe kann uns auch nicht Führung durch die Welt sein noch uns »von der Last«[77] befreien, die uns im Umgang mit ihr auferlegt ist.
8. »Von Goethe gehen *Gefahren* aus«, denen die Rezeption der deutschen Bildung nach ihm erlegen ist, insbesondere die Gefahren einer »egozentrischen Abschliessung von der Welt«, einer »ästhetischen Un-

verbindlichkeit«, einer »verantwortungslosen Lebendigkeit« des Augenblicklichen, einer »Unschärfe des verschwimmenden Denkens«, einer »Unentschiedenheit« und »Charakterlosigkeit« im Spiel der blossen Möglichkeiten.[78]

9. »Vor uns steht ... eine *Revolution der Goethe-Aneignung*«, die uns nicht mehr erlaubt, die Goethebilder der Überlieferung »zu übernehmen«[79].
10. Diese Revolution besteht somit im Bruch mit einer konservativen Tradition der Rezeption und in einer neuen Lesart Goethes aus der Perspektive unserer so anderen Welt und der Daseinserfahrungen in ihr.

Curtius muss empört gewesen sein, als er sich entschloss, in seinem Angriff auf alle kritischen Analysen zu verzichten. Er rechtfertigte dies damit, dass man mit Jaspers »nicht disputieren«[80] könne, »weil ihm Augenmass und Ehrfurcht fehlen«[81] und »weil er Goethe nicht kennt, und wenn er noch so viel von ihm gelesen haben sollte. ... er weiss nichts von seinem Wesen und nichts von seinem Geheimnis, er ahnt nichts vom verborgenen Goethe«[82]. Er, Curtius, bediene sich deshalb in seiner Zurückweisung »derber Mittel«[83], getreu einem »Spruch« aus dem »Westöstlichen Divan«:

> »Sich im Respekt zu erhalten
> Muss man recht borstig sein.
> Alles jagt man mit Falken,
> Nur nicht das wilde Schwein.«[84]

Zu dieser Derbheit gehörten die vollständige Verkehrung von Jaspers' Kritik in »eine Rede«[85], ja »eine Kampagne gegen Goethe«[86]; ein sprunghaftes Wirrwarr der polemischen Motive, die sich bald gegen die Philosophie insgesamt, bald gegen Jaspers' Denken im besonderen, aber relativ selten gegen seine Goethe-Kritik richten; eine schon flegelhafte Strategie der Beschimpfung ad personam[87] und ziemlich peinliche Unexaktheiten im philologischen Métier[88] – aber auch ein gewisser Sprachwitz und eine spielerische Respektlosigkeit vor einer ungeliebten Autorität. So hatte vor Curtius noch niemand über Jaspers gesprochen, es sei denn hinter vorgehaltener Hand. Das Bewusstsein, »im Namen aller« zu protestieren, »denen Goethe Höchstes«[89] bedeute, beruhigte offenbar das moralische und das intellektuelle Gewissen angesichts der *Art* des Protests. Denn wenn man diese en détail untersuchen wollte – es ist zuletzt durch Helmut Fuhrmann[90] gründlich geschehen –, wäre das Ergebnis für Curtius wenig schmeichelhaft: Sein Pamphlet ist sachlich unergiebig, appelliert an nationalistische[91] und antisemitische[92] Instinkte und ist ein kleines Meisterwerk an Perfidie.

Wir wollen hier lediglich auf die Punkte eingehen, die Jaspers' Goethe-Kritik betreffen. Curtius schreibt: »Drei Versager werden Goethe angekreidet ...: 1. Ablehnung der modernen Naturwissenschaft (Newton!), 2. ›Ablehnung der Tragik‹, 3. ›Wankelmut in der Liebe‹.«[93] Den vierten Punkt, Jaspers' Kritik an Goethes Philosophie, lässt er unerwähnt, vielleicht weil er der Meinung war, dass Goethe zwar »ein Denker und ein Weiser« gewesen sei, »aber ... kein Philosoph«[94]. Zu den drei Punkten erhebt er folgende Einwände:

1. »Selbst wenn Goethes ›Unverständnis‹ der ›eigentümlich modernen ... Denkungsart‹ aktenkundig wäre, würde das nichts besagen.«[95] Denn »auch die Bibel, Aeschylos und Shakespeare« dürften dieser Denkungsart »recht fern gestanden haben«[96]. Jaspers' Ansicht stamme »aus der Rumpelkammer eines Fortschrittsglaubens, dessen letztes Stündlein 1848 gekommen«[97] sei. – Der Hinweis auf die Bibel und die Antike ist völlig disparat, ja absurd, weil eben Goethe und nicht Aeschylos in jener Zeitenwende lebte, für die Newtons Name steht.

2. »Goethes Ablehnung der Tragik kann natürlich von dem Weisen nicht gebilligt werden.«[98] Aber noch einige andere »kleinere Denker wie Platon, Aristoteles, Leibniz, Hegel« – »gar nicht zu reden von den Weisen Chinas«[99] – hätten auch nichts von einem Riss im Dasein gewusst und müssten sich wohl den gleichen Tadel gefallen lassen. »Sicher hält Jaspers eine Antwort auf diese Frage bereit.«[100] – Das Problem allerdings ist, dass die Formel »Ablehnung des Tragischen«, die Curtius in Anführungszeichen setzt, also zitiert, bei Jaspers gar nicht vorkommt. Jaspers spricht von Goethes »Abwehr«[101], nicht »Ablehnung«, und zwar nicht der Tragik, sondern des Zunahekommens »der grossen tragischen Gestalten«[102]. Der Kontext lautet: »Es wäre falsch zu sagen, Goethe habe der tragische Sinn gefehlt. Im Gegenteil, aber er fühlte sich zerbrechen, wenn er sich zu nah an diese Grenze wagte.«[103]

3. Der Vorwurf des »Wankelmuts in der Liebe« sei das Argument »aller Gouvernantennaturen« gegen Goethe; »alle Philister und Trompeter einer sattsam bekannten Moral haben dieses Register gezogen«[104]. – Auch hier zitiert

Curtius angeblich Jaspers und erzeugt den Eindruck, er gebe diesen Tadel wortgetreu wieder. Bei Jaspers aber steht: »Ärgerlich ... ist der alte Vorwurf gegen Goethes Wankelmut in der Liebe: jeder Frau sei er irgendwann treulos geworden –, ärgerlich, weil jede Liebe Goethes so wesentlich und unersetzlich ist ... Und welche Treue gegen jede seiner Geliebten!«[105] Dann berichtet er über Kierkegaards Kritik, stellt kasuistische Erwägungen zu ihr an und lehnt sie für die eigene Person ab, ordnet sie aber der Geschichte der Goethe-Aneignung zu.

Die Frage ist: Wie kann ein Philologe so lesen?! Die Antwort weiss vermutlich eher die Psychologie. In den Briefen von Curtius an Jaspers lässt sich nachweisen, wie der frühe Enthusiasmus vorerst in eine Skepsis, dann in der frühen Nachkriegszeit in eine Abwehr und schliesslich in eine Aggressivität mündet, die sich 1949, für Jaspers kaum begreiflich, plötzlich Luft machte.

Jaspers beschloss, nicht zu antworten. Er hatte vor dem Angriff seine zweite Goethe-Rede, »Goethes Menschlichkeit«[106], bereits fertiggestellt, die als Antwort gelesen werden kann, obwohl sie nicht in dieser Absicht geschrieben worden ist.[107] Dennoch war er dankbar, dass einige Kollegen »als Ritter«[108] auftraten, so Hans Heinrich Schaeder in der *Zeit*[109] und eine Gruppe von sieben Heidelberger Professoren in der *Rhein-Neckar-Zeitung*[110]. Auf beide Entgegnungen antwortete Curtius mit neuen Artikeln[111], rechtfertigte noch einmal seinen Angriff und wiederholte einige Punkte seiner Kritik[112]. Daraus entstand, wie Jaspers sagte, »ein Bandwurm«[113] oder eben eine Debatte, die, so Gottfried

Benn, »die gesamte deutsche Öffentlichkeit ungewöhnlich erregt«[114]. In ihr wurde Jaspers öfters als Person verteidigt, aber nur selten in der Sache. Germanisten wie der »Neuankömmling in Deutschland«[115], Richard Alewyn, waren Ausnahmen. Er publizierte 1949 die Einleitung zu seiner Goethe-Vorlesung von Köln, in der der Satz stand: »Zwischen uns und Weimar liegt Buchenwald.«[116] Sonst war es fast ein Ritual, sich im Goethe-Jahr von Jaspers öffentlich zu distanzieren. So sprach etwa Hans Mayer in seinem Weimarer Vortrag »Goethe in unserer Zeit« von der »Goethe-Rede eines goethefremden, gemeinschaftsfremden Geistes«[117] und Johannes R. Becher in seiner Festrede »Der Befreier«[118] vom »›heulenden Elend‹ des Existentialismus«, dem gegenüber Goethe die Angst »durch Gestaltwerdung«[119] überwunden habe. Die Stimmung in der breiten Öffentlichkeit wird etwa so gewesen sein, wie es ein Theologie-Student der *Zeit* in einer Zuschrift mitteilte, die nicht abgedruckt wurde: »Es wird Sie interessieren, dass der Aufsatz von Curtius in bürgerlich-nationalistischen Kreisen wahre Begeisterungsstürme entfacht hat: ›Endlich hat es einer dem Jaspers gegeben. Sie wissen doch: der mit der Schuldfrage und der so vor den Alliierten liebedienert …‹ – ›Ja und der dann in die Schweiz ging‹.«[120]

Curtius schrieb im Goethe-Jahr noch den Essay »Goethe – Grundzüge seiner Welt«[121]. Auf den letzten Seiten ging er erneut, ohne Jaspers' Namen zu erwähnen, auf die Debatte ein. Betrachtet man diesen Essay und die drei Debatten-Artikel zusammen, kann man vielleicht folgende Leitlinien seines Umgangs mit Goethe feststellen:

1. Die »geistige Situation«[122] unserer Zeit ist »die Verworrenheit der Epoche, die mit Rousseau beginnt und bis heute andauert«[123]. Sie kann niemals zum Ausgangspunkt oder gar zum Richtmass einer Aneignung Goethes oder der grossen Klassiker gemacht werden; denn sie zerstört die Wahrheit der Überlieferung.
2. Goethe selber war »zeit-unabhängig«[124], wie es auch seine Poesie ist, und er anerkannte nie die »Diktatur« eines »Zeitgeistes«[125]. »Vom Rechte des gegenwärtigen Augenblicks hielt er blutwenig.«[126]
3. Insbesondere hat die Philosophie keine Kompetenz, Goethe aufgrund einer Zeitdiagnose in Frage zu stellen; denn sie begibt sich damit »auf Gebiete, die ihr fremd sind: die Geschichte und die Kunst«[127].
4. Im Verhältnis zu den Abgleitungen in der Gegenwart liegt das »Heilmittel in einem neuen Ergreifen der Überlieferung«[128]. Dazu genügt es auch nicht, Goethe in seine eigene Zeit zu stellen. Er war »niemals der Dichter der Nation«[129], sondern eine abendländische Geistesgestalt.
5. Deshalb muss man ihn in der Reihe »Homer, Sophokles, Platon, Aristoteles, Virgil, Dante, Shakespeare«[130] sehen. In dieser Reihe ist er die letzte »Selbstkonzentration der abendländischen Geisteswelt in einem Menschen«[131], »das Siegel der Nachfolge«[132]. Erst im Horizont der Antike, des Mittelalters und der Renaissance zeigt sich seine »Originalität auf dem festen Grunde der Überlieferung«[133].
6. Diese Gestaltenreihe ist eine Selbststoffenbarung der übergeschichtlichen Wahrheit; ihr angemessen ist ein

»Aeternismus der Wahrheit«[134], also die Überzeugung, dass die Wahrheit »schon vor Jahrtausenden gefunden sei« – als eine Wahrheit »für die Wenigen«[135].

7. Zu Goethe verhalten wir uns am besten so, wie er sich selber zu diesen Gestalten verhalten hat. »Wir anderen Nachpoeten«, so schrieb er 1817 in einem Brief an Creuzer, »müssen unserer Altvordern, Homers, Hesiods u.a.m. Verlassenschaft als urkanonische Bücher verehren; als vom heiligen Geist eingegebenen beugen wir uns vor ihnen und unterstehen uns nicht, zu fragen: woher, noch wohin?«[136] Curtius kommentiert das Zitat: »Diese Haltung darf heute diejenige sein, die eine ›kleine Schar‹ Goethe entgegenbringt.«[137]

Vielleicht kann man nun die Entfernung zwischen Jaspers und Curtius ermessen. Beide wollen zwar eine neue Aneignung Goethes. Aber sie gehen dabei diametral entgegengesetzte Wege: Jaspers definiert seine »Revolution« als radikale Abkehr vom bildungsbürgerlichen Goethe-Kult, Curtius sein »Heilmittel« als radikale Abkehr vom Zeitgeist. Jaspers befragt Goethe aus der Perspektive der gegenwärtigen Welt und der Daseinserfahrungen in ihr, Curtius aus der Perspektive der historischen Überlieferung seit der Antike. Dabei ist für Jaspers der Zentralwert die uneingeschränkte Wahrhaftigkeit, zu der alle Einzelnen fähig sind, für Curtius die in der Überlieferung sich selber offenbarende Wahrheit in ihrer ewigen Gültigkeit, die immer nur Wenigen zugänglich ist. Für Jaspers ist Goethe und sein Werk eine zwar verehrte, aber diskutable Grösse, für Curtius eine sakrosankte und kanonische. Mit einem Wort: Für

Jaspers ist die Aneignung existentiell, darin geschichtlich, unabschliessbar und allen offen, für Curtius ist sie traditional, darin historisch, geschlossen und elitär.[138]

Die Kritik von Curtius an Jaspers kennen wir. Die Kritik von Jaspers an Curtius erahnen wir bloss: Wie soll man Geschichte anders sehen können als von der Gegenwart aus? Auch wenn wir Goethe in die Reihe Homer, Hesiod, Vergil, Dante, Shakespeare stellen – wogegen nichts einzuwenden ist –, sehen wir ihn in dieser Reihe aus *unserer* Sicht. Niemand kann in frühere Zeiten zurückspringen, ohne einer Selbsttäuschung zu erliegen. Die Geschichtlichkeit des Rezeptors ist eine Grenzsituation aller Rezeption. Selbst wenn es ewige Wahrheiten gäbe, müssten sie noch verstanden werden. Ihre Auslegung könnte aber nicht wieder aus ewigen Wahrheiten bestehen – es sei denn, es gäbe einen höchsten Exegeten, der allen für alle Zeiten vorgibt, wie sie zu verstehen haben. Dann allerdings hätten wir einen Papst. Für eine kritische Aneignung indes gibt es keine sakrosankten Gestalten und keine urkanonischen Texte. Goethe hat diese Forderung ja auch nur an die »Nachpoeten« gerichtet, zu denen doch wohl Curtius nicht gehört. Ohne diese Zugehörigkeit frischt er lediglich einen konservativen Kult-Ästhetizismus auf und hängt ihm einen priesterlichen Mantel um. Im Schutz einer pseudoreligiösen Esoterik entzieht er Goethe, die angeblichen »ewigen« Wahrheiten und sich selber der Kritik der Gegenwart. Das ist, neben der *Art* einer auf Vernichtung ausgehenden Polemik, der *sachlich* nicht annehmbare Weg einer künftigen Aneignung Goethes.

Die Allianz der Ungleichen
Zur kritischen Aufnahme von Jaspers' Schrift »Wohin treibt die Bundesrepublik?«

Als im Frühjahr 1966 Jaspers' Buch »Wohin treibt die Bundesrepublik?« unerwartet zu einem Bestseller wurde, war der 83jährige Philosoph in den vorherrschenden Schulen der institutionalisierten Philosophie längst totgesagt. Die Neomarxisten hatten in ihm den spätbürgerlichen Denker ohne Hoffnung (Bloch) erkannt, der, einer konkreten Praxis unfähig, sich im »duckmäuserischen Denken« (Sartre) der Geschichte entzog und im Geschiebe der spätkapitalistischen Gesellschaft den Weg in die Zerstörung der Vernunft wies (Lukács). Die doktrinäreren unter ihnen verzichteten selbst auf den Anschein einer historisch-materialistischen Analyse. Sie wählten ein direkteres Vokabular. Der politische Schriftsteller Jaspers, vor allem der Autor der Schrift »Die Atombombe und die Zukunft des Menschen«, war als »Philosoph der Nato«, als imperialistischer Kriegshetzer und als Diener der Bourgeoisie entlarvt. – Im Kreis der Frankfurter Schule hatte ihn Adorno auf den faschistoiden »Jargon der Eigentlichkeit« festgelegt, auf die Verblasenheit einer idealistisch veredelten und verkitschten Vernunft, die unfähig ist, soziologische Gegebenheiten kategorial zu erfassen. – Den Vertretern des Kritischen Rationalismus galt er als esoterischer Intellektueller, als Nachfahre eines falschen Propheten, letzlich als morbider Nihilist (Popper), der sein spielerisches Denken durch gespreizte Immunisierungsverfahren der Falsifizierung entzog. – Die Philosophen der sprachanalytischen Richtung und die logischen Positivisten fanden an ihm kein Interesse; denn er sprach von Dingen, über die man besser schwieg, und dies auch noch in einer Weise, die schlechthin unverständlich war. – Die hermeneutische Schule musste sich bis zur Langeweile daran stossen, dass er jede Ontologie verwarf, und insbesondere, dass er die Sprache nie für das Subjekt des Sprechens hielt, sondern immer nur für ein Medium der Verständigung, das der Kritik durch die Vernunft unterworfen blieb. – Am ehesten noch sahen die theologisierenden Denker in ihm einen Gesprächspartner, aber durch seine Distanz zu jedem Offenbarungsglauben war er auch für sie ein Ärgernis. – Es blieben die Betrachter unter den Professoren. Für sie mochte der Vertreter einer bereits der Geschichte angehörenden Richtung des Denkens Gegenstand der Forschung sein. Dem ehemaligen Wissenschaftler und dem eher konservativen, auf Bewahrung und Fortführung der grossen Traditionen ausgerichteten Denker zollte man einen gewissen Respekt; über den öffentlichen, auf den Jargon der Wissenschaftlichkeit verzichtenden Aufklärer war mit einem Blick über die Schulter schon fast alles gesagt. – Wie verschiedenartig diese Abrechnungen auch sein mochten, ihr Fazit war nahezu einstimmig: Der alte Mann und sein Denken liessen sich zu den Akten legen.

Diese etablierte Kritik kam durch die Schrift »Wohin treibt die Bundesrepublik?« zum Teil ins Wanken. Das Buch handelte im ersten Teil von der im März 1965 geführten Bundestagsdebatte um die Verjährung von Morden des NS-Staates. Jaspers hatte dazu die Protokolle der Debatten angefordert und sie studiert wie irgendeinen Text: genau, aber mit einer empfindlichen Witterung für das Unwahre in öffentlichen Bekenntnissen. Es konnte nicht die Rede davon sein, dass er im Ungefähren kritisierte. Vielmehr belegte er alle Aussagen namentlich und mit Protokollzitaten. Der zweite Teil handelte vom drohenden Zerfall der Demokratie in der Bundesrepublik: von der objektiven Krise des Staates in der Mitte der sechziger Jahre sowie von den möglichen Gefahren und Chance künftiger Entwicklungen. Auch hier konnte kein Zweifel bestehen, dass wirklich von sozialen und politischen Strukturen die Rede war, sondern allenfalls, ob die Analysen dieser Strukturen und der Trends auch richtig oder zumindest vertretbar waren. – Beide Teile hatten ein skandalöses Moment in sich: der erste, dass die Parlamentarier derart unerbittlich auf ihren Aussagen behaftet wurden, als ob das gesprochene Wort ein geschriebenes Vermächtnis wäre. Diese Methode der Behaftung liess keinen Raum zum Ausweichen frei. Man konnte höchstens geltend machen, dass die Auswahl der Zitate eben bösartig oder unfair oder missverständlich sei. Der zweite Teil wirkte skandalös durch die Diagnose eines sich in Gang befindenden Zerfalls der politischen Kultur von der Demokratie zur Parteienoligarchie und durch die Prognose einer angeblich drohenden Fortsetzung von der Parteienoligarchie über den autoritären Staat in die Diktatur. Ebenso schreckte ein Zug des Jakobinertums auf. Jaspers plädierte offen für den bürgerlichen Ungehorsam, für die Protestmethoden des politischen Streiks durch Wahlverweigerung und der öffentlichen Kundgebungen, und er reklamierte die Macht für das Volk, was auch immer dies heissen mochte. All das tat er in einer jargonfreien Sprache, die auch der Mann auf der Strasse verstehen konnte. Ihre polemische Schärfe hatte etwas Eindringliches, zum Mitsehen Zwingendes, das den Bürger aus seinem Vertrauen in die politische Führung wachrütteln sollte.

Nach der ersten Konsternation formierten sich die kritischen Fronten neu. Sie taten es auf eine Weise, die zugleich sonderbar und symptomatisch war. Drei einander durchkreuzende Gefälle der zunehmenden Kritik bildeten sich heraus: ein Gefälle von der politischen Linken zur Rechten, eines vom machtlosen Bürger zu den Repräsentanten der Macht und eines vom Laien zum politologisch geschulten Wissenschaftler. Für jedes dieser Gefälle gab es besondere Gründe: Das Buch erschien zu einer Zeit, da in der Bundesrepublik noch nie ein Machtwechsel stattgefunden hatte. Die personale Kritik an der bewussten Manipulation der Demokratie und die strukturelle am gleichzeitig auch unklaren, kollektiven Hineinschlittern in antidemokratische Tendenzen musste die Partei, die seit 1949 an der Macht war, härter treffen als die Opposition, obwohl sie keineswegs allein gemeint war. Die kasuistische Kritik konzentrierte sich überdies auf einige neuralgische Punkte, in die sich die Rechte, vielleicht auch wider besseres Wissen, in einem sterilen Trotz verbissen hatte. Die ganze Ostpolitik und die Un-Politik mit der DDR gehörten dazu. Insofern als sich die deutsche Nachkriegspolitik retrospektiv von den Symptomen in der Gegenwart her und von den Tendenzen auf die Zukunft hin verstehen liess, fiel auf sie als ganze und auf ihre begründende Gestalt, auf Adenauer, der Schatten des Verhängnisses. Die Rechte hatte wahrlich wenig Grund zur Freude.

Sie reagierte in ihrer Presse denn auch entsprechend. In halb analytischer, halb polemischer Haltung verwarf sie die programmatischen Vorschläge zu einer neuen Ostpolitik kategorisch: »Die Thesen von Karl Jaspers sind ein ebenso konsequentes wie menschenfremdes Denkmodell (...). Die allerwenigsten Deutschen werden ihm hier folgen können.«[1] Sie spielte bald auf Jaspers' Emigration, bald auf sein Alter, bald auf die Politik-Fremdheit der Philosophie an, um mit diesen suggestiven Denkanstössen die Legende von der notorischen Irrealität seines Denkens zu befestigen. »Niemand kann sich wundern, dass ein achtzigjähriger Philosoph in Basel nicht immer die richtigen Antworten findet.«[2] Die von ihm aufgezeigten Tendenzen liessen sich so als »Gespensterschau« abtun, sein ganzes Buch als »ein Lehrbuch für Staatsverdrossenheit«[3]. Was konnte ein derart »politisch hilfloses Buch«[4] noch bewirken? Nur das Unerwünschte: politische Resignation beim Bürger und den Abmarsch in die NPD bei »Karl Jaspers' zornigen Jüngern«[5]. Und somit hatte man die Gegenanklage: »Jeder Jaspers entfremdet Hunderte von Deutschen, die nicht zu den schlechtesten gehören, der Demokratie und treibt sie in die NPD. Jaspers ist so der gute Geist, der Böses schafft.«[6]

Das kritische Gefälle, quer durch die Parteien, vom Bürger zum aktiven Politiker hatte seinen Grund nicht nur in der alle Parteipolitiker treffenden Diagnose der Parteienoligarchie, sondern auch im Bild, das Jaspers vom Berufspolitiker seit längerer Zeit entwarf. Dieses Bild wurde idealtypisch abgehoben von drei Gegenbildern: vom Staatsmann, vom politischen Schriftsteller und vom Volk. Im Unterschied zum Staatsmann, der, getragen von sittlich-politischen Ideen, dem Volk in geschichtlichen Situationen sehend, wagend und verantwortungsbewusst den Weg weist, hantieren die betriebsamen Politiker chaotisch, schlittern ohne Treue und ohne Idee von Lage zu Lage und geniessen darin ihre Macht, jenseits der Verantwortung als Dompteure des Volkes. – Im Unterschied zum politischen Schriftsteller, der sich allein der Wahrheit verpflichtet weiss, in diesem Willen unabhängig von allen Parteien bleibt und selbst der eigenen Wirkung gegenüber skeptisch ist, geht es den Politikern nicht um Wahrheit noch um Unabhängigkeit, sondern um die Sicherung ihrer Praktiken zur Erhaltung ihrer Macht. – Im Unterschied zum Volk, das seine Repräsentanten wählt, um durch sie die kollektive aufklärende Instanz der Politik zu sein, nehmen die Politiker das Volk für die Masse, die man manipuliert, damit sie gehorcht, arbeitet und ruhig bleibt. – Das Fazit der dreifachen Gegenbildlichkeit war katastrophal: Die Politiker sind, »ob sie es zugeben oder nicht (...) geheime Gegner des Aufklärungsprozesses, des Mündigwerdens der Bevölkerung im ganzen. Dieser Prozess entzieht die Menschen ihren Wahlparolen, der Wirkung unwahrhaftigen Versprechens, verbreitet vielmehr die Einsicht in die Mängel und Würdelosigkeiten der Politiker selber«[7]. So entstand ein wenig schmeichelhaftes Bild von den durchschnittlichen Politikern, mit dem sich keiner öffentlich identifizieren durfte. Jaspers zwang sie in die Gegnerschaft, indem er seine Idee des politisch verantwortbaren Handelns auf die nicht ungefährlichen Grössen des charismatischen Staatsmannes, des »verhinderten Täters« und des anonymen, ja des verratenen Volkes gründete.

Von den damals führenden Politikern antworteten öffentlich nur Mende und Gerstenmeier. Beide verurteilten (wie auch die Junge Union) den Verzicht auf Wiedervereinigung scharf, den Jaspers so gar nicht gefordert hatte. Er wollte lediglich, dass die Bundesrepublik auf den *Rechtsanspruch* auf Wiedervereinigung verzichtet, weil er in der Teilung Deutschlands eine Folge der deutschen Gewalt sah. Enthüllend war nicht eigentlich, *was* sie sagten, sondern *wie* sie es sagten. Mende sprach von einem »weltfremden Philosophen aus der Schweiz«, Gerstenmeier von »einem bekannten Basler Professor«. Die unterschwellige Demagogie war im übrigen vom jeweiligen Lokalkolorit mitbestimmt. Für Mendes Äusserungen über den Sender Rias Berlin bot sich der Antikommunismus als beste Botschaft an. Gerstenmeier musste die Klaviatur wechseln. Bei einer Düsseldorfer Diskussion war ein Appell an die »nationale Einstellung des deutschen Volkes« ratsam, beim Jüdischen Weltkongress eher die Beruhigung angesichts dieser möglichen Einstellung: »Die jüngsten Prognosen eines bekannten Basler Professors über die Zukunft Deutschlands sind ebenso unbegründet und seine Analysen ebenso falsch wie die Furcht, die das Aufmucken kleiner rechtsradikaler Gruppen in der Bundesrepublik da und dort hervorgerufen hat.«[8]

Eingehender setzte sich mit dem Buch nur Erhard Eppler auseinander, damals noch Mitglied des Deutschen Bundestages in der Opposition. Seine in der *Zeit* unter dem Titel »Wohin treibt Karl Jaspers?« veröffentlichte Besprechung erweckte den Eindruck, die »Bundesrepublik« sei eine mit Irrtümern, Simplifikationen und »giftigen Thesen« durchsetzte Schrift, die, auf der Grenze von Erhabenheit und

Lächerlichkeit, nur Unklarheit verbreite. Eppler verfuhr methodisch geschickt. In der etwas saloppen Manier eines in diesen Dingen erfahrenen Mannes nagelte er Jaspers auf unbedeutende Irrtümer und Laienvorstellungen fest. Er nahm so die Schwächen zum Anlass, um den unbequemen Befund übergehen zu können. Konsequenterweise brauchte er nichts Substantielles entgegenzuhalten. Einige korrigierende Informationen, im übrigen genügend politische Cleverness, und man war, mit etwas Rhetorik des Entsetzens, noch einmal davongekommen: »Wie vergiftet muss die politische Atmosphäre eines Landes sein, in dem ein solches Buch zum Bestseller wird!«[9] – Da war der frei ausgelüftete Ärger des Thomas Dehler verständlicher. Der Vizepräsident des Bundestages schrieb in der Empörung über die Analyse der Verjährungsdebatte kurzerhand an Jaspers: »Sehr geehrter Herr Professor! – Was Sie mir, meinem Wollen und meinen Äusserungen unterstellen, ist in jedem Wort ungerecht und unwürdig. – Hochachtungsvoll! – Dehler.« Vermutlich teilten diesen Ärger die meisten Politiker, und einige bis heute.

Das kritische Gefälle vom Laien zum Politologen und Soziologen scheint dadurch erklärt zu sein, dass diese Wissenschaftler als Experten die zuständigen kritischen Instanzen sind. Allein gerade hinter dieser Selbstverständlichkeit kann sich ein Missverständnis verbergen. Die Politologen gingen nämlich von der stillen Voraussetzung aus, dass Jaspers ein politologisches Buch schreiben wollte. Ihnen schien deshalb, seine »Unwilligkeit zu soziologischer Betrachtungsweise«[10] fixiere das Buch auf dem Niveau eines ansprechenden, aber durch die begriffliche Unschärfe ärgerlichen Laienbreviers, das mit relativ banalem Informationsmaterial geschickt umzugehen wisse. »Jaspers präsentiert die Früchte eines intelligenten Zeitungslesers«[11], so formulierte das Habermas als Kritik. Er schien nicht zu ahnen, wie exakt er damit die Intention von Jaspers traf. Die »Bundesrepublik« wollte nämlich keine politologische Studie sein, sondern ein *politisches* Buch, das ein überwiegend praktisches und nicht theoretisches Interesse hatte: die Einübung in eine demokratische Denkungsart angesichts der Verfallssymptome einer scheinbar leidlich funktionierenden Demokratie. Diese praktische Absicht bestimmte die Sprache und die Methode des Buches: Den Zweck konnte es nur erreichen, wenn es auch für die Massen lesbar blieb und wenn es mit jenem Material arbeitete, das in den Massenmedien und in den parlamentarischen Protokollen allen sichtbar zu Tage lag. Also griff es in breitestem Ausmass auf die öffentlich gegebene und bezeugte Information zurück. Es profilierte und extrapolierte die sichtbaren Tendenzen, bis ihr antidemokratischer Einschlag erkennbar wurde. War er derart augenfällig geworden, so bestand eine Chance, dass sich daran das politische Bewusstsein des Lesers entzündete und klärte – und das heisst: veränderte. Die Wiederholung dieses Denkvollzugs bewirkte jene Einübung, deren Ziel es nicht war, Wissenschaft zu lehren, sondern politisches Denken zu erwecken und zu üben, damit von der Basis her, aus dem Wandel zu einer demokratischen Gesinnung, eine demokratischere Politik erwachse. Diese praktische Methode der politischen Schriftstellerei mag übrigens durch die langjährige Beobachtung der direkten Demokratie in der Schweiz mitbeeinflusst sein. Der politische Diskurs, der vor jeder Abstimmung in breitem Ausmass stattfinden muss, wird kaum je entscheidend durch Soziologie oder Politologie geprägt, sondern durch den Kampf um öffentliche Meinung in den Medien und in Versammlungen. Man muss Jaspers' »Bundesrepublik« als Text der politischen Schriftstellerei lesen und nicht als Wissenschaftstext.

Damit soll indes nicht gesagt sein, dass die Kritik der Soziologen und Politologen nur auf einem Missverständnis beruht habe. Wo sie an der Grundintention des Buches und an der aus ihr erwachsenen Methode und Sprache nicht vorbeiging, konnte sie zum notwendigen Korrektiv werden. Etwa Sontheimers Kritik[12] war ein Beispiel dafür, auch wenn sie Jaspers später in einer Entgegnung aufzulösen versuchte.

Da sich diese drei Gefälle gleichzeitig herausbildeten, entstand eine Allianz der Kritik, die vermutlich so nicht beabsichtigt war, sich aber nachträglich bis in die einzelnen Argumente und Formulierungen nachweisen lässt. Etwa der zitierte Satz von Habermas machte in der rechten Presse die Runde. Andererseits übernahmen Soziologen die suggestiv geschickte Formulierung der *Welt* (»Lehrbuch für Staatsverdrossenheit«) oder die provokative Frage von Eppler. Wissenschaftler und Laien, Berufspolitiker und Bürger, Vertreter der Rechten und Linken schienen sich in ähnlichen Formulierungen und Einschätzungen zu treffen. Dadurch bekamen diese einen Anstrich von Seriösität und Objektivität, dem die Qualität der Argumente nicht immer genügte.

Der streitbare Repräsentant dieser Allianz war der Spätling unter den Kritikern, der Kölner Politologe Karl J. Newman, »ein kämpferischer Demokrat«[13], wie man in Bad

Godesberg wusste, und »ein messerscharfer Denker«, wie gewisse Journalisten versicherten. In seinem Buch »Wer treibt die Bundesrepublik wohin?«[14] – man hört im Titel die Frage Epplers – vereinigt er eine Vielzahl der gängigen kritischen Argumente in einer Methodologie der Diskriminierung, die – mit dem Anspruch auf Wissenschaft – auch vor absurden Behauptungen nicht zurückschreckt. Danach öffnet Jaspers »in seinem sturmsicheren Baseler Aufenthalt«[15], mit »inzwischen auf die Ortsquartiere der Stadt Basel verengter Sicht«[16], »die böse Büchse der Pandora«[17]. Ihr entspringt ein »Angriff auf das Grundgesetz mit dem Resultat eines schweren Schadens für das Ansehen der Demokratie«[18], ein Angriff, der auch in der Weimarer Republik ohnegleichen war. »Parallelen (...) könnten allenfalls in den Reden Adolf Hitlers und Joseph Goebbels' gefunden werden.«[19] Wohin Jaspers also treibt, ist klar: in die »Entmachtung des Bundestages« sowie der »SPD, CDU/CSU und FDP«[20], darüber hinaus in die Anarchie, das Chaos, in den Bürgerkrieg und in die totalitäre Diktatur. Deshalb empfiehlt er »sowohl den Rechts- als auch den Linksradikalismus als besonders blutreinigend«[21]. Und warum die Vorliebe zu derart extremen Lösungen? »Gerade weil Jaspers nie Antisemit war, kann er nach Auschwitz gefährliche antidemokratische Lösungen vertreten.«[22] Hoffen wir, es sei kein indirektes Eingeständnis. Die Nutzniesser lassen sich nun festmachen. Jaspers, mit Sokrates darin verwandt, dass beide »im Grunde den Durchschnittsbürger verachten«[23], hat gleich mehrere Alkibiades. Einerseits den »Chefideologen der NPD, Professor Dr. Anrich«[24], andererseits – Herbert Marcuse! Denn Jaspers »erhielt im geeigneten Augenblick unverhoffte Unterstützung. Herbert Marcuse hat die Jaspersschen Gedankengänge der Linken akzeptabel gemacht.«[25] Deshalb ist auch Marcuses Alkibiades, Rudi Dutschke, letztlich nur der Alkibiades von Jaspers. »Wir wissen jetzt, wer die Bundesrepublik wohin treibt.«[26] Es fragt sich nur noch, warum Jaspers als Lotse so gefährlich werden konnte. Newman weiss auch das: »Karl Jaspers' Ehrlichkeit in der Verurteilung nationalsozialistischer Gewaltverbrechen steht völlig ausser Zweifel. Seine Vorwürfe gegen die deutsche Gesellschaft, ihre mangelnde Wahrhaftigkeit und Unfähigkeit, sich der ungeheuerlichen Verantwortung bewusst zu werden und die Umkehr zu vollziehen, sind berechtigt. Weil diese Vorwürfe aber berechtigt sind, sind seine politischen Schriften gefährlich.«[27] – Mit der politischen Lüge lässt es sich offenbar gefahrloser leben. Seltsame Wissenschaft! Aber offenbar Wissenschaft; denn es gibt auch heute noch Politologen, die Newman als Gewährsmann gegen Jaspers zitieren.

Die Formation dieser Allianz hatte sowohl für die Kritiker als auch für Jaspers selber die paradoxe Folge, dass sie von falschen Freunden umworben wurden. Angesichts der »Bundesrepublik« vollzog die doktrinäre Linke eine radikale Schwenkung in der Beurteilung von Jaspers. Ausdruck dafür waren der Brief, den Jaspers im Juni 1966 von Ulbricht erhielt, und der kaum verhüllte Versuch der Presse in der DDR, Jaspers' Kritik an der Bundesrepublik für die Politik Pankows nutzbar zu machen.

Ulbricht hatte im April 1966 Gespräche zwischen Politikern der SED und der SPD vorgeschlagen. Sie sollten öffentlich sein und der ganzen Bevölkerung beider deutschen

Staaten über Fernsehen, Rundfunk und Presse zugänglich gemacht werden. Die Initiative verlief bald über nebensächliche Verfahrensfragen im Sand. Anfang Mai erschien in der *Welt am Sonntag* unter dem Titel »Eine Chance wird vertan«[28] ein kurzer Artikel von Jaspers, in dem er sich rückhaltlos für diese Gespräche einsetzte. Ulbricht muss über diese Zustimmung erstaunt gewesen sein. Er las daraufhin die »Bundesrepublik« und schrieb an den »geehrten Herrn Professor« – übrigens aus Prag – einen dreizehnseitigen Brief[29].

Er habe die »interessante Arbeit ›Wohin treibt die Bundesrepublik?‹« »mit Aufmerksamkeit« gelesen. »Obwohl Sie und ich unterschiedliche politische Ziele und Weltanschauungen haben, kommen wir doch (...) zu ähnlichen Schlussfolgerungen in wichtigen Grundfragen. Das bewegt mich sehr.«[30] Ulbricht hebt dann diese Übereinstimmungen hervor: den gemeinsamen Willen, dass von deutschem Boden kein Krieg mehr ausgehen dürfe, und die Beobachtung, dass sich in der Bundesrepublik nach der Ära Adenauer eine neue »formierte Herrschaft«[31] herausbilde mit einer Tendenz zur Einschränkung der Grundrechte durch die Notstandsverfassung und mit einem Hang zur autoritären Staatsführung. Er begrüsse es sehr, dass Jaspers und mit ihm viele andere Wissenschaftler »warnend die Stimme erheben«[32]. Denn nun sei »*die Zeit des Widerstands aller humanistisch gesinnten Menschen* (...) *gekommen*«[33]. Im künftigen Gespräch zwischen den Politikern müsse von der historisch gewachsenen Realität zweier deutscher Staaten ausgegangen werden – ohne jeden Alleinvertretungsanspruch. Dann sei in der Koexistenz der Systeme auch wirtschaftliche

Zusammenarbeit möglich, schliesslich die Konföderation der Staaten und am Ende ein »vereinigtes Deutschland als friedliebender und fortschrittlicher demokratischer deutscher Staat«[34].

Kein Politiker der Bundesrepublik sprach damals eine vergleichbare Anerkennung aus. Dennoch war Jaspers über den Brief eher in Verlegenheit. Wie sollte er einem Staatspräsidenten antworten, der den Verkauf des Buches, das er so rühmte, nicht freigab, der den Splitter im Auge des anderen zwar ganz richtig sah, aber den Balken im eigenen nicht? Der überdem zu offensichtlich ihn in einer politischen Kalkulation als Werkzeug einsetzte? Jaspers wurde bald klar, dass er sich mit Ulbricht nicht in ein Gespräch einlassen durfte, wenn er seine Unabhängigkeit nicht verlieren und auch nicht in einem Milieu der beschädigten Wahrhaftigkeit sich bewegen wollte. Und so schrieb er dem »geehrten Herrn Staatspräsidenten« einen kurzen Brief, in dem er lediglich den Empfang seines Schreibens bestätigte und sich von einer persönlichen Antwort höflich dispensierte.[35] In der *Zeit*[36] begründete er danach, weshalb er das Gespräch mit Ulbricht nicht führen möchte, aber dennoch für öffentliche Gespräche zwischen bedeutenden Persönlichkeiten der beiden deutschen Staaten sei.

Neben diesem spektakulären Annäherungsversuch wurden die falschen Freundschaften im Lager der Kritiker übersehen. Dass Habermas im Fall Jaspers für die rechte Presse zitabel wurde; dass Epplers Kritik, mit Ausnahme einiger Wendungen, auch von einem Politiker der Rechten hätte stammen können; dass die Kritik eines Politologen (Newman) sich als politisches Diskriminierungsverfahren nutzen liess: all dies ist nicht allein durch die immer möglichen Übergriffe des Missbrauchs zu erklären. Man könnte versucht sein, ohne selber ideologisch zu deuten, einige Fragen zu stellen: Zeigte sich in der lagerübergreifenden Kritik, dass die nationale Empfindlichkeit im Umgang mit der DDR die Bundesrepublik stärker verband, als die politischen Differenzen der Lager sie trennte? Kündigte sich im Gleichschritt der Politiker bereits die von Jaspers bekämpfte Grosse Koalition an, die ja schon zur Debatte stand und Anfang Dezember 1966 auch eingegangen wurde? Gab es mithin in der Bundesrepublik keine starke innerparlamentarische Opposition mehr? Lag in der Dienlichkeit der wissenschaftlichen Kritik nicht etwa eine Ausnahmeerscheinung vor, sondern nur ein krasser Fall der Normalität: dass eben auch Wissenschaft in die Kultur eines Systems integriert ist? Wäre aber dann die Allianz nicht selber ein Signum für das, was sie bekämpfte, nämlich für den von Jaspers aufgezeigten Befund?

Diese Fragen verlangen allerdings nach einer Gegenfrage: Liegen die Gründe für die gemeinsame Verärgerung der unterschiedlichen politischen Lager und der Wissenschaftler nicht doch in Jaspers selber, und zwar nicht so sehr in einzelnen Inhalten seines polischen Denkens, die sich ja diskutieren liessen, sondern in dem, was er die Denkungsart genannt hat, also im spezifisch philosophischen Charakter seines politischen Denkens? Ich vermute, dass es sich (auch) so verhält, und dafür lassen sich einige Hinweise geben:

Jaspers' politisches Denken ist zwar um das Konkrete bemüht; aber es fängt an und endet in Kategorien, die pragmatisch nicht operabel und wissenschaftlich nicht definierbar sind. So münden die konkreten politischen Freiheiten in die eigens nicht feststellbare existentielle Freiheit; die politologisch fassbaren Begriffe von Evolution und Revolution in die vorwissenschaftliche Idee der Umkehr; die politische Meinungs- und Willensbildung in die philosophische Gründung einer Denkungsart – und letztlich alles Politische in das Überpolitische: in ein normativ nicht fassbares Ethos. Dadurch gerät das Denken in ein Oszillieren zwischen Analyse und Appell, das wissenschaftlich irritierend ist und entweder pragmatisch in die Unsicherheit treibt oder moralisch in die Radikalität. Es ist die alte Denkungsart Kants, die Jaspers sich angeeignet hat: »Die wahre Politik kann also keinen Schritt tun, ohne vorher der Moral gehuldigt zu haben, und obzwar Politik für sich selbst eine schwere Kunst ist, so ist doch die Vereinigung derselben mit der Moral gar keine Kunst; denn diese haut den Knoten entzwei, den jene nicht aufzulösen vermag, sobald beide einander widerstreiten.«[37] Dieses radikale Verfahren trägt in das politische Denken zum appellativen Pathos auch noch die moralische Ungeduld und dürfte die Realisierung des Möglichen oft eher gefährden als fördern. Die Kehrseite dieser Ungeduld aber ist die kassandrische Vernunft: der Hang, in Diagnosen und Prognosen Tendenzen so zu überzeichnen, dass ihre erste Funktion nicht mehr die wissenschaftliche Analyse ist, sondern die politische Warnung vor dem, was eintreten könnte, wenn ... Die kassandrische Vernunft will, dass ihre Prognosen widerlegt werden, aber nicht bloss durch Theorien, sondern im Handeln.

Jaspers' Glaube von früh auf an die antinomische Struktur des Daseins verwehrte es ihm, rationale Ganzheitskonzepte zu akzeptieren. Konstruktionen eines angeblich notwendigen Geschichtsverlaufs oder Modelle einer umfassenden, angeblich richtigen Daseinsordnung mochten zwar im situativen Denken und Handeln eine momentane Orientierungshilfe bieten; aber wenn sie in Theorien eingingen, hielt er sie für ruinös. Deshalb war ihm die Destruktion ihrer konstitutiven Funktion wichtiger als das Geltenlassen der regulativen. Was immer in den Theorien der Politologen und Soziologen einen sicheren Halt anbot oder nach einer durchgehenden Ordnung des Mitseins aussah: es konnte nicht Wissenschaft sein. Wenn er ihre Theorien aber hinterfragte – und dies war eine Aufgabe der Philosophie –, so stiess er bei den meisten auf solche Ganzheitskonzepte oder zumindest auf ihre Spurenelemente. Die Empfindlichkeit dafür war bei Jaspers so ausgeprägt, dass er zuweilen schon in wissenschaftlich reduktiven Begriffen und vollends in durchrationalisierten Theorien Zufluchtsorte und Gehäusebildungen vermutete und dann die Soziologie und Politologie insgesamt der Pseudowissenschaftlichkeit verdächtigte und ihre Vertreter nur selten zitierte. Dagegen verlangte er eine Bereitschaft, alle Geschlossenheit des Theoretischen und damit auch die »Schönheit« der Theorien immer neu auf die individuellen und politischen Grenzsituationen zu öffnen und einen letzten Halt allein in der Transzendenz, im Umgreifenden auch der Wissenschaft und Politik, zu finden. Natürlich war auch das ein Sprung *aus* der Wissenschaft und *aus* der Politik, nur ein methodisch bewusster und kontrollierter. Es ist dennoch nicht unverständlich, dass ihm von der Gegenkritik ein Theorie- und Rationalitätsdefizit vorgeworfen wurde.

Von diesem letzten Halt aus wagte er seine Unabhängigkeit als politischer Schriftsteller. Er stellte seine Gedanken nicht in den Dienst einer Partei noch einer Regierung noch eines Programms. Er war auf die bald dogmatischen, bald flouierenden Standortbestimmungen »links« und »rechts« nicht festzulegen. Sondern lediglich auf das Ethos, wahrhaftig zu sein: zu sagen, was er sah und dachte, und zwar ohne Rücksicht auf Personen, die an der Macht beteiligt waren, und auf ihre Zwecke. Dadurch war sein Denken für die verhinderten Täter kaum je von direktem politischen Nutzen. Sie hatten in ihm nicht einen Berater, sondern einen öffentlichen Kritiker, der zuweilen deklassierte, ohne es zu wollen, und immerzu forderte, ohne jemals etwas über das Denken und Reden hinaus zu tun. Jaspers wusste um diese Schwäche des Geistes, der gegen die Macht entscheidet, um in der Unabhängigkeit zu bleiben.

Auf der Suche nach einer philosophischen Polemik

Von einem Zeitgenossen Kants, dem witzigen Göttinger Mathematiker und Dichter Abraham Gotthelf Kästner, stammt das Epigramm:

> »Auf ewig ist der Krieg vermieden,
> Befolgt man, was der Weise spricht;
> Dann halten alle Menschen Frieden,
> Allein die Philosophen nicht.«[1]

Das war Kästners ironischer Kommentar zu einem Aufsatz von Kant, in dem dieser »einen ewigen Frieden in der Philosophie«[2] angekündigt hatte. Die frohe Botschaft schien ihm realistisch und legitim zu sein, weil der Friede in der Philosophie doch nur *eine* Voraussetzung haben konnte: dass »man ... einander ... versteht«, und dies gegenseitige Verstehen musste erreichbar sein, wenn man bloss in »Wahrhaftigkeit«[3] von der Vernunft Gebrauch machte. Der Nicht-Philosoph kannte offenbar die Philosophen besser als der grösste Philosoph seiner Zeit. Als mit Kants Tod die Auseinandersetzungen um seine Philosophie verstummten – nicht etwa weil man Frieden schloss, sondern weil Kant vergessen wurde –, waren bereits die Kämpfe zwischen Fichte und Schelling und etwas später auch Hegel in einer Heftigkeit entbrannt, die jeden künftigen Frieden zwischen ihnen unmöglich machen musste. Auf sie trifft das Wort Valérys zu: »Tandis que les peintres ou les poètes ne se disputent que le rang; les philosophes se disputent l'existence.«[4]

Die *transzendentale* Position von Kant: dass die Philosophie an sich irenisch ist, weil sie in der Einheit der Vernunft gründet; und die *empirische* Position von Kästner, dass offensichtlich jeder andere Friede eher erreichbar ist als der Friede zwischen den Philosophen, werden bei Jaspers antinomisch vereinigt. »Wahre Philosophie ist ursprünglich unpolemisch«, heisst es 1935 in »Vernunft und Existenz«[5], und 1957 wiederholt er diese Aussage für sein eigenes Denken: »Meine Philosophie ist im Ursprung unpolemisch.«[6] So etwa sei in der dreibändigen »Philosophie«[7] der polemische Ton, wenn er überhaupt vorkomme, unwesentlich.[8] — In radikalem Gegensatz dazu wächst bis zu seinem Tod das Interesse an der philosophischen Polemik in mehrfacher Hinsicht kontinuierlich: Jaspers analysiert Polemiken der grossen Philosophen, unter anderem von Nietzsche[9], Fichte[10], Schelling[11], Hegel[12] und plant schliesslich eine multiaspektive »Weltgeschichte der Philosophie«[13], deren »dynamischer Aspekt« eine Weltgeschichte der philosophischen Polemik und Eirenik wäre. Er sieht sich durch die Jahrzehnte Polemiken der verschiedensten Schattierungen ausgesetzt: wohlwollenden und in die Tiefe dringenden wie durch Heidegger[14], schulmeisterlich herablassenden wie durch Heinrich Rickert[15], dem Haupt der Südwestdeutschen Neukantianer, oder schlechthin vernichtenden wie durch Adorno[16], Lukács[17], Popper[18], Ernst Robert Curtius[19] und manchen Geringeren.[20] Er wird selber polemisch bis zu einer Schärfe, die zuweilen die Gegner zum Verstummen bringt, wie etwa Rudolf Bultmann[21], den Theologen der Entmythologisierung, oder – in späteren Jahren – eine Reihe der bundesdeutschen Politiker.[22] Als ihn 1961 ein deutscher Journalist auf die böswillige Polemik der zeitgenössischen Philosophen anspricht, stimmt er keineswegs in das Klagelied ein. »So lange es Philosophie gibt«, antwortet er, »ist diese Polemik von höchster Schärfe gewesen. Was man heute beklagen kann, ist nicht eigentlich, dass die Polemik zu stark sei, sondern, dass die Polemik zu schwach ist ... Man möchte eine echte, grosse Polemik wünschen ... So grotesk es klingt, ich vermisse heute die eigentlich philosophische Polemik.«[23]

Fünf Faktoren hatten Jaspers' Interesse an der Polemik anwachsen lassen: 1. Das Studium der Auseinandersetzungen der grossen Philosophen erwies sich »für das Verständnis der Philosophie selber«[24] und der einzelnen Philosophen als fruchtbar, ja als unerlässlich: »Man sollte die Polemiken studieren, um den Geist der Philosophen zu erfassen.«[25] Denn in den Polemiken zeigte sich eine Rückhaltlosigkeit der Argumentation, die in bloss betrachtenden Texten nicht zu finden war. Das Erkenntnisinteresse trieb in ihre Analyse. – 2. Das Studium der bedeutenden, auch unpolemischen Texte wurde, insbesondere nach der Katastrophe des Zweiten Weltkrieges, für Jaspers zu einem polemisch-irenischen Prozess der Aneignung, der zugleich ein Verwerfen und Ergreifen der Philosophien war. Denn jeder Philosoph und jede Philosophie mussten neu daraufhin befragt werden, ob sie selber den Weg in das Verhängnis gewiesen hatten. Ihre Aneignung war nur noch als geschichtliche und existentielle Kritik möglich. – 3. Die von den Zeitgenossen erhobenen Einwände verlangten nach einer Antwort. Doch obwohl

Jaspers schon von früh auf den Drang verspürte, »dem geistigen Feinde zu begegnen, wenn er sich nur rückhaltlos äussert«[26], war er gerade angesichts der rückhaltlosesten Angriffe um eine Erwiderung verlegen. Wenn sich die Rückhaltlosigkeit bloss als gesteigerte Feindschaft erwies, blieb er die Antwort schuldig. Aber sein Nachdenken über die Möglichkeiten einer angemessenen Antwort war geweckt.
– 4. Eine ähnliche Verlegenheit spürte er bei seinen eigenen Angriffen. Seit 1933 bis ins hohe Alter suchte er nach einer Form und nach den Methoden der Auseinandersetzung mit Heidegger.[27] Die Prinzipien der Methoden wurden ihm zwar klar, und für die Form hatte er ziemlich präzise Konzepte[28]. Aber die Durchführung der Polemik misslang. Sie musste deshalb immer neu bedacht und versucht werden.
– 5. Schliesslich fiel ins Gewicht, dass das Denken selber in seinem Unterscheiden, seinen Urteilen und in seinem Ringen um Wahrheit und gegen Unwahrheit polemisch ist.[29] Die polemisch-irenische Antinomie der Philosophie lag eben darin begründet, dass die Philosophie in ihrem Ideal einer universalen Kommunikation den Frieden suchte, ihn aber nur auf dem Weg der denkenden Auseinandersetzung erreichen konnte. Damit war die Aufgabe gestellt, die Jaspers für »eines der erregendsten Probleme«[30] der Philosophie hielt: Wie musste eine Polemik beschaffen sein, die kommunikativ und umgreifend solidarisch war und doch in jedem Schritt um *Wahrheit* und nicht etwa um Konzilianz oder formale Toleranz sich bemühte?

Polemik ist auf allen Ebenen der Mitteilbarkeit möglich. Sie kann alltäglich pragmatische, wissenschaftliche, literarische oder philosophische Auseinandersetzung sein. Die Krux für Jaspers ist, dass diese Diskurs-Ebenen weder in der Tradition noch in der Gegenwart hinreichend unterschieden worden sind. Sie sind vielmehr in Sprechakten und Texten durchmischt, überschichtet, vermengt. Deshalb gilt es, sie *idealtypisch* zu trennen, damit sie vorerst in ihrer Reinheit erfasst werden können. Zu diesem Behuf unterläuft er die Sprach- und Erkenntnisebenen und sucht, im Rahmen seiner philosophischen Logik, nach der typologischen Reinheit durch Trennung der Ursprünge, *aus* denen erkannt und mitgeteilt wird. Diese Ursprünge nennt er »Dasein«, »Bewusstsein überhaupt«, »Geist« und »Existenz«, wobei in seinem Sprachgebrauch »Existenz« ein andere Qualität und Tiefenschicht des Ich bezeichnet als »Dasein«. »Existenz« ist die Transzendenz des Ego in seiner Geschichtlichkeit, ist »Selbstsein«.

Wenn »Dasein« als der umgreifende »Wirklichkeitsraum« verstanden wird, »in dem alles ist, was ich bin und was für mich ist«[31], dann dreht sich der Daseinskampf insgesamt um Wahrung, Durchsetzung und Ausweitung der eigenen Interessen gegen andere. Auf der Diskursebene der Polemik gilt dann als wahr, »was sich als nützlich erweist«[32]. Erkenntnis und Mitteilung sind prinzipiell Waffen im Dienst dieser Nützlichkeit und ihrer relativen Wahrheit.[33] Die Einsichten »werden zu Formeln und Schlagworten«[34]. Die Argumentation wird sophistisch und nimmt Zuflucht zu den suggestiven Tricks der Eristik: sie schmeichelt, täuscht, lähmt, überrascht. Die Polemik des Daseins ist ein Kampf ohne Regeln und ohne Ritterlichkeit. Sie unterwirft und vernichtet letztlich den Gegner symbolisch.

Wenn »Bewusstsein überhaupt« der innere umgreifende Raum des Denkens ist, in dem sich Seiendes als Gegenstand unserem Erkennen zeigt, dann ist aller Kampf ausschliesslich denkende Auseinandersetzung von Alternativen um richtig und falsch. Dieser Polemik gilt als wahr, was sich im Rahmen theoretischer Konzepte als richtig erweist und bewährt. Sie ist sachlicher Kampf mit Argumenten und Konklusionen, der sich bestimmten Regeln unterstellt.[35] »Hier kämpft nicht einer gegen den anderen«[36], sondern beide kämpfen gemeinsam um Wahrheit und Klarheit im Raum der Gegenständlichkeit. In ihm gibt es für Jaspers objektive Entscheidung zwingender Art, weil das Ich des »Ich denke« keine individuellen Züge hat, sondern in allen Menschen identisch ist.

Wenn »Geist« zugleich der innere umgreifende Raum des Verstehens von Ganzheiten und der äussere der Gestaltung von Wirklichkeit in Werken ist, die einer Idee genügen, ist aller Kampf des Geistes ein deutendes Anverwandeln einzelner Teile ins Ganze. Hierbei verfährt die Polemik nicht alternativ, »nicht kämpferisch im Sinne des Ausschliessens und der Vernichtung«[37], sondern sie ist ein dialektisch-synthetisches, ergänzendes Bemühen um allumfassende Harmonien im Verstehen und Gestalten. Da diese Harmonien sich schliessen und mithin in endlichen Ideen gründen, misstraut ihnen Jaspers spürbar als Philosoph der antinomischen Strukturen und der Zerrissenheit der Welt.

Wenn »Existenz« schliesslich das Umgreifende des möglichen Selbstseins in seiner Geschichtlichkeit ist, dann steht im existentiellen Kampf Geschichtlichkeit gegen

Geschichtlichkeit. Und wenn Selbstsein die Transzendenz des Ego ist, dann bleibt Existenz als geschichtliche Wirklichkeit unobjektivierbar. Diese beiden Momente machen es so schwierig, den Kampf der Existenzen, der ein Kampf *um* Existenz ist, methodisch zu bestimmen. Die entscheidenden Fragen sind: Kann man überhaupt polemisch in die Tiefe einer Existenz dringen, wenn wir doch nicht wissen, was sie ist? Und: Wie kann man von Existenz zu Existenz kämpfen, ohne dabei Selbstsein zu vernichten? Jedenfalls wird in dieser Tiefe die polemische Behauptung der eigenen Wahrheit entschiedener und unvermeidlich ausschliessender. Deshalb wächst auch die Gefahr, dass der Kampf in seiner Zudringlichkeit verletzt und kränkt, den »heiligen Zorn«[38] des Gegners herausfordert und im radikalen Bruch endet. Wie müsste also eine existentielle Polemik geführt werden, damit sie nicht in die Falle der Gewalt tappt, sondern aus den Kränkungen befreit und die Solidarität eines gemeinsamen Willens zur wechselseitigen Erhellung findet?

Die Polemik des Daseins ist Vernichtungskampf um getrennte Interessen; die Polemik des Bewusstseins überhaupt ist sachliche Kontroverse um Richtigkeit; die Polemik des Geistes ist Debatte um aussöhnendes Verstehen; die Polemik der Existenzen ist Ringen um Kommunikation aus dem Anders-Sein. Auf die Unterscheidung ihrer Ursprünge, der Wahrheiten, um die sie kämpfen, der Ausgänge, in die sie münden, und der angemessenen Methoden, derer sie sich bedienen, kommt es Jaspers an. All diese Unterscheidungen werden im Rahmen konstruktiver Entwürfe gewonnen. An ihnen orientieren sich die Analysen und Entfaltungen der empirischen Polemiken. Diese jedoch sind durchsetzt von Abgleitungen, Sprüngen, Verwechslungen und Rollenspielen. Wenn Jaspers sie meint, wählt er mehrheitlich die Nomenklatur der Diskursebenen. Er spricht dann von politischen, wissenschaftlichen, literarischen und philosophischen Auseinandersetzungen.

Weder die modellhaften Entwürfe noch die wirklichen Polemiken liegen für ihn hierarchisch auf derselben Stufe, noch stehen sie dem einzelnen Verfechter gleicherweise zur Wahl. Ein Philosoph wird an einer bloss realpolitischen oder an einer ausschliesslich literarischen Polemik kein Genüge finden. Er wird die Ebenen des Daseins, des Bewusstseins überhaupt und des Geistes zu durchstossen versuchen auf ein existentielles und vernünftiges Fundament hin. Auf der Textebene bedeutet das: Er wird auch im dichterischen oder wissenschaftlichen Text nach den Spuren des philosophischen Fundaments suchen und diese aufspüren. – Dazu zwei Beispiele:

1. Wie kann ein Philosoph sich mit literarischen Texten auseinandersetzen? Soll er eine Dichtung vielleicht syntaktisch analysieren, dann kritisch an ästhetischen Normen bemessen, das Semantische harmonisierend zum Verstehen bringen und im übrigen sich von der Schönheit der Verse bezwingen lassen?[39] So wäre jedenfalls keine wirkliche Auseinandersetzung möglich, sondern bloss subalterne Bemängelung oder kultische Ergebenheit. Die Kritik fängt vielmehr mit dem Bestreiten der Autonomie der Schönheit an: »... es gibt keine ›schönen Verse‹ ohne Wahrheit.«[40] Das heisst, »jenes ›Schöne‹ ist in seiner Wahrheit zu fassen«[41], die auch *meine* Wahrheit sein kann oder eine *andere,* an der ich nicht teilhabe. Damit beginnt der Kampf um Wahrheit,

und dieser kann ein Kampf gegen die klassische Harmonie sein. Jaspers wird ihn dann so führen, dass er das Harmoniebedürfnis in der Person des Dichters oder der Dichterin freilegt, in ihm eine Grenze diagnostiziert und in der Folge nach weiteren Grenzen sucht, die insgesamt das Material zu einer Kritik abgeben. Exakt so ist er 1947 mit Goethe verfahren – zum Entsetzen von Ernst Robert Curtius und zur Entrüstung der meisten deutschen Germanisten ob diesem »goethefremden Geist«[42].

2. Jaspers, der anfänglich Psychiater war, hat sich 1913 zum ersten Mal kritisch über Freud geäussert[43]: Freud verwechsle verständliche Zusammenhänge mit kausalen, verkenne deshalb die Grenzen des Verstehens, entwerfe in seinem Raum irrtümlicherweise Theorien und tendiere zunehmend zu einer Simplizität des Verstehens durch Rückführung aller seelischen Vorgänge auf Sexualität im weiten Sinn.[44] An all dem interessierte vorerst die Person Freuds nicht, sondern allein die wissenschaftliche Leistung. Das sollte sich bald ändern: 1920 – Jaspers wurde eben Extraordinarius für Philosophie – erschien die zweite Auflage seiner »Allgemeinen Psychopathologie«[45]. In sie übernahm er die frühe Freud-Kritik unverändert, stellte ihr aber eine zweite voran, die einen Paradigmawechsel ankündigte: In der verstehenden Psychologie sei der Zusammenhang von Person und Einsicht eng. »Hier fragt man darum immer zugleich nach dem Menschen, der etwas sieht, behauptet, ablehnt.«[46] Freud bleibe aber »eine undurchsichtige Persönlichkeit«[47], auf die selber man die Psychoanalyse anwenden müsste, um ihre Gedankenwelt verstehen zu können. Er sei der Psychologe, der »sich selbst versteckt hält«[48]. Nun

war der Blick auf diese Verborgenheit gerichtet. Als Jaspers 1946 eine vollständige Neubearbeitung der »Psychopathologie«[49] herausgab, nahm er alle sachlichen und personalen Kritiken der früheren Auflagen wieder auf, aber bilanzierte nun völlig negativ: Die Psychoanalyse basiere auf einem »nihilistischen Prinzip«, das »gleichzeitig wissenschaftszerstörend und philosophiezerstörend«[50] sei. Sie sei zu einer Glaubensbewegung abgesunken, die ganz »dem tiefen Niveau der Durchschnittlichkeit«[51] entspreche. In späteren Jahren hatte er fast nur noch diese Glaubensbewegung und ihren Machtanspruch im Visier sowie die »Unphilosophie«, die ihr zugrunde liege.[52] Die anfänglich wissenschaftliche Polemik wurde zu einer philosophischen, die sich unzweifelhaft mit dem Hass verband und zu einem radikalen Abbruch führte.[53]

Eben dieser Abbruch der Kommunikation in einer philosophischen Polemik war für Jaspers höchst unbefriedigend. Denn »wahre Kritik« – das war seine Grundüberzeugung – kann »nicht tötend«[54] sein, weil der philosophische Kampf »nicht dem Vernichtungswillen« entspringt, »sondern dem Klarheitswillen«[55] und deshalb eigentlich ein »canto d'amore«[56] sein müsste. Wo Kommunikation im Kampf nicht möglich war, weil es bloss um Nichtigkeiten, Sensationen[57] und um »sterile Operationen des Scharfsinns«[58] ging oder weil Gewalt »im Dienst einer Wahrheit zugelassen«[59] wurde, beherzigte er das Wort Nietzsches: »Wo du nicht lieben kannst, sollst du vorübergehn.«[60] Wo Kommunikation aber möglich blieb, galt ihm das andere Nietzsche-Wort: »Ich ehre, wen ich angreife.«[61] Zwischen diesen beiden Polen entwickelte er eine philosophische Polemik, die man wie folgt umschreiben kann: Eine Polemik sollte, wenn immer möglich, wechselseitig[62] geführt werden und niemals anonym[63]. Sie muss auf der klaren Trennung von Wissenschaft und Philosophie beruhen, aber eingedenk bleiben, dass es wissenschaftliche Elemente und Wissenschaftlichkeit auch in der Philosophie gibt, obwohl diese als ganze nicht Wissenschaft ist. Soweit im philosophischen Denken legitimerweise Aussagen wissenschaftlichen Charakters vorliegen, ist auch »wissenschaftliche Kritik möglich«[64]. Ebenso ist angesichts aller philosophischen Entwürfe »die logische Durchleuchtung der Form und der rationalen Konsistenz«[65] möglich. Aber im philosophischen Diskurs können der Widerspruch, der Zirkel und die logische Inkonsistenz eine positive Bedeutung annehmen (zum Beispiel als Zeiger auf die antinomische Struktur des Daseins) und die geschlossene Logizität eine negative (zum Beispiel als Symptom eines starren Konstrukts). Deshalb lässt sich sowohl die logische Konsistenz als auch der alogische Bruch polemisch angreifen, und es hängt vom inhaltlichen Verstehen ab, welche Kritik relevanter ist. Im Verstehen der Inhalte indes liegt ein Spielraum der hermeneutischen Freiheit: ich kann auch anders verstehen als mein Gegner. Und in der Aneignung liegt vielleicht ein existentieller Graben: ich kann und muss möglicherweise ablehnen, was der andere gutheisst. Warum versteht der andere so anders, und warum heisst er anderes gut? An diesem Punkt setzt das relevante philosophische Ringen für Jaspers ein.

Es beginnt mit einer Befragung der empirischen Person auf ihre Grenzen und Handlungsweisen hin und bringt diese mit dem Denken und dessen Hypothesen in Verbindung.

Das ist noch Oberflächen-Analyse, aber an der Grenze. An ihr wird gefragt, welche existentiellen Impulse und Antriebskräfte »sowohl im Tun des Denkenden als in den Inhalten des Gedachten«[66] wirksam sind. Diese Impulse nennt Jaspers in einer »mythisierenden Ausdrucksweise«[67] »Mächte«. Die Mächte selber sind nicht Objekte. Man kann sie deshalb von aussen weder als einzelne erkennen noch ihr Reich überblicken. Wer nicht bloss um sie »herumdenken«[68] möchte, muss selber in sie eintreten. Dann wird sein Philosophieren »Sprache der Mächte«[69]. Im philosophischen Gespräch findet nun eine »Berührung«[70] unterschiedlicher Mächte statt und in der philosophischen Polemik ein »Kampf der Mächte«[71]. In ihm sind die Widersacher »Träger«[72] jener Mächte, die das philosophische Denken bewegen und ihm »Richtung und Sinn«[73] geben. Die Denkinhalte und auch die Handlungsweisen der Träger sind ihre »Symptome«[74]. Diese werden in einem tieferen Sinn kritisierbar als Folgen der Mächte, die selber nicht geradezu erfassbar sind. – Dieser Kampf der Mächte kennt keinen »objektiven Schiedsrichter«[75]. In ihm hat niemand »recht«. Gerade deshalb wird er zudringlich und selbstentblössend geführt. Er verlangt von den Kämpfenden schier das Unzumutbare: dass sie bereit sind, den Kern ihres eigenen Denkens und Handelns preiszugeben, obwohl ihnen nichts objektiv Besseres angeboten werden kann. Das einzige, was in die Waagschale fällt, ist die philosophische Intensität des anderen und die Plausibilität, dass gewisse Mächte, die im eigenen Denken spürbar werden, Konsequenzen »des Gedankens« und »der inneren Verfassung«[76] zeitigen, die man nicht übernehmen möchte. Aber nichts garantiert oder erzwingt gar eine Einigung. Wo sie nicht erreicht wird, rekurriert Jaspers auf den metaphysischen Begriff des Menschen: der Mensch ist mehr als die Mächte, die aus ihm sprechen. In diesem Mehr gründet die Hoffnung, dass im Scheitern der philosophischen Polemik das Zerwürfnis nicht das letzte Wort ist, sondern die Kommunikation, die die Differenz bejaht, und die Solidarität, die mit ihr lebt.

Wer so grosses Gewicht auf die Entfaltung der Polemik legt, muss ein geschärftes Bewusstsein haben, wogegen und wofür er kämpfen will. Das ist bei Jaspers zweifellos der Fall. Er kämpfte

- gegen das Opfer der sachlichen Einsicht und Entscheidung in einer Wissenschaft ohne Grenzbewusstsein,
- gegen das Opfer der Grenzsituationen in den harmonisierenden Weltanschauungen,
- gegen das Opfer der existentiellen Bindung in einer nihilistischen Philosophie,
- gegen das Opfer der Wahrheitsfrage in einer unverbindlichen Ästhetik,
- gegen das Opfer des individuellen Glaubens in den Religionen der Ausschliesslichkeit und
- gegen das Opfer der Freiheit in einer totalitären Politik.

All das schloss den Kampf ein

- für die Klarheit des Verstandes,
- für die Weite und Offenheit der Vernunft,
- für die Entschiedenheit der Existenz,
- für die Freiheit des Mitseins und
- für die Wahrheit, die verbindet.

Wo sie zusammenkommen, wäre der Frieden der Philosophie zwar noch nicht erreicht, aber möglich, denn die Polemik wäre selber ein Weg zu ihm.

IV

Denkbilder im Spannungsfeld von Einsamkeit und Kommunikation
Zu den Metaphern des Philosophierens bei Karl Jaspers, Hannah Arendt und Martin Heidegger

So wie es Dichterinnen und Dichter gegeben hat und gibt, die stolz darauf sind, in ihrem Dichten nicht zu denken, sondern sich ganz ihrem Empfinden und ihrer Emotionalität – oder wie einige auch sagen: ihrem Unbewussten – zu überlassen, so gab und gibt es Philosophen, die stolz darauf sind, aus ihrem Denken alles Dichterische und Bildhafte auszutilgen und es auf reine Rationalität und eine angeblich viel klarere Sprache der Begriffe zu reduzieren. Wir wollen nicht daran zweifeln, dass es dichterische Texte des Unbewussten von grosser Schönheit und Rätselhaftigkeit geben kann – die für uns bedeutsamsten sind vielleicht unsere Träume –, und auch nicht daran, dass abstrakte Begriffe in bewunderungswürdiger Klarheit miteinander verbunden werden können und dabei sinnvolle Texte ergeben. Aber beide Programme könnten exakt dann in Verlegenheit bringen, wenn die Wörter selber schon Gedanken in sich schlössen oder Gedanken ähnelten, wie Aristoteles[1] glaubte, oder wenn in den Begriffen selber schon Bilder steckten, die wir inzwischen bloss vergessen haben, worauf Kant[2] hingewiesen hat. »Begriff«, »Grund«, »Schluss«, »Subjekt«, »Objekt«, »Substanz«: jedem dieser Begriffe liegt ein Bild zugrunde – und vielleicht gibt es keinen einzigen, der im strengen Sinn abstrakt ist, es sei denn, er wäre ganz und gar leer. Das Unterfangen, im Dichten nicht zu denken, wird insofern der Sprache nicht gerecht, und das Bemühen, die Bilder mit Hilfe von Begriffen aus der Philosophie zu verbannen, ist meist nur ein Abtausch von sichtbaren mit verborgenen Bildern und deshalb eher eine Verminderung der Transparenz der Texte.

In der Geschichte des Denkens ist der Streit um die Zulässigkeit der Bilder alt. Noch bevor sie als Sprachbilder ihrer Form und ihrer Funktion nach unterschieden worden sind, bekämpften Heraklit und Platon und offenbar schon frühere Philosophen sie als Bilder der Dichtkunst. Ihre Wahrheit und Angemessenheit als Abbilder war umstritten. Da Heraklit und Platon Homer für den grössten Dichter hielten, der in seiner Kunst nahezu alles vermochte und deshalb in der Vielfalt seines Bildschaffens fast unweigerlich zum Verführer werden musste, griffen sie ihn, stellvertretend für alle Dichter, an. Heraklit dachte ihm eine öffentliche Auspeitschung zu[3] und Platon wollte ihn, versehen mit allen Ehren, an die Grenze geleiten, um ihm dort zu eröffnen, dass für ihn in seiner Polis kein Raum sei[4] und dass er mithin in die Verbannung gehen müsse; denn die Vernunft lasse »nichts anderes zu«[5].

Als die Sprachbilder dann allmählich definiert wurden – durch Platon neben dem Ur- und dem Abbild die Analogie, durch Aristoteles die Metapher[6] und in der Folge durch die Rhetoriker viele sogenannte »Wendungen«, die man »Tropen« nannte, zeigte sich immer deutlicher die universale Bedeutung der Bilder, Figuren, Wendungen auch für die Philosophie. Quintilian sagte in seinem Werk »De institutione oratoria«: »paene iam quidquid loquimur figura est«: »fast alles, was wir reden, ist bildlich«[7]. Nun bekam die Philosophie ein neues Hausproblem: Welche dieser Wendungen und Bilder durfte sie in welcher Weise für ihre eigenen Zwecke benutzen? Gab es vielleicht *erlaubte* Bilder, die aber weder besonders nützlich noch notwendig sein mussten, wie zum Beispiel rhetorische Ausschmückungen? Gab es auch *nützliche* und vielleicht gar *notwendige* Bilder? Nützlich wären zum Beispiel Bilder, die eine Erkenntnisfunktion oder eine handlungsorientierende Funktion haben, und notwendig wären Bilder, die etwas zu zeigen vermögen, das anders als in Bildern nicht aufzeigbar ist. Gibt es im Gegensatz dazu auch Bilder, die man für *schädlich* halten sollte, zum Beispiel Bilder, die einen Erkenntnisprozess eher verdunkeln als erhellen, oder gibt es Arten der Verwendung von Bildern, die man sich *nicht erlauben* dürfte, zum Beispiel ihren Einsatz als Beweis-Argumente?

Fragen dieser Art sind durch die Jahrhunderte aufgeworfen worden, wenn auch kaum je als Hauptprobleme der Philosophie. Ich kann nur auf die beiden Hauptrichtungen ihrer Beantwortung hinweisen: Von der Antike bis ins 18. Jahrhundert wird erstens die Geltung bildlicher Aussagen, wenn diese überhaupt anerkannt werden, strengen Eingrenzungen unterworfen. Sie seien »uneigentliche« Aussagen, die meist auf einem Vergleich beruhen; sie dürften als Prädikationen nicht anerkannt werden und seien zur Beweisführung nicht zuzulassen. Sie waren von einem Odium der Ungenauigkeit und der Unrichtigkeit umgeben. Man müsse sich deshalb in der Philosophie eine gewisse Bildaskese auferlegen. Wer die Klarheit liebt, schätzt das französische Sprichwort: »Comparaison n'est pas raison.« – Die grosse Ausnahme machte in dieser Zeit die Mystik. Sie ist essentiell bildhaft, weil das Gemeinte alle Rationalität übersteigt und oft in den Bildern die einzige noch mögliche Mitteilbarkeit findet.

Im 18. Jahrhundert bekommt die bildliche Sprache zweitens durch Vico, Rousseau, Hamann und Herder eine neue philosophische Legitimation. Die Wahrheitsfähigkeit der Sprache wird nun auf ihre Ursprünglichkeit – das ist selber ein Gleichnis und ein Bild – zurückgeführt. Es könne aber nicht sein, dass die nüchterne Prosa der Wissenschaften und der Philosophie die Ursprache des Menschengeschlechts sei. Vielmehr sei diese hinterlegt in den Mythen, den Märchen und Fabeln der Völker und lebendig erhalten in der Poesie. Die Sprache der Poesie aber sei voller Bilder, die auf ursprüngliche Weise wahrheitsfähig seien. Die Skepsis wendet sich nun gegen die andere Seite der Sprachkultur. Unter Verdacht fällt die wissenschaftlich-technische Nüchternheit und Sprödheit. Da aber die Wissenschaftssprache im 19. und 20. Jahrhundert theoretisch und praktisch überaus erfolgreich wurde, konnte der Verdacht ihr kaum etwas anhaben. Er führte keineswegs zu ihrer Destruktion, sondern bloss zu einer kleinen Demütigung, nämlich zum Nachweis der Bilder auch in den Wissenschaften, selbst in den strengen. Das vergrösserte wiederum die Akzeptanz der Bilder in der Philosophie. Denn die Verächter der Bilder mussten nun zugestehen: Wenn selbst die strengen Wissenschaften Bilder enthalten, weil diese entweder notwendig oder nützlich sind oder für erlaubt gehalten werden, dann muss es auch der Philosophie gestattet sein, Bilder zu verwenden – und wäre es nur, um ein wenig Farbe in die oft allzu grauen Texte zu bringen.

In den letzten fünfzig Jahren haben Philosophen der unterschiedlichsten Richtungen über bildhafte Sprache nachgedacht. Als Leitbild diente meist die Metapher. Es gibt deshalb eine ganze Reihe von Entwürfen zu Metaphorologien, aber kaum Entwürfe zu einer umfassenden Ikonologie[8]. Sobald die Studien auch von einzelnen Denkern handeln, untersuchen sie in der Regel, was diese zum Problem der Metapher oder des Symbols oder des Bildes gesagt haben, aber kaum je, welche Metaphern oder Bilder in ihren Werken zur Wirkung gekommen sind. Eine löbliche Ausnahme war Jeanne Hersch. Sie schrieb als junge Studentin 1931 einen heute noch lesenswerten Essay: »Les images dans l'œuvre de M. Bergson«[9], den Bergson sehr lobte.[10] Nicht in allen Fällen gilt die bissige Bemerkung von Max Black: »Auf die Metaphern eines Philosophen aufmerksam machen, heisst ihn herabsetzen – als rühmte man einen Logiker wegen seiner schönen Handschrift.«[11]

Im Folgenden frage ich nach den Bildern, vornehmlich nach den Leitbildern, im Denken von Jaspers, Hannah Arendt und Heidegger. Ich verwende dabei nicht einen klar eingegrenzten Bild-Begriff, sondern eher einen Sammelnamen für Unterschiedliches: für Metapher, Analogie, Beispiel, Vergleich, Gleichnis, Symbol, Schema, Modell, Idealtypus – kurz: für alle Tropen, die veranschaulichen und sinnliche Konkretion in das Denken bringen. Ich werde mir also den Vorwurf gefallen lassen müssen, dass ich das Eigentliche im uneigentlichen Sprechen aufsuche.

An Jaspers, Hannah Arendt und Heidegger werde ich ähnliche Fragen richten:

- In welchen Bildern zeigen sie, was sie unter Denken und innerhalb des Denkens unter Philosophieren verstehen?
- Können wir in ihnen unterschiedliche Typen des Bildschaffens sehen?
- Inwiefern sind ihre Bilder auf Einsamkeit und auf Kommunikation angelegt?

Die logische Folge der Bilder bei Jaspers

In »Von der Wahrheit« nennt Jaspers das Zweite Gebot, wonach man sich kein Bildnis und Gleichnis machen soll, »das zugleich wahrste und das unmöglichste Gebot« – das wahrste, weil es »die Unwahrheit in allem Gegenständlichwerden« durchschaut, das unmöglichste, weil es dem Menschen das Offenbarwerden des Seins, das ihn verstehender und reicher macht, radikal verwehrt. Denn dieses Offenbarwerden geschieht »durch das schöpferische Bild- und Gestaltschaffen des Menschen«. »Was ohne Gestalt, Bild, Gleichnis ... bleibt, ist für uns nichts.«[12] Beides müsste man also vom Menschen fordern: dass er sich Bilder und Gleichnisse mache und dass er alle Bilder und Gestalten wieder aufhebe.

Das Medium des Bildschaffens ist für die Philosophie das Denken und im Denken die Sprache. Die Sprache selber ist für Jaspers schon eine Bilderwelt, deren Bildhaftigkeit zuweilen verborgen und vergessen ist. Er verwirft die Unterscheidung zwischen der eigentlichen Bedeutung der Worte, die eine Fixierung dieser Bedeutung voraussetzt, und ihrer uneigentlichen Bedeutung als Metaphern[13], und er stimmt Nietzsche zu, der unsere Sprache und mit ihr auch die Wahrheit für uns »ein bewegliches Heer von Metaphern«[14] nennt. Obwohl in aller Wahrheit der Philosophen schon durch ihr Medium Ungenauigkeit und Unwahrheit steckt und immer stecken wird, muss doch die Forderung gelten, durch angemessenere Gestaltung der Bilder und Gleichnisse wahrer zu werden. Es gibt deshalb in Jaspers' Denken keine Abneigung gegen Bilder. Vielmehr macht er einen exzessiven Gebrauch von ihnen.

Aus der Fülle dieser Bilderwelt, die alle möglichen Tropen einschliesst und übrigens kaum deren linguistische Formen reflektiert, kann ich nur zwei Bereiche hervorheben: die Bilder für die entscheidenden Schritte auf dem »Weg« des Denkens und dann einige Gleichnisse für den Philosophierenden, für sein Werk und für die Nähe seines Tuns zu anderen bildschaffenden Tätigkeiten.

Der Weg zum *alltäglichen* Denken muss vielleicht weder eigens gesucht noch gefunden werden; denn der Mensch ist an sich denkendes Sein. Aber zum *philosophischen* Denken, das immer »unnatürlich« und »fremdartig«[15] ist, muss man gleichsam »erweckt« werden. Diese Erwecker in uns nennt Jaspers »Ursprünge der Philosophie«[16]. Er hebt drei hervor: das Erstaunen, den Zweifel und das Bewusstwerden der Grenzsituationen – nicht aber zusätzlich das Fragen, weil dieses schon in allen drei Ursprüngen steckt. »*Ursprung*« ist eine ständig wiederkehrende Metapher bei Jaspers. Sie meint nicht bloss einen zeitlich ersten Anfang, sondern »die Quelle, aus der der Antrieb zum Philosophieren kommt«[17]. Ursprünglich wird ein Philosophieren als ganzes, wenn es aus dem *eigenen* Erstaunen, dem *eigenen* Zweifel und den *eigenen* Erschütterungen in den Situationen des Daseins kommt.

Wenn das »unnatürliche« Denken erwacht, beginnt das, was Jaspers *»an die Grenze gehen«* oder *»an die Grenze gelangen«* nennt. Es ist beinahe ein Ritual. »Die Grenzen als solche haben die Anziehungskraft, so dass das Wissen selber nur stattzufinden scheint, um diese Grenzen zu erfahren.«[18] Dieser Gang an die Grenzen wird in der Reflexion auf allen Gebieten vollzogen – hin an die Grenzen der menschlichen Situationen, an die Grenzen der Reflexion, an die Grenzen der Machbarkeit und Wissbarkeit, an die Grenzen aller Gegenständlichkeit und die Grenze auch des Verhältnisses des Denkens zum Gedachten. Die *Grenzorte* werden wiederum als unterschiedliche Bilder erfasst: Die Grenze des Verhältnisses des Denkens zum Gedachten ist die *»Subjekt-Objekt-Spaltung«*, die Jaspers auch ein *»Urphänomen«*, einen *»Grundbefund«* oder ein *»Rätsel«*[19], aber auch ein *»Gefängnis«*[20] nennt. Die Grenzen der menschlichen Situationen nennt er in ihrer schieren Gegebenheit *»Grundsituationen«*, als erfahrene, erlebte und reflektierte *»Grenzsituationen«*. Die beiden Bilder *»Grund«* und *»Grenze«* scheinen sich zu widersprechen. »Grund« im Sinn nicht von »causa«, sondern von »fundamentum« schliesst ab, »Grenze« öffnet wieder, als gäbe es ein *»Jenseits der Grenzen«*. Auf dieses hin ist sowohl die existentielle wie die epistemische Grenzgängerei ausgelegt: im Existieren hin auf die Erfahrung der Grenzsituationen und im Erkennen hin auf das Bewusstwerden der Subjekt-Objekt-Spaltung und hin auf das *Umgreifende*. Die Grenze ist die Demarkationslinie des gegenständlichen zum ungegenständlichen Denken. Jaspers überschreitet sie nur für Augenblicke. Das Jenseits der Grenze ist eine Sehnsucht, aber keine Heimat.

Die Grenze ist damit der zwiefache »*Wendepunkt*«. Ihr Überschreiten, nämlich das Transzendieren, charakterisiert Jaspers in der »Philosophie« in Bildern von »*seelischen Erscheinungen*«[21], eine Bildsprache, die er in frühen Jahren oft verwendet hat. Der Überstieg erregt gleichsam, so sagt er, ein »*Schwindligwerden*« und einen »*Schauder*«. Im »*Schwindel als Drehbewegung*« geht jeder Halt verloren. Das ist ein Bild für die »Zerstörung der Objektivität«[22]. Und im *Schauder* erfolgt das Zurückweichen vor all dem, was jenseits der Grenzen unerreichbar und fremd bleibt. Dies ist ein Bild für die Ängste des Philosophen, der sich an der Grenze entscheiden muss. Denn: »Angst ist das Schwindligwerden und Schaudern der Freiheit, die vor der Wahl steht.«[23] Der Entscheid, insbesondere der zum Überstieg und dieser selbst, ist ein »*Sprung*«, nicht bloss ein »*Übergang*«, und zwar »ein Sprung über den eigenen Schatten«[24], das heisst über alle immanenten und bewährten Denkmethoden. Der Sprung ist nicht allein eine Gegenmetapher zum Übergang, sondern auch zum »*Schluss*«. Der Schluss bindet zwingend an, und er lässt keine Kluft offen. Der Sprung überwindet einen Graben, und nur wo es diesen gibt, ist ein Ent-schluss notwendig.

Wenn der Sprung aber doch gewagt wird, dann entweder hin zu den »*Signa der Existenz*«, zu den »*Chiffren der Metaphysik*« oder, im Rahmen der Philosophischen Logik, zu den »*Weisen des Umgreifenden*«. Jedesmal wird in eine Form des »*fremdartigen*«[25], transzendierenden Denkens gesprungen: im ersten Fall in ein »*erhellendes*«, im zweiten Fall in ein »*schwebendes*« und im dritten Fall in ein »*vergewisserndes*« Denken. »Die Erhellung«, »die Schwebe«, »die Vergewisserung« hören sich an wie Begriffe, sind aber Begriffe als Metaphern, die noch andere Bilder evozieren: die »*Erhellung*« das Licht, das Schwinden des Dunkels und das Klarwerden des Möglichen; die »*Schwebe*« das Abheben vom Boden, den Aufstieg in eine gewisse Höhe, die Freiheit des Fluges und das Gleiten über die Weite; die »*Vergewisserung*« das Innewerden des gegebenen Dunkels und die Verwandlung des Selbstbewusstseins im Ausblick auf die offenen Horizonte des Seienden und des Seins. Die mit diesen Bildern umschriebenen Begrifflichkeiten bedürfen wieder einer bildhaften Auslegung: Die »*Signa der Existenz*« sind ausgezeichnete Möglichkeiten des Existierens wie etwa die Freiheit oder die unbedingte Forderung, deren Entwurf die Form eines indirekten Appells annehmen kann. Im Entwurf eines Allgemeinen sprechen sie dann zugleich mögliche Existenz an. Deshalb das Bild: Existenzerhellung »ist ein Denken, in dem *gleichsam zwei Flügel schlagen,* … die mögliche Existenz und das Denken des Allgemeinen«[26]. Der Appell kann einen Beiklang von sanfter bis zu beschwörender Nötigung annehmen, aber ohne Normen und ohne direkte Forderungen. – »*Schwebe*« will nur sagen, dass im Transzendieren keine Prädikationen fixiert werden dürfen, dass alles transzendierende Denken ein dialektisches Wechselspiel von Setzen und Aufheben ist und alles für die Leichtigkeit der Verwandlung offen bleiben muss. Das *schwebende Denken der Metaphysik* denkt in Symbolen ohne Denotat. Die »*Chiffren*« haben also nichts ausser sich, worauf sie hinweisen. Sie sind, was sie sind, nämlich ideales und reales Seiendes, das aber aus der Existenz eines Betrachters plötzlich »*transparent*« wird für ihn und *nur* für ihn. Ihm scheint dann, dass die Chiffren zu ihm »*sprechen*« oder dass er ihre »*Schrift lesen*« kann; aber keiner hört oder liest mit. Auf der Ebene der objektiven Realität verflüchtigt sich am Ende alles, die Signa und die Chiffren, wie Rauch in der Hand eines Kindes. Und es bleibt nur die Möglichkeit, dass noch dieses Verschwinden zu einer Chiffre oder zu einem indirekten Appell wird. – Die »*Vergewisserung*« dagegen ist begrifflich und klanglich näher beim Wissen. Jaspers wählt für ihre Kennzeichnung zwei Metaphern. Als Vergewisserung der Subjekt-Objekt-Spaltung sowie der Spaltung der Gegenständlichkeit in das Seiende nennt er sie eine »*Grundoperation*«[27], die an Wissenschaft angrenzt; als Vergewisserung der Weisen des Umgreifenden aber eine »*Erhellung*«[28], die die offenen Räume des Seins in endloser Nuanciertheit ausmisst.

Über alle Versuche des Transzendierens legt Jaspers den Schatten des »*Scheiterns*«: Die »*Bodenlosigkeit*« ist »*zwiespältig*«; das Sein-für-uns bleibt »*zerrissen*«; der »*Hintergrund*« der Subjekt-Objekt-Spaltung, »*das Umgreifende*«, entzieht sich immer neu in fliehenden »*Horizonten*«; Existenz »*bleibt sich in der Zeit aus*«. – Denken ist die Arbeit, die über dieses Scheitern, in das auch unser Dasein und das Erkennen einbezogen sind, Klarheit bekommt. »Das Scheitern« ist das Bild der Bilder dieser Philosophie. Hier, im Wissen um das Scheitern des Transzendierens, liegt der zweite »*Wendepunkt*«: der Punkt der »*Rückkehr*«: das Re-Inszendieren, »um im Endlichen den ... *geschichtlichen* Boden zu finden«[29], nämlich die Aufgaben des Tages im Hier und Jetzt. Das ist nicht etwa der Endpunkt des Philosophierens, sondern der Ausgangspunkt gleichsam zur nächsten Runde.

Die Ursprünge des Philosophierens – das Gelangen an die Grenzen – der Wendepunkt des Transzendierens – der Schwindel und das Schaudern angesichts des Sprungs – die Schwebe im Lesen der Chiffren und in der Erhellung der Existenz sowie in der Vergewisserung der Weisen des Umgreifenden – das Scheitern – der Wendepunkt zur Rückkehr – die Aufgaben des Tages: das ist die logische Abfolge der Bilder für die entscheidenden Stationen auf Jaspers' immer ähnlichen Denkwegen, die die Form einer Parabel haben, deren Scheiteltangente die Grenzlinie der Transzendenz ist. Die Bilder sind nicht bloss ein Beiwerk zur Arbeit am Begriff. Vielmehr erfüllen sie die Begriffe und deren Verknüpfung mit Anschauung.

Gleichnisse und Vergleiche

Immer wenn das Denken auf die Grenze zugeht, streift es bei Jaspers alle Dinglichkeit so weit ab, dass es kaum mehr fassbar ist. Er verstärkt dann die Anschaulichkeit durch Gleichnisse und Vergleiche, die eine Brücke schlagen zwischen alltäglicher Anschauung und sich entziehender Reflexion. Drei Beispiele mögen das beleuchten:

1. Eine der schwierigsten Fragen in Jaspers' Existenzerhellung ist die nach der Verwirklichung möglicher Existenz in der Welt. Existenz, die nicht bloss empirisches Dasein ist, sondern die transzendente und transzendierende Möglichkeit des Ich, ist dennoch gebunden »an Welt, in

der sie ist«[30], und in ihr an Gegenständlichkeiten und Konventionen, die, in ihrem Sosein, »sie vernichten wollen«[31]. Dieser Vernichtung entgeht sie nur durch unablässige Bewegung in der freien Weite und ohne sich als ein Etwas fixieren zu lassen. Sie bezieht die Welt in den Wirbel ihrer Bewegtheit mit ein, so dass Welt, gerichtet auf Existenz, aus ihr zu leben und sich zu wandeln scheint. – Für diese Bewegtheit der Existenz in der Welt hat Jaspers folgendes Gleichnis gegeben:

»Durch ein Tal sehe ich zwischen Felswänden eine Ebene in der Ferne. Auf der sonnigen Landstrasse, die sich in jene Ferne zieht, sucht ein Reiter die freie Weite. In eine farbig erglänzende Staubwolke gehüllt, ist er weder ganz unsichtbar noch klar vor Augen. Es ist, als ob alle Farben und Gestalten magisch auf diesen Reiter bezogen wären, in dessen zielbewusstem Wirbel die ganze Landschaft lebt. Es scheint in ihr gleichsam alles zusammenstürzen und in einem einzigen Unermesslichen sich auflösen zu können; stehen die Dinge zum Teil in ihrer gestalthaften Klarheit da, so doch nicht für sich allein, sondern hinblickend auf jene Bewegung, durch deren Dasein ... sie selbst erst zu sein scheinen.«[32]

Der Reiter ist das Bild für die Existenz in ihrer Bewegtheit und Unfixierbarkeit. Er ist in eine farbig erglänzende Staubwolke gehüllt, die seine Gestalt verdeckt, aber doch durchschimmern und erahnen lässt. Das ist das Bild für die objektive Unerkennbarkeit der Existenz, die dennoch erhellt werden kann. Dass die ganze Landschaft in den Wirbel der Bewegtheit einbezogen ist, so dass sie sich in ihm aufzulösen scheint und doch erst in ihm lebendig wird, besagt, dass Welt, bezogen auf Existenz, einerseits ein verschwindendes Dasein hat, aber dennoch durch Existenz lebendig und farbig wird. – Existenz ist somit die Bewegtheit und Beschwingtheit des transzendenten und transzendierenden Ego in der Welt, das diese in ihrem blossen Sosein auflöst, aber als existentiell angeeignete lebendig macht.

2. Im ersten Band der »Philosophie« gibt Jaspers ein Gleichnis für die Arbeit der möglichen Existenz an einer Philosophie des Seins. Wenn das Sein ein Bauwerk wäre, so liesse sich von ihm ein objektives System »in Grundriss, Konstruktion und Herstellung zeigen«[33]. Aber das Sein »ist uns nicht in seinem Gewordensein nach endlich durchschaubarem Plan zugänglich, sondern nur sofern wir darin sind«[34]. Wenn wir darin sind, können wir vielleicht »herumführen, in Situationen bringen, Perspektiven und Aspekte zeigen«, was bestenfalls eine offene und nie erschöpfende Systematik ergeben könnte. Die Schöpferin dieser Systematik aber ist die Existenz und nicht ein vermeintliches Wissen. Jaspers gibt selber eine Auslegung:

»Die mögliche Existenz, wenn sie Ursprung des Philosophierens ist, führt als Verwirklichung selbst gleichsam ihren Bau auf, nicht nach berechnetem Plan, sondern, alle ihre besonderen Pläne übergreifend, als der Prozess ihrer letzten Entscheidungen. Dieses Bauen vergewissert sich im Philosophieren, würde aber grade durch ein vermeintliches Wissen vom Bau des Seins unmöglich werden.«[35]

3. Das einfachste aller Gleichnisse ist zugleich das eindrücklichste. In der »Einführung in die Philosophie« vergleicht Jaspers den Philosophen mit einem Schmetterling, der am Gestade des Ozeans, den sicheren Boden des Fest-

landes verlassen möchte. Er erspäht in der Ferne ein Schiff und flattert auf dieses zu. In seinem Bemühen macht er die »wunderlichsten Taumelbewegungen«[36], aber erreicht das Schiff nie. Jaspers selber erläutert:

»Wir sind solche Falter, und wir sind verloren, wenn wir die Orientierung am festen Lande aufgeben. Aber wir sind nicht zufrieden, dort zu bleiben. Darum ist unser Flattern so unsicher und vielleicht so lächerlich für die, die auf dem festen Lande sichersitzen und befriedigt sind, nur begreiflich für jene, die die Unruhe erfasst hat. Ihnen wird die Welt zum Ausgangspunkt für jenen Flug, auf den alles ankommt, den jeder aus eigenem antreten und in Gemeinschaft wagen muss, und der als solcher nie Gegenstand einer eigentlichen Lehre werden kann.«[37]

Das Schiff, das uns sicher durch den Ozean steuert, ist offenbar das Bild für die philosophische Methode, die mit Gewissheit durch die transzendierende Reflexion an das gewünschte Ziel führt. Sie ist unerreichbar. Die Verlegenheit der Philosophierenden ist deshalb zwiefacher Art: Auf dem methodisch gesicherten Boden der Wissenschaften finden sie kein Genüge und im offenen Raum des Transzendierens keine Gewissheit und kein Ziel. Sie suchen, was sie nicht finden können: den Ort ohne Ankunft.

Erstaunlich sind zuweilen Jaspers' *Vergleiche* des Philosophierens mit anderen Tätigkeiten. Vom Philosophieren in Anschauungen, Metaphern und Symbolen sagt er, es habe die Funktion »*auf das Wahrste zu täuschen*«[38]. Es gleiche darin der *Schauspielerei*, die das Wesentliche, das Wahre, in den Kostümen der Verwandlung zeige. Der Glaube, dass im Gegenzug der Begriff die Wahrheit trifft, wäre ein

Irrtum. Denn vor beidem, vor der Anschauung und dem Begriff, weicht das Sein zurück. In allem Philosophieren liegt deshalb auch ein *Spiel*. Es ist nicht unwesentlich »*spielendes Denken*«[39]. Als solches ist es, etwa in der Spekulation, »ein Analogon der *Kunst*«[40], »eine Welt *schwer hörbarer Musik*«[41]. Es kann dem *Tanz* ähnlich sein, der in »gesteigerter ... Körperlichkeit gleichsam die Unkörperlichkeit seiner Bewegung«[42] vortäuscht, so wie es selber in der Anschaulichkeit das Unsichtbare und im Begriff das Unbegreifliche vortäuscht. Spiel ist etwas anderes als Spielerei. Es wird in der reinen Gegenwärtigkeit »Chiffre für umgreifende Wirklichkeit«[43]. Sein Kriterium der Wahrheit ist »allein sein eigentliches Spielsein«[44]. Wo dieses erreicht wird, kann die »Leichtigkeit des Spiels« Erscheinung der Freiheit des Philosophierenden sein.

Hannah Arendt: Denken als solches und der Modellfall Sokrates

Wenn Jaspers über das Denken nachdenkt, entwirft er eine Auslegeordnung aller Weisen des Denkens, die letztlich nur etwas gemeinsam haben: die Subjekt-Objekt-Spaltung, aber sich nach ihren Ursprüngen und Horizonten unterscheiden. Das spezifisch philosophische Denken ist in seiner Fremdartigkeit und Unnatürlichkeit von allen anderen insofern unterschieden, als es transzendiert, mit ihnen aber insofern verbunden, als es von ihnen ausgeht, also sie transzendiert. – Hannah Arendt dagegen sucht nach *einer* ausgezeichneten Weise des Denkens, die sie das »*Denken als solches*«[45] nennt.

Dieses zeigt sich, unabhängig von den Objekten, wo die Reflexion nicht mehr »Magd der Erkenntnis« oder »Instrument für anderweitige Zwecke«[46] ist, sondern »Suche nach Sinn«[47]. Da es nicht kognitives Denken ist, wird es auch den Sinn nie abschliessend finden. Die Suche endet auf Zeit in einer vorläufigen Sinn-Wahl. Sie bewährt sich in der Übereinstimmung des Denkenden mit ihr, die wiederum aufgehoben werden kann.

Das so verstandene Denken charakterisiert Hannah Arendt durch eine Reihe von Bildern: Metaphern, Analogien, Gleichnisse, obwohl es gerade für das Entscheidende: die *Tätigkeit* des Denkens, keine befriedigende Metapher gibt.[48] Dass sie trotzdem Bilder verwendet, bereitet ihr keine Probleme. Denn sie ist der Überzeugung, dass ohnehin »alle philosophischen Termini ... Metaphern, gewissermassen erstarrte Analogien«[49] sind, deren eigentliche Bedeutung bloss vergessen, aber in der Sprache dennoch aufbewahrt ist. Es sind indes Bilder über die Termini hinaus notwendig, um die Kluft zwischen dem unsichtbaren Reich des Denkens und der wahrnehmbaren Welt der Erscheinungen zu überbrücken. Insbesondere die Metaphern sind gleichsam »*die Fäden*«[50], die das Denken mit der Erscheinungswelt verbinden und so die beiden Welten zu *einer* machen. Im Bild kommt für die Einbildungskraft zur Erscheinung, was sonst ohne Erscheinung bliebe. Es ist sogar die Hauptfunktion der Sprache, dem in der Erscheinung Abwesenden durch Repräsentation, Wieder-Vergegenwärtigung, eine neue Anwesenheit zu verleihen.

Im Denken als solchem beschäftigt sich also der Geist, dessen Reich selber unsichtbar ist, mit dem Abwesenden, dem Unsichtbaren. Darin liegt das besondere Verhältnis des Denkens. Wer denkt, verlässt die Welt der Erscheinungen und des Handelns. Er unterbricht »alle gewöhnlichen Tätigkeiten«[51], weil auch alles Tun das Denken unterbrechen würde. Da aber Tun und Leben im allgemeinsten Sinn »inter homines esse«, »unter-Menschen-Sein«, heisst, verlässt der Denkende auch die Mitmenschen, um ganz in diesem imaginären Reich des Geistes sich aufzuhalten. Denken ist wie ein Sterben für die Welt der Erscheinungen, ein Ent-scheinen, dessen radikalste Form der Tod ist. Insofern hatten für Hannah Arendt die Griechen schon recht, dass Philosophieren Sterbenlernen heisst. Das Denken verlässt die Welt, aber der Denkende spinnt in Bildern die Fäden, die ihn wieder mit der Welt verbinden, von der er sich nicht mit der Radikalität des Todes getrennt hat.

In seiner »imaginären«, das heisst wortwörtlich »bildlichen«, Welt ist der Denkende für Hannah Arendt allein. Er hat nur noch sich selbst zum Partner. Indem er sich zum Partner seiner selbst macht, spaltet er auch sich selber auf in ein doppeltes Ich, das ein Zwiegespräch mit sich selber führt. Denken heisst also *Zwei-in-einem-Sein*: *sich* fragen, *sich* anzweifeln, *sich* antworten. Hannah Arendt sagt, es sei die grosse Entdeckung von Sokrates gewesen, »dass man Umgang mit sich selbst haben kann, so gut wie mit anderen«[52], und dass darin Denken ein »unhörbares Sprechen«[53] werde, ein »tacite secum rationare«[54], »stumm mit sich selber diskutieren« wie Anselm von Canterbury und mit ihm die überwiegende Mehrheit der Philosophen sage. Sie stimmt deshalb Hegel uneingeschränkt darin zu, dass »die Philosophie ... etwas Einsames«[55] sei.

Ist das nicht absurd? Bedeutet denn der Unterschied von Reden und Denken, die doch beide der Sprache bedürfen, wirklich, dass man nur im Gespräch mit sich selber denkt und nicht auch, und vielleicht besser, im Gespräch mit anderen? Ist der Geist wirklich nur in diesem weltabgewandten Raum zu Hause? Und ist nicht Sokrates das grösste Beispiel dafür, dass Denken auch auf dem Markt möglich ist und vielleicht gerade dort seine Bestimmung findet? Hannah Arendt hätte darauf vielleicht geantwortet: Ja, was ich über das Denken als solches gesagt habe, ist absurd, aber in einem ganz spezifischen Sinn wie dieses Denken selber. Es ist nämlich »*ausser der Ordnung*«[56], nicht weil es Ausserordentliches bedenkt, sondern weil es, als Tätigkeit, der »menschlichen Bedingtheit«[57] entgegenläuft. Es nimmt Abstand vom absoluten Primat der Erscheinungswelt, ist durch sein Nichtwissen endlos und durch seine Zweckfreiheit nutzlos. Den Sinn aber, der sinnvoll noch wäre, »nachdem die Tätigkeit (des Denkens) an ein Ende gekommen ist«[58], den überdauernden Sinn als »Endergebnis«, gibt es nicht. Das Denken ist der »Schleier der Penelope: Jeden Morgen macht es das wieder zunichte, was es in der Nacht zuvor fertiggestellt hatte«[59]. Eben für diese Art der Tätigkeit des Denkens wird nun Sokrates, der Philosoph der Agora, zum Prototyp gemacht.

Es war ihr natürlich bewusst, dass sie nicht einfach den historischen Sokrates nachzeichnen konnte, sondern die »historische Figur in einen Modellfall«[60] verwandeln musste. Ihr Sokrates sollte das Modell »eines nichtprofessionellen Denkers«[61] sein, der über alles nachdachte, was ihm oder anderen widerfuhr, eines Denkers, »der immer

Mensch unter Menschen blieb, der den Markt nicht scheute, der Bürger unter Bürgern war und nichts tat und nichts beanspruchte, was nicht in seinen Augen jedem Bürger zukam«[62], und eines Denkers schliesslich, der zwar oft, aber nicht immerzu der Tätigkeit des Denkens oblag, weil er auch die Leidenschaft des Handelns kannte und blitzschnell aus der gemeinsamen Welt in das einsame Reich des Denkens wechseln konnte und umgekehrt. Er hielt sich nicht für so weise, dass er die Mächtigen beriet, und er war nicht so furchtsam, dass er ihnen in jeder Lage gehorchte. Die Geschäfte der Denker von Beruf lagen ihm fern. Er konstruierte nicht ein Lehrgebäude, schrieb keine Bücher und hielt keine Reden. Kurzum: Er war ein denkender »Jedermann«, der, wie vermutlich alle Menschen, die natürlichen Fähigkeiten und das Bedürfnis zu denken hatte, diesem aber weit öfter nachgab als seine Mitmenschen.

Dieses an sich harmlos anmutende Modell wurde nun mit Vergleichen aus der antiken Literatur über die Denktätigkeit des Sokrates ausgestattet und so das Bild eines Denkers geschaffen, der von der déformation professionelle verschont geblieben ist. Hannah Arendt legitimierte dieses Vorgehen mit der »in weiten Kreisen akzeptierten« Konstruktion von »Idealtypen«[63], und sie beanspruchte für ihr Modell »eine definitiv repräsentative Funktion«[64]. Es ging ihr also keineswegs bloss um ein dichterisches Porträt *eines* Denkers, der auch durch einen anderen hätte ersetzt werden können, sondern um das reine Bild *des* reinen Denkers, das nur in seiner Tätigkeit und nicht in seinem literarischen Werk erblickt werden konnte.

Hannah Arendt übernahm aus den Platonischen Dialogen drei Vergleiche, die in gewisser Weise Vor-Bilder ihres Sokrates-Bildes sind.

Sokrates gleicht erstens einer *Stechfliege*[65]. Er weckt mit seinen Fragen die Bürger, die sonst ihr Leben ungestört im Schlaf verbringen würden, zum Denken auf, zu einer Tätigkeit, ohne die das Leben belanglos und nicht wirklich lebendig wäre.

Sokrates gleicht zweitens einer *Hebamme*[66]. Er ist selber unfruchtbar wie die Hebammen im alten Griechenland, die nicht mehr im gebärfähigen Alter sein durften. Das bedeutet: Sein eigenes Denken bringt kein »Kind« zur Welt, weil er selber nichts zu lehren hat, sondern nur zu fragen. Seine Fragen aber helfen anderen bei der Geburt ihrer Gedanken. Bei diesem Geschäft hat er allerdings, nach der Art der Hebammen, ein Richteramt inne: Er entscheidet, ob das »Kind« etwas taugt oder bloss ein »*Windei*« ist, von dem die Gebärende sofort getrennt werden muss. Sein Fragen entbindet das sinnvolle Denken und zerstört die Irrtümer des vermeintlichen Wissens.

Sokrates ist drittens ein *Zitterrochen*[67], der durch Berührung die Berührten lähmt. Das ist ein Bild für die Verlegenheit und die Verwirrung, in die seine Fragen bringen. Sie werfen aus der Ordnung. Sokrates nimmt dieses Bild unter der Bedingung an, dass man auch ihn im Fragen für einen Gelähmten, einen Verlegenen und Verwirrten halte, der wirklich nicht wisse, wie es um die Dinge stehe.[68]

Denken als Tätigkeit macht wach, heisst das. Denken bringt in Verlegenheit und wirft aus der Ordnung. Denken stiftet Sinn und zerstört Unsinn. Aber all das gilt nur vom suchenden und fragenden Denken, das nie zur Ruhe kommen kann. Die Lebendigkeit wäre das einzige angemessene »Bild« für die Tätigkeit des Denkens.

Hannah Arendt nennt diese Bewegung des Fragens in Anlehnung an Heidegger den »*Wind*«[69] des Denkens. Heidegger sagt von ihm in bezug auf Sokrates:

»Sokrates hat zeit seines Lebens, bis in seinen Tod hinein, nichts anderes getan, als sich in den Zugwind dieses Zuges zu stellen und darin sich zu halten. Darum ist er der reinste Denker des Abendlandes. Deshalb hat er nichts geschrieben. Denn wer aus dem Denken zu schreiben beginnt, muss unweigerlich den Menschen gleichen, die vor allzu starkem Zugwind in den Windschatten flüchten. Es bleibt das Geheimnis einer noch verborgenen Geschichte, dass alle Denker des Abendlandes nach Sokrates, unbeschadet ihrer Grösse, solche Flüchtlinge sein mussten. Das Denken ging in die Literatur ein.«[70]

Was für Hannah Arendt das Medium des Denkens, die Sprache, schon zum Gedanken und zur Lehre »*gefroren*« hat, das wird als Literatur in dieser Erstarrung verewigt – im Eis seiner Autorität. Es ist der Sinn des Fragens und nicht etwa einer Gegenlehre, diese Erstarrungen »wieder zunichte zu machen«[71]. Die Folge ist, dass das Denken im Hinblick auf alle etablierten Werte und Prinzipien für Gut und Böse »unweigerlich eine destruktive Wirkung hat und diese unterminiert«[72]. Wer ganz wach wird durch die Stechfliege, erkennt wieder, dass er nichts weiter in Händen hält als Perplexitäten. Das ist der Preis für das Denken, solange es lebendig bleibt. »Denken und völlig lebendig sein ist dasselbe ...«[73] – »Die Athener«, so kommentiert Hannah Arendt schliesslich das Geschick des Sokrates, »sagten ihm, das Denken sei subversiv, der Wind des Denkens sei ein Wirbelsturm, der alle herkömmlichen Wegweiser umwehe, an denen sich die Menschen orientierten, er bringe Unordnung in die Städte und verwirre die Bürger.«[74] Und dafür bestraften sie ihn.

Hannah Arendts Bildsprache des Denkens als solches ist von einem merkwürdigen Widerspruch durchzogen. Einerseits ist sie vom Alleinsein des Denkens geprägt und andrerseits von der Kommunikation des Sokrates, der auf der Agora und an den Symposien mit dem Alleinsein des Denkens nicht das Geringste zu tun hatte. Er sprach wirklich mit anderen, und sein Philosophieren war Kommunikation zu zweit und in der Gruppe. Darauf sind auch die Vergleiche angelegt: Die Stechfliege weckt die Bürger auf; die Hebamme entbindet andere, und der Zitterrochen lähmt denjenigen, den er berührt. Vielleicht ist ihr dieser eklatante Widerspruch nie aufgefallen, weil sie das Alleinsein als Grenzform der Kommunikation verstanden hat, als Zwiegespräch mit sich selber und mithin als ein Sein zu zweit. Sie hat übrigens fast alle einzelnen Metaphern von den grossen Philosophen Griechenlands geliehen, gleichsam als Stützen der eigenen Metaphysik des Denkens, die mit eindrücklicher Stringenz auf die Ent-Starrung aller Theoreme zuläuft. Die Natalität des Geistes ist der Quell der Lebendigkeit des Denkens.

Denken als Vernehmen und Entsprechen bei Heidegger

Die vielleicht metaphernreichste Antwort auf die Frage, was denn Denken sei, hat Heidegger in der Nachkriegszeit gegeben. Er war in seinen frühen Jahren, in denen er die Analytik des Daseins entfaltete, ein begrifflich überaus disziplinierter und strenger Denker, der mit grosser Präzision sagen konnte, was er meinte, weil alles, was er sagen wollte, in dieser Analytik seinen angemessenen Ort hatte. Im Denken nach der Kehre, in der Subjekt und Objekt in gewisser Weise die Plätze abtauschten und in der Folge ein neues Verhältnis, ein sprechendes Wechselverhältnis zueinander, eingingen, wurde sein Denken des Denkens genuin bildhaft, wohl notwendigerweise, weil es für dieses neue Wechselverhältnis keine vorausgehende begriffliche Sprache gab. Denn diese war, zumal in der Neuzeit, für ein Subjekt geschaffen worden, das sich in seiner Autonomie die Objekte unterwarf. Nun sollte eine Sprache entwickelt werden, die zu sagen vermochte, dass das Denken des Subjekts sich vor dem Objekt gleichsam zurücknimmt, ihm Raum gibt, auf seinen Zuspruch hört und diesem zu antworten versucht. – Drei Beispiele mögen diese Umkehr belegen:

1. Nach Heideggers Vortrag »Was heisst Denken?«[75] zeigt sich das Bedenklichste »unserer bedenklichen Zeit« darin, »dass wir noch nicht denken«[76], obwohl uns Denken eigentlich möglich sein müsste, weil das Zu-Denkende von sich her »uns zu denken«[77] »gibt«. Warum also denken wir trotzdem nicht? Heidegger gibt zwei Antworten: 1. weil das Zu-Denkende zugleich sich »vom Menschen abwendet«[78], sich ihm entzogen hat, und 2. weil die Denker zu dem,

was im bereits Gedachten sich unausgesprochen angezeigt hat, nicht vorgedrungen sind. Denken ist insofern ein *Vernehmen* dessen, was im Gesagten noch ungesagt geblieben ist, aber dennoch als *Zuspruch* hörbar wäre. »Das Vermögen dazu heisst die Vernunft.«[79] Der letzte Quell allen Denkens aber ist das Sein des Seienden: »das Denken empfängt als Vernehmen sein Wesen aus dem Sein des Seienden«[80]. »Sein des Seienden heisst: Anwesen des Anwesenden, Präsenz des Präsenten.«[81] Solange sich diese Präsenz uns nicht zeigt, »bleibt nur eines, nämlich zu warten, bis das Zu-Denkende sich uns zuspricht«[82]. Dieses Warten aber ist ein Ausschau-Halten, in dem wir schon zum Zu-Denkenden unterwegs sind, »darauf gestimmt, dem zu entsprechen, was es zu bedenken gibt«[83]. Denken wäre somit ein *Entsprechen dem Zuspruch des Seins des Seienden*, wenn wir es denn bereits vermöchten.

2. Wir philosophieren, so heisst es in »Was ist das – die Philosophie?«[84], »wenn wir mit den Philosophen ins Gespräch kommen. Dazu gehört, dass wir mit ihnen dasjenige durchsprechen, wovon sie sprechen«[85]. Sie aber sagen, weil sie selber vom Sein des Seienden daraufhin Angesprochene sind, »was das Seiende sei, sofern es ist«[86]. Deshalb muss auch unser Gespräch mit ihnen *vom Sein des Seienden angesprochen* sein und ihm »ent-sprechen«[87]. Dafür hält Heidegger eine Disziplin der »Destruktion«[88] für notwendig, welche die bloss historischen Aussagen über die Geschichte der Philosophie abbaut und zur Seite stellt, um »unser Ohr ... freizumachen für das, was sich uns in der Überlieferung als Sein des Seienden zuspricht«[89]. Wer zu diesem *Hören der Stimme des Seins* frei wird, gelangt in die

Entsprechung. »Das Entsprechen zum Sein des Seienden ist die Philosophie ...«[90]

3. Im Vortrag »Die Kehre«[91] wird schliesslich die Frage gestellt: »*Wie müssen wir denken?*«[92] Indem wir, so antwortet Heidegger, »dem Wesen des Seins inmitten des Seienden jene Stätte bereiten (bauen), in die es sich und sein Wesen zur Sprache bringt«[93]. Diese Stätte ist die Sprache selber, durch die *das Sein spricht*. Ihm, dem Sein, »*gehört*« der Mensch, sofern er *seine Sprache vernimmt und ihr entspricht*. »Dieses anfängliche Entsprechen, eigens vollzogen, ist das Denken.«[94] Im Denken »*hütet*« der Mensch »als *der Hirt des Seins*«[95] die Wahrheit des Seins und erwartet darin »*eine Ankunft des Seinsgeschickes*«[96], eine Kehre aus »der *Vergessenheit des Seins* zur Wahrnis des Wesens des Seins«[97]. Erst sie gibt »*Einblick in das was ist*«[98]. Dieser Einblick ist aber »nicht unsere Einsicht, die wir in das Seiende nehmen«[99]. Vielmehr sind wir »*die im Einblick Erblickten*«[100]. Denn der Einblick ereignet sich »*als Einblitz*«[101], in dem die »Konstellation des Seins«[102] sich zeigt und sich uns zuspricht. Diesem Zuspruch entspricht der Mensch durch ein Denken, das »dem menschlichen Eigensinn entsagt und sich dem Einblick zu« und »von sich weg ent-wirft«[103] in seiner eigenen Kehre.

Es sind immer ähnliche Figuren, in denen Heidegger denkt: das Sein des Seienden, sofern es ist, die Wahrheit des Seins, das Seinsgeschick, die Konstellation des Seins, die Kehre, das Bedenkliche u.a.m. werden zu wirkenden Mächten gemacht, denen die Menschen unterworfen sind. Diese können aber, falls sie »achtsame«, »wartende«, »hütende« Wesen werden, ihren »Zuspruch vernehmen«, im Vernehmen ihnen »gehören« und schliesslich im Denken ihnen

»entsprechen«. Dann bekommen sie ereignishaft »Einblick in das was ist«. Wer diese metaphorischen Figuren einmal erfasst, durchschaut ihre einfache Struktur, die nur in einem abgesonderten Reich des Denkens Menschen bewegt. Es ist wirklich Denken, das »ausser der Ordnung« ist.

Heidegger ist aber von den Bildern her insofern ein interessanter Denker, als bei ihm die *Metaphern des Hörens* die Leitmetaphern werden. Das hängt damit zusammen, dass das Sein des Seienden als sich entziehendes und noch verborgenes nicht sichtbar sein kann, sondern bestenfalls vernehmbar. Zwar gewährt das Ereignis auch »*Einblick* in das was ist«. Aber die Durchführung dieser *Metaphernreihe des Auges* nimmt zuweilen kalauerhafte Züge an. Das »*Blicken*« wird zum »*Blitzen*«, der »*Einblick*« zum »Einblitz« und der »*Einblitz als Ereignis*« zum »*eignenden Eräugnis*«[104]. Gelegentlich allerdings gelingt, am ehesten in den Aussagen über die »Lichtung« und die »Unverborgenheit«, eine sprechende und schöne *Lichtmetaphorik*.

Jaspers war im Unterschied zu Heidegger von seinen Bildern her primär ein *Philosoph des Auges*. Das Auge hat für ihn als Organ die höchste Dignität. Der Mensch ist das sehende Auge in der Welt, und zwar auf eine Weise, die ihn aus allen Gattungen heraushebt. Das Auge legt Distanz, aus der man objektiv und gerecht sein und dabei frei bleiben kann. Ihm kommt eine gewisse Wahlfreiheit zu. Je nachdem, ob das Auge den Blick »wirft«, »heftet«, »schweifen lässt« oder »abwendet«, »ruht« der Blick, »fasst er etwas ins Auge«, »überfliegt« und »übersieht« es oder »hält es fest«. In der Zusammenschau, der Kontemplation, erreicht das Auge eine gewisse Unabhängigkeit von der Zeit, die es im »Augenblick« vollends transzendiert. Es kennt ebenso das Verweilen im Statischen wie die Bewegtheit im Fluss. Vor allem aber: Das Auge braucht Licht und Helle, um sehen zu können, und es ist, im Sehen, selber »erhellend«, »sonnenhaft«[105]. – Das *Ohr* dagegen ist in seiner viel gebundeneren Empfänglichkeit allem ausgesetzt, was auf es eindringt. Es ist unterworfen und *muss* auf- oder annehmen, im Dunkel noch inniger als im Licht. Es tendiert im Hören fast notgedrungen zum Glauben und zum Gehorsam, weil die Botschaften in ihrer Eindringlichkeit uns bewegen und überwältigen. Sie sind immer Botschaften in der Bewegtheit der Zeit, die allein die Stille transzendiert. Wer dieses Zwangswahrnehmen auch noch in das Pathos des Vernehmens stellt, rückt sich in eine Schule des Gehorsams. Das könnte ein Problem der Hermeneutik sein. Denn dieses Modell des Vernehmens des Seins ist eigentlich das Modell der alttestamentarischen Religiosität: Die Transzendenz ist unsichtbar; aber man soll ihr Wort hören, durch das sie zu uns spricht. Zwar gibt es auch bei Jaspers eine Metaphorik des Hörens. Aber sie ist vergleichsweise selten und steht fast immer im Zusammenhang mit metaphysischen Gedanken, die als Chiffren einen schwebenden Charakter haben und zu nichts drängen oder nötigen. Hören ist dann ein freier Akt der Zuwendung und der Aufmerksamkeit, ganz ähnlich wie das Hören im kommunikativen Gespräch. Der sonst zwingende Charakter des Hörens und Mithörens machte Jaspers insbesondere dann skeptisch, wenn das Hören mit starken Empfindungen verbunden war wie etwa in der Musik. Er sagte mit einem ironischen Stolz »Frisia non cantat« und glaubte aus unerfindlichen Gründen, dass die meisten

Philosophen unmusikalisch gewesen seien oder ihre Musikalität in der Spekulation ausgelebt hätten.[106]

Mit den visuellen Leitmetaphern hängen die *Metaphern des Raumes* zusammen wie mit den auditiven Metaphern die *Metaphern der Zeit*. Der Raum führt in die Tiefe. Er umgreift alles. In ihn ist die Landschaft gebettet mit ihren *Metaphern des Weges*, die auch bei Heidegger sehr oft verkommen, der Gebirge und Höhen, der Ebenen und des Meeres sowie die dazugehörenden *Metaphern der Fortbewegung*: des Schreitens in die offenen Horizonte, die sich in der Weite jeder Ankunft entziehen, und des Gehens an die Grenzen, die doch keine letzten Schranken sind. Im Raum gibt es die Standorts- und Standpunktverschieblichkeit, die unterschiedlichen Aspekte und Perspektiven des Sehens und in der Folge das immer neue prismatische Aufbrechen des Ganzen in unterschiedliche Ansichten und Teilsichten, von denen keine die alles umfassende oder gar richtige ist. Denn einen archimedischen Punkt ausser- oder oberhalb des Ganzen kann es nicht geben, weil wir immer schon in ihm sind.

Jaspers' Metaphorik des Auges ist insofern nicht darauf angelegt, die Transzendenz oder das Sein zu sehen oder zu erkennen, sondern sie als das Unsichtbare und Unerkennbare zu respektieren. Ihm muss der Anspruch Heideggers, den Zuspruch des Seins des Seienden zu vernehmen und ihm zu entsprechen, oder gar die Konstellation des Seins in gestimmter Bestimmtheit zu erkennen, als Hybris im Gestus der Bescheidenheit vorgekommen sein – und vielleicht auch als Flucht des Denkens vor seiner Aufgabe, die nicht darin besteht, dem Sein zu antworten, sondern sich selber, angesichts des Menschseins, zu verantworten, indem es zum

Beispiel die Fragen stellt: Was wird aus einem Menschen, der so denkt? Und: Was würde aus der Welt, wenn alle so dächten?

Anmerkungen

Vergessen können, vergessen müssen, vergessen wollen, vergessen dürfen
Zur Dialektik des Vergessens bei Nietzsche

1. Zu den Arten des Vergessens: Heidegger, Martin: Zur Auslegung von Nietzsches II. unzeitgemässer Betrachtung. WW Bd. 46. Frankfurt am Main 2003, pp. 27–52.
2. Weinrich, Harald: Lethe. Kunst und Kritik des Vergessens. München 1997; 3. überarbeitete Auflage. München 2000. Insbesondere: Die Sprache des Vergessens, pp. 11–20.
3. Weinrich, Harald: Lethe; a.a.O., p. 11.
4. Weinrich, Harald: Gibt es eine Kunst des Vergessens? Basel 1996 (= Jacob Burckhardt-Gespräche auf Castelen 1).
5. Zugrunde gelegt wird der Text der Kritischen Gesamtausgabe von Colli und Montanari (WW III,1) in zeitgemässer Orthographie.
6. Cf. Harald Weinrichs Nietzsche-Kapitel in Lethe; a.a.O., pp. 160 ff. sowie Borchmeyer, Dieter (Hg.): »Vom Nutzen und Nachteil der Historie für das Leben.« Nietzsche und die Erinnerung in der Moderne. Frankfurt am Main 1996. Und insbes.: Meyer, Katrin: Aesthetik der Historie. Friedrich Nietzsches »Vom Nutzen und Nachteil der Historie für das Leben«. Würzburg 1998, pp. 92 ff.
7. Die Nietzsche-Texte werden, wenn immer möglich, nach der Kritischen Gesamtausgabe zitiert (nach Abteilung, Band; Seitenzahl) und sonst nach der Kleinoktav-Ausgabe (nach Band, Seitenzahl mit der Sigel KO).
8. KO XII, p. 227.
9. VI,2; p. 308.
10. VI,1; p. 268.
11. KO XIV, p. 281 f.
12. KO VIII, p. 392.
13. Ibid.
14. VI,3; pp. 394 f.
15. Cf. Anm. 2.
16. Weinrich: Lethe; a.a.O., p. 161.

17 VI,2; p. 308.
18 Ibid.
19 III,1; p. 246.
20 III,4; p. 314.
21 VI,2; p. 308.
22 Ibid.
23 III,1; p. 246.
24 VI,2; p. 159.
25 III,4; p. 302.
26 VII,1; p. 13.
27 V,1; p. 115.
28 KO X, p. 136.
29 III,4; p. 286.
30 VI,2; p. 308.
31 VI,2; pp. 307 ff.
32 VI,2; p. 308.
33 VI,2; p. 311.
34 Ibid.
35 III,1; p. 244.
36 Ibid.
37 III,1; p. 328.
38 Weinrich: Lethe; a.a.O., p. 24.
39 III,1; p. 245.
40 III,1; p. 244.
41 III,1; p. 245.
42 Ibid.
43 Ibid.
44 III,1; p. 242.
45 Ibid.
46 III,1; p. 302.
47 III,1; p. 294.
48 III,4; p. 305.
49 III,1; p. 299.
50 III,1; pp. 275 ff.
51 III,1; p. 253.
52 III,1; pp. 254 ff.
53 III,1; pp. 261 ff.
54 III,1; p. 260.
55 III,1; pp. 265 f.

56 III,1; p. 265.
57 Ibid.
58 Ibid.
59 III,1; pp. 265 f.
60 III,1; p. 266.
61 III,1; p. 326.
62 Ibid.
63 Ibid.
64 III,1; p. 246.
65 Ibid.
66 Ibid.
67 Weinrich: Gibt es eine Kunst des Vergessens? A.a.O., pp. 11–14. – Dazu Lurija, Alexander R.: Kleines Porträt eines grossen Gedächtnisses. In: A. L.: Der Mann, dessen Welt in Scherben ging. Zwei monologische Geschichten. Mit einer Einführung von Oliver Sacks. Reinbek bei Hamburg 1991, pp. 147 ff. Beschrieben wird hier der Fall des Gedächtniskünstlers Seresevskij, der an synästhetischer Erinnerungsfülle (Hypermnesie) litt und nichts vergessen konnte.
68 VI,2; p. 307.
69 Ibid.
70 Ibid.
71 VI,2; p. 308.
72 III,1; p. 265.
73 III,1; p. 325.
74 III,1; p. 247.
75 III,1; p. 326.
76 VI,2; p. 307.
77 III,1; p. 247.
78 III,1; p. 248.
70 Ibid.
80 III,1; p. 247.
81 Ibid.
82 III,1; p. 265.
83 III,1; p. 294.
84 III,1; p. 326.
85 III,1; p. 246.
86 III,1; p. 247.
87 Ibid.

88 Ibid.
89 III,1; p. 265.
90 VI,2; p. 307.
91 VI,2; p. 86.
92 V,2; p. 19.
92 III,1; p. 248.
94 Ibid.
95 III,1; p. 242.
96 III,1; p. 245.
97 Ibid.

Die politische Bedeutung der Natalität bei Hannah Arendt

1 Arendt, Hannah: Sechs Essays. Heidelberg 1948 (= Schriften der Wandlung 3), p. 9.
2 Arendt, Hannah/Jaspers, Karl: Briefwechsel 1926–1969. Hg. von Lotte Köhler und Hans Saner. München/Zürich 1985, Brief 31 vom 18.11.1945.
3 Sechs Essays; a.a.O., p. 10.
4 Brief 31 (cf. Anm. 2).
5 Deutsch erschienen im Rahmen der »Sechs Essays«.
6 Arendt, Hannah: Was ist Existenz-Philosophie? – Wir zitieren im folgenden die Ausgabe: Frankfurt/M. 1990; Zitat p. 10.
7 A.a.O., p. 9.
8 A.a.O., p. 11.
9 A.a.O., p. 32.
10 A.a.O., p. 30.
11 A.a.O., p. 35.
12 A.a.O., p. 37.
13 A.a.O., p. 37.
14 A.a.O., p. 37.
15 A.a.O., p. 28, Anm.
16 A.a.O., p. 39.
17 A.a.O., p. 39.
18 A.a.O., p. 46.
19 A.a.O., p. 47.
20 A.a.O., p. 20.
21 A.a.O., p. 27.

22 Briefwechsel, cf. Anm. 2, Brief 87 vom 11.3.1949.
23 Was ist Existenz-Philosophie? A.a.O., p. 24.
24 Arendt, Hannah: Was ist Politik? Fragmente aus dem Nachlass. Hg. von Ursula Ludz. München/Zürich 1993, p. 9.
25 A.a.O., p. 9.
26 A.a.O., p. 11.
27 A.a.O., p. 11.
28 A.a.O., p. 11.
29 Arendt, Hannah: Freiheit und Politik. In: Zwischen Vergangenheit und Zukunft. Übungen im politischen Denken I. Hg. von Ursula Ludz. München/Zürich 1994 (ZVZ), p. 214.
30 Arendt, Hannah: Vom Leben des Geistes. Band II: Das Wollen. München/Zürich 1978, p. 189.
31 A.a.O., p. 189.
32 Hannah Arendt hat offensichtlich die Texte Genesis 1 und 2 gar nicht gelesen. Jedenfalls scheint es ihr nicht aufgefallen zu sein, dass zwei unterschiedliche Schöpfungsgeschichten vorliegen und auch zwei unterschiedliche Mythen über die Erschaffung des Menschen, deren erster (1. Mose 1,27) von der Erschaffung eines *Paares* berichtet und deren zweiter von der Erschaffung vorerst *eines Menschen* (des Mannes), aus dessen einer Rippe dann seine »Gesellin« geformt wird (1. Mose 2. 7 und 15 ff.). Erst in der Vita activa wird es ihr bewusst (p. 15) und sie vermutet nun, dass Augustinus die Stelle 1. Mose 1,27 gänzlich ignoriert (p. 318, Anm. 1) habe. Davon kann allerdings bei diesem sorgfältigen Leser nicht die Rede sein, was sein Genesis-Kommentar ja auch beweist. Vermutlich war für Augustin der Schluss zu kühn, dass zwei unterschiedliche Autorschaften vorliegen. Und so hat er die Differenzen überdeckt, indem er interpretierte, dass der erste Bericht bloss sage, *dass* zwei Menschen erschaffen worden seien, der zweite aber, *wie* sie erschaffen worden seien.
33 Augustinus: De civitate Dei XII, 20.
34 A.a.O. XII, 21.
35 A.a.O. XII, 21.
36 A.a.O. XII, 21.
37 A.a.O. XII, 21.
38 1951 ist die englische Originalausgabe der Elemente und Ursprünge totaler Herrschaft erschienen. In ihr findet sich der Hinweis auf Augustinus noch nicht, den Hannah Arendt dann in die

deutsche Übersetzung (1955) aufgenommen hat (p. 752). Die erste Auslegung wird im Essay »Verstehen und Politik« gegeben, der in englischer Sprache (»Understanding and Politics«) im Herbst 1953 erschienen ist.

39 Vom Leben des Geistes. Band II; a.a.O., p. 206.
40 Arendt, Hannah: Verstehen und Politik. In: ZVZ; a.a.O., p. 125.
41 Arendt, Hannah: Macht und Gewalt. München 1970, p. 82.
42 Arendt, Hannah: Über die Revolution. München 1963, p. 272.
43 A.a.O., p. 272.
44 A.a.O., p. 272.
45 Polybios V, 32, 1. – Zitiert in: Über die Revolution; a.a.O., p. 274.
46 Vergil: Ecloga IV, Vers 5. – Zitiert in: Über die Revolution; a.a.O., pp. 272 f.
47 Über die Revolution; a.a.O., p. 395.
48 A.a.O., p. 271.
49 So Friedrich Christoph Oetinger (1702–1782) über Böhme (Brief an einen Unbekannten Nr. 592, 1769).
50 Meister Eckehart: Von der ewigen Geburt. Vier Predigten. In: Meister Eckeharts Schriften und Predigten. Aus dem Mittelhochdeutschen übersetzt und herausgegeben von H. Büttner, 1. Band. Jena 1919, pp. 75 ff.
51 Hegel WW (Glockner) VI, 304; X, pp. 95 f., 98 f., 449; XII, pp. 282, 284 f.
52 Fichte: Von der Errichtung des Vernunftreiches. In: WW (Medicus) VI, p. 522.
53 Heidegger, Martin: Sein und Zeit. Halle 1927, Par. 72.
54 Arendt, Hannah: Vita activa oder Vom tätigen Leben. Stuttgart 1960, p. 164.
55 A.a.O., p. 15.
56 A.a.O., p. 14.
57 A.a.O., p. 14.
58 Arendt, Hannah: Kultur und Politik. In: ZVZ; a.a.O., p. 294.
59 A.a.O., p. 294.
60 Freiheit und Politik; a.a.O., p. 206.
61 A.a.O., p. 206.
62 A.a.O., p. 206.
63 Kant: Kritik der reinen Vernunft A 533/ B 561.
64 Freiheit und Politik; a.a.O., p. 224.

65 Vita activa; a.a.O., p. 16.
66 A.a.O., p. 16.
67 Verstehen und Politik; a.a.O., p. 126.
68 A.a.O., p. 126.
69 Kant: Kritik der reinen Vernunft A 132 f./ B 172 f.
70 A.a.O., B 173 Anm.
71 Kant: Kritik der Urteilskraft, Par. 40.
72 Kant: Kritik der reinen Vernunft A 822/ B 850.
73 Freiheit und Politik; a.a.O., p. 225.
74 Arendt, Hannah: Revolution und Freiheit. In: ZVZ, p. 249.
75 A.a.O., p. 250.
76 Arendt, Hannah: Die Krise in der Erziehung. In: ZVZ, pp. 255 ff.
77 Benutzte Literatur: Bowen-Moore, Patricia: Hannah Arendt's Philosophy of Natality. Houndmills ... and London 1989; Heuer, Wolfgang: Citizen. Persönliche Integrität und politisches Handeln. Eine Rekonstruktion des politischen Humanismus Hannah Arendts. Berlin 1992; Kubes-Hofmann, Ursula (Hg.): Sagen, was ist. Zur Aktualität Hannah Arendts. Wien 1994; Reist, Manfred: Die Praxis der Freiheit. Hannah Arendts Anthropologie des Politischen. Würzburg 1990; Saner, Hans: Die philosophische Bedeutung der Geburt. In: H.S.: Geburt und Phantasie. Von der natürlichen Dissidenz des Kindes. Basel 1977.

Von der Monstrosität zur Banalität des Bösen

1 Arendt, Hannah: Die vollendete Sinnlosigkeit. In: H.A.: Nach Auschwitz. Essays & Kommentare 1. Hg. von Eike Geisel und Klaus Bitterfeld. Aus dem Amerikanischen übersetzt von Eike Geisel. Berlin 1985, pp. 7–30. – Der Text erschien erstmals unter dem Titel »Social Science Techniques and the Study of the Concentration Camps« in: Jewish Social Science 12/1. New York 1950, pp. 49–64.
2 Arendt, Hannah: Das Bild der Hölle. In: H.A.: Nach Auschwitz. Essays & Kommentare 1; a.a.O., pp. 49–62, Zitat p. 51. – Der Text erschien erstmal als Rezension unter dem Titel »The Image of Hell« in Commentary 2/3. New York 1946, pp. 291–295.
3 Arendt, Hannah: Organisierte Schuld. In: H.A.: Die verborgene

Tradition. Acht Essays. Frankfurt am Main 1976, pp. 43–45, Zitat p. 39. Erstmals in deutscher Sprache in: H.A.: Sechs Essays. Heidelberg 1946, pp. 33–47. – Erstveröffentlichung: Organized Guilt and Universal Responsibility, in: Jewish Frontier. Januar 1945, pp. 19–23.
4 Die vollendete Sinnlosigkeit, cf. Anm. 1, p. 8.
5 Das Bild der Hölle, cf. Anm. 1, p. 8.
6 Arendt, Hannah: Zueignung an Karl Jaspers. In: A.H.: Sechs Essays. Heidelberg 1946, p. 9.
7 Ibid.
8 Das Bild der Hölle, cf. Anm. 2, p. 50.
9 Arendt, Hannah: Des Teufels Redekunst. In: A.H.: Nach Auschwitz. Essays & Kommentare 1; a.a.O., pp. 137–139. – Erstmals in: Aufbau, 8.5.1942, p. 20.
10 Das Bild der Hölle, cf. Anm. 2, pp. 52 f.
11 Jaspers, Karl: Die Schuldfrage. Heidelberg 1946.
12 A.a.O., pp. 31 ff., 47 ff.
13 Brief von Hannah Arendt an Karl Jaspers, 17.8.1946. In: Arendt, Hannah/Jaspers, Karl: Briefwechsel 1926–1969. Hg. von Lotte Köhler und Hans Saner. München/Zürich 1985, pp. 90 f.
14 Brief von Karl Jaspers an Hannah Arendt, 19.10.1946. In: H.A./K.J.: Briefwechsel 1926–1969; a.a.O., pp. 98 f.
15 Brief von Hannah Arendt an Karl Jaspers, 17.12.1946. In: H.A./K.J.: Briefwechsel 1926–1969; a.a.O., p. 106.
16 Organisierte Schuld, cf. Anm. 3, p. 37.
17 Arendt, Hannah: The Origins of Totalitarianism. New York 1951. – Elemente und Ursprünge totaler Herrschaft. Frankfurt am Main 1955.
18 Das Bild der Hölle, cf. Anm. 2, p. 53.
19 Cf. Anm. 3.
20 Das Bild der Hölle, cf. Anm. 2, p. 53.
21 Organisierte Schuld, cf. Anm. 3, p. 41.
22 A.a.O., p. 40.
23 A.a.O., p. 41.
24 A.a.O., p. 43.
25 A.a.O., p. 41.
26 A.a.O., p. 42.
27 Die vollendete Sinnlosigkeit, cf. Anm. 1, p. 22.
28 Organisierte Schuld, cf. Anm. 3, p. 40.
29 Ibid.

30 A.a.O., p. 41.
31 Elemente und Ursprünge totaler Herrschaft, cf. Anm. 17, p. 721.
32 Ibid.
33 Ibid.
34 Elemente und Ursprünge totaler Herrschaft, cf. Anm. 17, p. 722.
35 Kant, Immanuel: Die Religion innerhalb der Grenzen der blossen Vernunft. Königsberg 1793. – Erstes Stück.
36 Elemente und Ursprünge totaler Herrschaft, cf. Anm. 17, p. 722.
37 Ibid.
38 Ibid.
39 Ibid.
40 Arendt, Hannah: Über die Revolution. München 1963, pp. 106 f. – Erstpublikation: On Revolution. New York 1963.
41 Arendt, Hannah: Vita activa oder Vom tätigen Leben. Stuttgart 1960, p. 236. – Erstveröffentlichung: The Human Condition. Chicago 1958.
42 Elemente und Ursprünge totaler Herrschaft, cf. Anm. 17, p. 727.
43 Arendt, Hannah: Eichmann in Jerusalem. Ein Bericht von der Banalität des Bösen. München 1964, p. 52. – Amerikanische Ausgabe: Eichmann in Jerusalem, A Report on the Banality of Evil. New York 1963.
44 A.a.O., p. 174.
45 A.a.O., p. 55.
46 A.a.O., p. 53.
47 A.a.O., p. 54.
48 A.a.O., p. 49.
49 A.a.O., p. 53.
50 A.a.O., p. 57.
51 Gershom Scholem an Hannah Arendt, 23.6.1963. In: Nach Auschwitz. Essays & Kommentare 1; a.a.O., p. 70. – Der Briefwechsel wurde erstmals in der Neuen Zürcher Zeitung vom 20.10.1963 gedruckt.
52 Karl Jaspers an Hannah Arendt 23.12.1963. In: H.A./K.J.: Briefwechsel 1926–1969, cf. Anm. 13, p. 578.
53 Young-Bruehl, Elisabeth: Hannah Arendt. Leben, Werk und Zeit. Aus dem Amerikanischen von Hans Günter Holl. Frankfurt am Main 1986, p. 508.
54 Encounter, Januar 1964, pp. 51–56.
55 Hannah Arendt an Gershom Scholem, 20.7.1963. Cf. Anm. 51, p. 78.

56 Brecht, Bert: Gesammelte Werke, Bd. XVII. Frankfurt am Main 1967, pp. 1177 f.
57 Young-Bruehl, Elisabeth, cf. Anm. 53, p. 455.
58 Kant, Immanuel: Beantwortung der Frage: Was ist Aufklärung? (1784) In: Kant's gesammelte Schriften (Akademie-Ausgabe), Bd. VIII. Berlin/Leipzig 1923, p. 35.
59 Arendt, Hannah: Fernsehgespräch mit Thilo Koch. In: H.A.: Ich will verstehen. Selbstauskünfte zu Leben und Werk. Hg. von Ursula Ludz. München/Zürich 1996, p. 40.
60 Arendt, Hannah: Über den Zusammenhang von Denken und Moral. In: H.A.: Zwischen Vergangenheit und Zukunft. Übungen im politischen Denken I. Hg. von Ursula Ludz. München/Zürich 1994, pp. 128–155. – Erstveröffentlichung: Thinking and Moral Considerations. A Lecture. In: Social Research 38, Heft 3, Autumn 1971, pp. 417–446.

»Das ist eigentlich mein stärkstes Nachkriegserlebnis gewesen ...«
Zur Begegnung von Hannah Arendt mit Karl Jaspers

1 Arendt, Hannah: Der Liebesbegriff bei Augustin. Versuch einer philosophischen Interpretation. Berlin 1929 (= Philosophische Forschungen. Hg. von Karl Jaspers, 9. Heft).
2 Cf. die Briefe 1–29 (1926–1938) in: Arendt, Hannah/Jaspers, Karl: Briefwechsel 1926–1969. Hg. von Lotte Köhler und Hans Saner. München/Zürich 1985.
3 Das Gutachten ist erhalten und hat folgenden Wortlaut:
»Eine philosophische Interpretation Augustins erfordert die Fähigkeit, bei der Lektüre des zu grossen Teilen rhetorischen und predigenden Textes jeweils die gedanklichen Strukturen und die hin und wieder glänzend hervorspringenden Perlen, in denen das Gedankliche sich verdichtet, zu bemerken. Eine mühselige Lektüre sieht sich nur von Zeit zu Zeit vor ihr eigentliches Objekt gestellt. Die Verfasserin hat diese Fähigkeit. Sie hat nicht etwa alles, was Augustin über Liebe sagt, zusammengetragen; sie hat auf wesentliche Gedanken, zum Beispiel über Liebe und Erkennen, und auf alle erbaulichen Formulierungen verzichtet. Als Aufgabe stellte sie sich, gedankliche Strukturen in sich zu begren-

zen, dadurch sauber herauszustellen und in sich durchzugehen. Während Arbeiten etwa vom Typus Mausbachs (über die Ethik Augustins) sammeln und darum ausgleichend und mildernd darstellen, werden hier einzelne Linien mit Härte nachgezogen und die Positionen, die Augustin auf ihnen einnimmt, in ihrer Schärfe ungemildert stehengelassen.

Die drei Teile behandeln Augustins Verständnis der Liebe aus drei verschiedenen Ursprüngen: aus dem Todesgedanken, der den irdischen appetitus sinnlos macht, aus dem Gedanken eigentlichen Seins, aus dem Gedanken der Gemeinschaft der Geschichte des Menschen aus Adam. Der erste Teil, der einfachste, ist meines Erachtens völlig durchsichtig, in jedem Punkte vollständig und einwandfrei. Der zweite Teil, sachlich schwieriger und interessanter, wird z.T. breit, bleibt zu anderen Teilen in blossen Ansätzen stecken. Beim Zitieren sind hier auch einige Malheurs passiert, die z.T. korrigiert, z.T. auch weiterer Bearbeitung bedürftig sind. Der dritte Teil ist noch nicht abgeschlossen, zeigt aber deutlich den Weg der Untersuchung.

Die Methode ist als sachliches Verstehen zugleich gewaltsam. Vorwort und Durchführung bringen klar zum Ausdruck, dass von den grossen Wandlungen Augustinschen Denkens in der Folge des Lebens ganz abgesehen wird. Weder historische noch philologische Interessen sind massgebend. Impuls gibt letzthin wohl das Nichtgesagte: durch philosophisches Arbeiten am Gedanken möchte sich die Verfasserin ihre Freiheit von christlichen Möglichkeiten rechtfertigen, die sie zugleich anziehen. Sie sucht nicht die Systematik der Lehrstücke in einem Ganzen zu erreichen, sondern gerade ihre Unstimmigkeiten, um darin den Blick auf existentielle Ursprünge des Gedankens zu gewinnen.

Dass sie Worte gelegentlich terminologisch fixierte, welche Augustin in gegenseitiger Vertretung gebraucht, wie amor, caritas, dilectio einerseits, cupiditas, concupiscentia andererseits, würde ihr zuzugestehen sein. Der Gefahr, Augustin etwas sagen zu lassen, was so doch nicht dasteht, ist sie aber nicht immer entgangen. Auf Grund unserer Diskussionen ist einiges repariert. Doch im Hinblick auf die eigentliche Leistung, die ein sachliches Philosophieren in einem historischen Material ist, ist dieser Mangel zwar störend, aber nicht vernichtend. Ich hoffe, dass er auf ein Minimum reduziert ist. Im Hinblick auf ihn kann die übrigens an positivem Gehalt ausgezeichnete und eindrucksvolle Arbeit leider nicht mit der besten Note zensiert werden. Daher II–I. Jaspers«

4   Jaspers, Karl: Max Weber. Deutsches Wesen im politischen Denken, im Forschen und Philosophieren. Oldenburg i.O. 1932.
5   So in der Einleitung zum obgen. »Max Weber«; a.a.O., p. 7.
6   Briefwechsel 1926–1969; a.a.O., B 22 Hannah Arendt an Karl Jaspers 1.1.1933.
7   Briefwechsel 1926–1969; a.a.O., B 23 Karl Jaspers an Hannah Arendt 3.1.1933. »Wenn sie von Muttersprache, Philosophie und Dichtung reden, so brauchen Sie nur das geschichtlich-politische Schicksal hinzuzufügen, und es ist gar keine Differenz mehr. Dieses Schicksal ist *heute,* dass Deutschland nur in einem geeinten Europa sein kann, dass die Aufrichtung im alten Glanze nur durch die Einigung Europas geschehen kann ...«
8   Briefwechsel 1926–1969; a.a.O., B 30 Karl Jaspers an Hannah Arendt 28.10.1945.
9   Jaspers, Karl: Wahrheit, Freiheit und Friede / Arendt, Hannah: Karl Jaspers. Rede zur Verleihung des Friedenspreises des Deutschen Buchhandels 1958. München 1958, p. 38.
10 Gaus, Günter: Zur Person. Porträts in Frage und Antwort. München 1964, p. 31.
11 Arendt, Hannah: Sechs Essays. Heidelberg 1948. (Mit einer »Zueignung an Karl Jaspers«.)
12 Arendt, Hannah: On Revolution. New York 1963. Dt. Über die Revolution. München 1963. (Mit der Widmung: »Für Gertrud und Karl Jaspers in Verehrung – in Freundschaft – in Liebe.«)
13 Dazu: Jaspers, Karl: Politische Schriftsteller und politisches Handeln. In: K.J.: Hoffnung und Sorge. Schriften zur deutschen Politik 1945–1965. München 1965, pp. 366–371.
14 Briefwechsel 1926–1969; a.a.O., B 397 Hannah Arendt an Karl Jaspers 21.5.1966.
15 A.a.O., B 389 Hannah Arendt an Karl Jaspers 16.1.1966.
16 Dazu: Jaspers, Karl: Zum Eichmann-Prozess. Ein Interview mit François Bondy. In: K.J.: Provokationen. Gespräche und Interviews. München 1969, pp. 101–107.
17 Gedenkfeier für Karl Jaspers am 4. März 1969 in der Martinskirche. Ansprachen gehalten von Kurt Rossmann, Jeanne Hersch, Lukas Burckhardt, Hansjörg Salmony, Hannah Arendt, Hans

Saner unter Beifügung des von Karl Jaspers selbst verfassten Nekrologs. Basel 1969 (= Basler Universitätsreden 60. Heft), p. 20.

Überleben mit einer Jüdin in Deutschland
Karl und Gertrud Jaspers in der Zeit des Nationalsozialismus

1 Jaspers, Karl: Wie Erinnerung an das Erlebte zur Auffassung der Gegenwart führt. Ein Gespräch mit Klaus Harpprecht (1962). In: Provokationen. Gespräche und Interviews. Hg. von Hans Saner. München 1969, p. 147.
2 Jaspers, Karl: Philosophische Autobiographie. Erweiterte Neuausgabe. München 1977, p. 64.
3 Karl Jaspers – Ein Selbstporträt (1966/67). In: K.J.: Schicksal und Wille. Autobiographische Schriften. Hg. von Hans Saner. München 1967, p. 17.
4 Jaspers, Karl: Heidelberger Erinnerungen. In: Heidelberger Jahrbücher V. Hg. von der Universitäts-Gesellschaft Heidelberg. Berlin/Göttingen/Heidelberg 1961, pp. 1–10.
5 Philosophische Autobiographie; a.a.O., p. 66.
6 A.a.O., pp. 69 f.
7 A.a.O., p. 59.
8 A.a.O., p. 61.
9 Jaspers, Karl: Die geistige Situation der Zeit. Berlin/Leipzig (= Sammlung Göschen 1000) 1931.
10 A.a.O., Vornotiz zur Neuauflage 1947.
11 Jaspers, Karl: Im Kampf mit dem Totalitarismus. In: K.J.: Philosophie und Welt. Reden und Aufsätze. München 1958, p. 76.
12 Jaspers – Ein Selbstporträt; a.a.O., p. 35.
13 Saner, Hans: Karl Jaspers mit Selbstzeugnissen und Bilddokumenten dargestellt. Rowohlts Monographien 50 169. Reinbek bei Hamburg 1970; zit. Ed. 1999, pp. 43 f.
14 A.a.o., p. 44.
15 Karl Jaspers – Ein Selbstporträt; a.a.O., p. 35.
16 Cf. Anm. 1, p. 159.
17 Mussgnug, Dorothee: Die vertriebenen Heidelberger Dozenten. Zur Geschichte der Ruprecht-Karls-Universität nach 1933 (= Heidelberger Abhandlungen zur Mittleren und Neueren Geschichte. 2. Folge, Bd. 2). Heidelberg 1988, p. 21.

18 Ibid.
19 Cf. A.a.O., pp. 47–50.
20 A.a.O., pp. 20 f.
21 A.a.O., p. 26 f.
22 A.a.O., p. 29.
23 A.a.O., pp. 51 f.
24 Martin Heidegger/Karl Jaspers: Briefwechsel 1920–1963. Hg. von Walter Biemel und Hans Saner. Frankfurt am Main/ München/Zürich 1990. Darin: B 119 Karl Jaspers an Martin Heidegger, 23.8.1933.
25 Der volle Wortlaut der Verfassung wurde am 22.8.1933, also einen Tag vor Jaspers' Brief an Heidegger, in beiden Heidelberger Zeitungen abgedruckt: cf. Heidelberger Tageblatt, 22.8.1933, 51. Jg., Nr. 194; Heidelberger Neueste Nachrichten, 22.8.1933, Nr. 194.
26 Im Brief 119 steht dazu:
»Seitdem ich aus eigener Erfahrung weiss, wie die bisherige Verfassung arbeitet, und seitdem ich mich jahrelang bewusst aller Initiative enthalten habe, weil alles an dieser Wand scheiterte, kann ich nicht anders, als die neue Verfassung richtig finden. Das Bedauern, dass eine grosse Zeit der Universität, deren Ende wir längst kennen, nun auch sichtbar und drastisch beendet wird, ist der Schmerz einer Pietät, der ich mich nicht versage. Die neue Verfassung scheint mir gut formuliert, nur fehlt m.E. ein wichtiger Punkt: Wer solche Machtbefugnisse hat, müsste – wenn die Verfassung *auf die Dauer* etwas leisten soll – auch haften für Fehler, sei es des Charakters oder der Einsicht, bei seinen Handlungen.«
27 Jaspers, Karl: Thesen zur Frage der Hochschulerneuerung. Juli 1933. In: Jahrbuch der Österr. Karl-Jaspers-Gesellschaft. Hg. von Elisabeth Salamun-Hybašek und Kurt Salamun. Jg. 2/1989, pp. 5–28. – Zu ihrer Einschätzung: Saner, Hans: Jaspers' »Thesen zur Frage der Hochschulerneuerung« (1933) im Vergleich mit Heideggers Rektoratsrede. In: H.S.: Einsamkeit und Kommunikation: Essays zur Geschichte des Denkens. Basel 1994.
28 Der betreffende Passus aus seinen »Thesen« (a.a.O., p. 21) zeigt übrigens, dass Jaspers in seiner Zustimmung zur neuen Verfassung keineswegs an ein unumschränktes Führungsprinzip gedacht hat:

»Wo immer die Verantwortung auf einen Einzelnen gelegt wird, bedarf es, um nicht in neuer Gestalt den Missbrauch der Freiheit entstehen zu lassen, des Korrektivs, durch das der jeweils als Einzelner Entscheidende innerlich unter Druck gesetzt wird, damit er zu dem Minimum an Ernst, umfassendem Wissen und Vernünftigkeit kommt. Nach zu bestimmenden Zeiten hat sich, wer entscheidend war, zu rechtfertigen. Es steht allen aus dem Kreise der Berufe, für die er etwas getan hat, frei, in rücksichtsloser Kritik – die nicht in die Zeitungen zu kommen braucht, aber in die Öffentlichkeit der akademischen Welt kommen muss durch Verteilung der schriftlichen Äusserungen an alle Mitglieder – die Fehler zu erfassen. Es muss die Möglichkeit sein, zu antworten, und es muss eine Instanz geben, die selber uninteressiert – aus wahrer Einsicht auf Grund des Gehörten strafen kann. Nur so ist zu hoffen, dass für führende Ämter sich Männer bereit finden, die ihres Könnens gewiss sind und ihres Ernstes, der das Wagnis eingeht. Aber ohne persönlich gefährdetes Risiko keine Leistung!«

29 Cf. Mussgnug; a.a.O., pp. 57 ff.
30 Cf. Mussgnug; a.a.O., pp. 95 ff.
31 Times, 7. November 1938 (2 Tage vor der Kristallnacht!), p. 12: »I have always said that if Great Britain were defeated in war, I hope that we shall find a Hitler to lead us back to our rightful position among the nations.«
32 Mussgnug; a.a.O., pp. 99 f.
33 Saner, Hans: Karl Jaspers mit Selbstzeugnissen und Bilddokumenten dargestellt; a.a.O., pp. 44 f.
34 Hilde Dinckelacker an K.J., 1937. Abschrift des Autors 1968; der Brief ist z.Z. verschollen.
35 Saner, Hans: Karl Jaspers; a.a.O., p. 45.
36 Karl Jaspers an Ernst Robert Curtius, 27.10.1937. Deutsches Literaturarchiv Marbach.
37 Am 12. Mai 1938 hielt er in Hannover den Vortrag »Nietzsche und das Christentum«, der erst nach dem Krieg gedruckt werden konnte (Hameln 1947).
38 Jaspers, Karl: Existenzphilosophie. Drei Vorlesungen, gehalten am Freien Deutschen Hochstift in Frankfurt am Main/September 1937. Berlin und Leipzig 1938.
39 Leonhard, Joachim-Felix (Hg.): Karl Jaspers in seiner Heidelberger Zeit. Heidelberg 1983, p. 120.

40 Mussgnug; a.a.O., p. 100.
41 Hanns Johst an Karl Jaspers, 27.2.1943. Deutsches Literaturarchiv Marbach.
42 Karl Jaspers an den Herrn Präsidenten der Reichsschrifttumskammer, 7.3.1943. Deutsches Literaturarchiv Marbach.
43 Weizsäcker, Viktor von: Ärztlicher Bericht über Professor i.R. Karl Jaspers, Heidelberg, 5.1.1939. Deutsches Literaturarchiv Marbach.
44 Waltz, Wilhelm: Aerztliches Zeugnis über Professor i.R. Karl Jaspers, Heidelberg, 1.12.1940. Deutsches Literaturarchiv Marbach.
45 Briefentwurf von Karl Jaspers an Eberhard Grisebach, ohne Datum. Deutsches Literaturarchiv Marbach.
46 Jaspers, Karl: Das radikal Böse bei Kant. (Vortrag, gehalten 1935 im Lesezirkel Hottingen, Zürich). In: K.J.: Rechenschaft und Ausblick. München 1951, pp. 90–114.
47 Saner, Hans: Karl Jaspers; a.a.O., p. 45.
48 Brief des Kultusministeriums an Karl Jaspers, 29.6.1938. Deutsches Literaturarchiv Marbach.
49 Mündl. Mitteilungen von Paul Gottschalk (1968) an den Autor.
50 Lucien Lévy-Bruhl an Karl Jaspers, 20.1.1939. Deutsches Literaturarchiv Marbach. Der Brief ist in französischer Sprache abgefasst; Übersetzung H.S.
51 Jaspers, Karl: Tagebuch 1939–1942. In: K.J.: Schicksal und Wille; a.a.O., pp. 143–163.
52 A.a.O., p. 143.
53 A.a.O., pp. 152 f.
54 A.a.O., p. 156.
55 Ibid.
56 A.a.O., p. 147.
57 A.a.O., p. 150.
58 A.a.O., p. 144.
59 A.a.O., p. 153.
60 A.a.O., p. 151.
61 A.a.O., p. 154.
62 A.a.O., p. 153.
63 A.a.O., p. 158.
64 Brief des Reichserziehungsministeriums an Karl Jaspers, Mai 1941. Deutsches Literaturarchiv Marbach.

65 Brief des Gesandten Twardowski an Karl Jaspers, 15.6.1942. Deutsches Literaturarchiv Marbach.
66 Philosophische Autobiographie; a.a.O., p. 72.
67 Cf. Tagebuch 1939–1942; a.a.O., pp. 145 f.
68 Brief des Heidelberger Oberbürgermeisters Neinhaus an Karl Jaspers, 26.7.1939. Deutsches Literaturarchiv Marbach.
69 Jaspers, Karl: Von Heidelberg nach Basel. In: K.J.: Schicksal und Wille; a.a.O., p. 167.
70 Ibid.
71 Testamentarische Verfügung von Karl Jaspers, 27.9.1942. Deutsches Literaturarchiv Marbach.
72 Tagebuch 1939–1942; a.a.O., p. 161.
73 A.a.O., p. 155.
74 A.a.O., p. 162.
75 Mündliche Mitteilung von Gertrud Jaspers an den Autor.
76 Emil Henk an Hans Saner, 25.7.1968.
77 Testamentarische Verfügung von Karl Jaspers vom 24.2.1944. Deutsches Literaturarchiv Marbach.
78 Philosophische Autobiographie; a.a.O., p. 74.
79 Jaspers, Karl: Existenzphilosophie. Nachwort zur 2. Auflage. Berlin 1956, p. 88.
80 Jaspers, Karl: Erneuerung der Universität (1945). In: K.J.: Hoffnung und Sorge. Schriften zur Deutschen Politik, 1945–1960. München 1965, p. 32.

Existentielle Aneignung und historisches Verstehen
Zur Debatte Jaspers–Curtius um die Goethe-Rezeption

1 Jaspers, Karl: Unsere Zukunft und Goethe. Vortrag, gehalten anlässlich der Verleihung des Goethepreises der Stadt Frankfurt an den Verfasser am 28. August 1947 in Frankfurt am Main. – Erstdruck in: Die Wandlung. Eine Monatsschrift. Unter Mitwirkung von Karl Jaspers, Werner Krauss und Alfred Weber herausgegeben von Dolf Sternberger. Jg. II/1947, pp. 550–578. – Wir zitieren im folgenden den Abdruck in: Jaspers, Karl: Rechenschaft und Ausblick. Reden und Aufsätze. München 1951, pp. 26–49.
2 Am 20. März 1949 erschien in der »Welt am Sonntag« ein Artikel von Jaspers unter dem Titel »Auflehnung gegen Goethe?«.

Bei dieser Gelegenheit kündigte das Blatt eine Schrift von Jaspers an: »Unsere Zukunft und Goethe«. Ernst Robert Curtius schloss daraus, dass Jaspers ein ganzes Buch zu diesem Titel veröffentlichen werde, und er hielt den Artikel vom 20.3. offenbar auch für eine neue Arbeit. »Du musst es dreimal sagen«, schloss Curtius daraus und hielt angesichts dieser angeblichen »Kampagne« aus der Schweiz eine Konterattacke für geboten. In Wahrheit war der Artikel ein nicht genehmigter Teilabdruck und das angekündigte »Buch« ein Neudruck (Bremen 1949) der Rede von 1947. Als der Orientalist Hans Heinrich Schaeder in der »Tat« diese Irrtümer von Curtius richtigstellen wollte, lehnte Max Rychner den Druck seiner Entgegnung ab, was auch damals nicht der journalistischen Fairness und Sorgfaltspflicht entsprochen haben dürfte.

3 Curtius, Ernst Robert: Europäische Literatur und lateinisches Mittelalter. Bern 1948. – Jaspers' Bibliothek enthält diese Erstausgabe, die er zu grossen Teilen gelesen und mit Glossen versehen hat.

4 Curtius, Ernst Robert: Goethe oder Jaspers? In: Die Tat. Zürich, 2. April 1949.

5 Max Rychner, 1897–1965, war 1939–1962 der Literarische Leiter der »Tat«. Er war damals der wohl beste literarische Essayist der deutschsprachigen Schweiz. In der Kontroverse stand er als Freund ganz auf der Seite von Curtius. Ihm schrieb er in einem Brief vom 16.5.1949:

»... Jaspers' Goethekritik in Deutschland fällt beschwerlich. Trümmerhaufen, Auschwitz, Ostflüchtlinge: beständig die letzten Argumente sämtlicher Seifensieder, die mit Kunst nichts zu tun haben, diese aber unbedingt zertrümmern ... und auf der Flucht vor ihnen noch erschiessen wollen, weil das Ethos doch siegen muss.

Ich kann da nur mit Hegel sprechen, der die Alpen durchwandernd betrachtete und meinte, dem Geiste böten sie eigentlich wenig Anregung, so dass dieser schliesslich finde, es liesse sich da weiter nichts äussern als: *es ist so.*«

In: Curtius, Ernst Robert/Rychner, Max: Briefe. Hg. von Claudia Mertz-Rychner. Stuttgart/Wien 1969.

6 Curtius, Ernst Robert: Goethe oder Jaspers? In: Die Zeit, 28. April 1949.

7 Wir zitieren im folgenden den Nachdruck: Goethe im Urteil

seiner Kritiker. Dokumente zur Wirkungsgeschichte Goethes in Deutschland. Teil IV 1918–1982. Herausgegeben, eingeleitet und kommentiert von Karl Robert Mandelkow. München 1984 (= Mandelkow 1984), pp. 304–307.
8 Unsere Zukunft und Goethe, p. 27.
9 A.a.O., p. 28.
10 Ibid.
11 Mandelkow 1984, p. XLV: »Er war der erste, der den Blick von Goethe selbst auf die Weisen und Formen seiner bisherigen und zukünftigen ›Aneignung‹ lenkte.«
12 Unsere Zukunft und Goethe, p. 29.
13 A.a.O., p. 46.
14 Unter den *»subalternen Ablehnungen«* Goethes nennt er die »des Fürstenknechts, des antirevolutionären Reaktionärs, des illiberalen Konservativen, des leichtsinnigen Lebensgeniessers mit boshafter Médisance, des unpatriotischen Mannes« (32). Ebenso ist ihm »ärgerlich« der Vorwurf »des Wankelmuts der Liebe« (37).
15 A.a.O., p. 33.
16 Ibid.
17 Ibid.
18 Cf. a.a.O., p. 31.
19 Ibid.
20 A.a.O., p. 34.
21 Ibid.
22 A.a.O., p. 35.
23 Jaspers, Karl: Psychologie der Weltanschauungen. Berlin 1919. Wir zitieren im folgenden die 6. (unveränderte) Auflage Berlin/Heidelberg/New York 1971.
24 Psychologie der Weltanschauungen, p. 163.
25 Unsere Zukunft und Goethe, p. 34.
26 Jaspers, Karl: Über Bedingungen und Möglichkeiten eines neuen Humanismus. In: Rechenschaft und Ausblick. München 1951, p. 273.
27 Unsere Zukunft und Goethe, p. 35.
28 Psychologie der Weltanschauungen, pp. 398 ff.
29 Unsere Zukunft und Goethe, p. 35.
30 Ibid.
31 Ibid.
32 Ibid.

33 Kant: Die Religion innerhalb der Grenzen der blossen Vernunft. Erstes Stück: Von der Einwohnung des bösen Prinzips neben dem guten: oder über das radikale Böse in der menschlichen Natur.
34 Unsere Zukunft und Goethe, p. 36.
35 Ibid.
36 Ibid.
37 Psychologie der Weltanschauungen, pp. 398 ff.
38 A.a.O., p. 399.
39 A.a.O., p. 400.
40 Unsere Zukunft und Goethe, p. 37.
41 Kierkegaard, Søren: Stadien auf dem Lebensweg. Studien von Verschiedenen. Gesammelt, zum Druck befördert und herausgegeben von Hilarius Buchbinder. Kopenhagen 1845. Übersetzt von Christoph Schrempf und Wolfgang Pfleiderer. Jena 1914.
42 A.a.O., pp. 75–162.
43 A.a.o., p. 129.
44 Ibid.
45 Ibid.
46 Ibid.
47 Ibid.
48 A.a.O., p. 132.
49 Unsere Zukunft und Goethe, p. 37.
50 Ibid.
51 A.a.O., p. 39.
52 Ibid.
53 Psychologie der Weltanschauungen, p. 400.
54 Unsere Zukunft und Goethe, pp. 42 f.
55 Ein Kapitel des geplanten dritten Bandes der »Grossen Philosophen« war den »Philosophen in der Dichtung« gewidmet. Zu ihnen zählte Jaspers die griechischen Tragiker, Dante, Shakespeare, Goethe, Hölderlin und Dostojewski.
56 Unsere Zukunft und Goethe, p. 39.
57 A.a.O., p. 40.
58 A.a.O., p. 42.
59 A.a.O., p. 43.
60 Ibid.
61 Jaspers nimmt in seinem zweiten Goethe-Vortrag »Goethes Menschlichkeit« (Rechenschaft und Ausblick, pp. 50–68) das

Problem der Grenzen von Goethes Philosophie (pp. 60–63) noch einmal auf. Cf. insbesondere p. 60.
62 Unsere Zukunft und Goethe, p. 42. – Auch hierzu finden sich Erörterungen bereits in der »Psychologie der Weltanschauungen«, pp. 193–198.
63 Unsere Zukunft und Goethe, p. 42.
64 Ibid.
65 A.a.O., p. 39.
66 In einem Brief von Jaspers an Emil Belzner, den stellvertretenden Chefredakteur der »Rhein-Neckar-Zeitung«, steht, dass er »diese Rede ohne Studien innerhalb von drei Wochen gelegentlich« (14.5.1949) niedergeschrieben habe. Die Bewunderung und die Kritik waren alt; aber der Blick auf sie kam aus neuen Erfahrungen.
67 Die antinomische Struktur des Daseins ist für Jaspers' Philosophieren der Kern aller Grenzsituationen.
68 Unsere Zukunft und Goethe, p. 46.
69 Ibid.
70 A.a.O., p. 43.
71 Ibid.
72 A.a.O., p. 44.
73 Ibid.
74 Ibid.
75 A.a.O., p. 46.
76 A.a.O., p. 43.
77 Ibid.
78 A.a.O., p. 44.
79 A.a.O., p. 46.
80 Mandelkow 1984, pp. 306–307.
81 A.a.O., p. 306.
82 A.a.O., p. 307. Mandelkow lässt in seinem Nachdruck den Satz »Er ahnt nichts vom verborgenen Goethe.« weg.
83 A.a.O., p. 307.
84 Ibid. – Aus Goethe: West-östlicher Diwan: Buch der Sprüche.
85 A.a.O., p. 304.
86 A.a.O., p. 307.
87 Jaspers ist eine »Gouvernantennatur« (305), ein »Trompeter« (305), ein »Philister« (305), ein »kritisches Wunderkind« (305), ein »Besserwisser« (306), »Alleswisser« (306), »Gesinnungsdok-

trinär« (306), »Tugendwächter« (306), ein »Praeceptor germaniae« (305) und kommender »Praeceptor helvetiae« (305) u.a.m.
88 Jaspers hat sich im zitierten Brief an Belzner beklagt, »dass meine Sätze falsch berichtet werden« und dass die notwendigen »Richtigstellungen« für den Leser »langweilig« wären. Das war einer der Gründe, dass er nicht antwortete.
89 Mandelkow 1984, p. 307.
90 Fuhrmann, Helmut: Karl Jaspers' Goethe-Rezeption und die Polemik von Ernst Robert Curtius. In: H. F.: Sechs Studien zur Goethe-Rezeption. Würzburg 2002, pp. 83 ff., inbes. pp. 101 ff.
91 Dazu gehören zum Beispiel die Sätze über Jaspers: »Er hat unsere Kollektivschuld so sonnenklar erwiesen, dass wir nur noch mit schlechtem Gewissen weiterleben. Ein Wilhelm von Humboldt unserer Zeiten, hat er den deutschen Universitäten Richtlinien gegeben, bis er ihnen den Rücken kehrte.« (Mandelkow 1984, p. 305).
92 Dazu: »Als Reformator hat er sodann einen neuen Glauben entdeckt, den er ›biblische Religion‹ nennt und dessen Pointe darin besteht, dass Judentum und Christentum ungefähr dasselbe seien.« (Mandelkow 1984, p. 305) – Etwas an der Formel »biblische Religion« muss ihn gestört und aufgebracht haben. In einem Brief von 27.4.1947 schrieb er an Jaspers: »Dass Judentum und Christentum zweierlei sind, wird durch verbale Äquivocation (›biblische Religion‹) absichtlich verschleiert. Ist das redlich?«
93 A.a.O., p. 305.
94 Curtius, Ernst Robert: Goethe – Grundzüge seiner Welt. In: E.R.C.: Kritische Essays zur europäischen Literatur. Bern 1950, 3. Auflage Bern/München 1963, p. 79.
95 Mandelkow 1984, p. 307.
96 Ibid.
97 Ibid.
98 A.a.O., p. 305 f.
99 A.a.O., p. 306.
100 Ibid.
101 Unsere Zukunft und Goethe, p. 36.
102 Ibid.
103 Ibid.
104 Mandelkow 1984, p. 305.
105 Unsere Zukunft und Goethe, p. 37 f.

106 Jaspers, Karl: Goethes Menschlichkeit. Erstdruck in: Goethe-Feier. Ansprachen im Münster, gehalten am 17. Juni 1949 von Prof. Dr. Walter Muschg (und) Prof. Dr. Karl Jaspers. Basel 1949 (= Basler Universitätsreden 26. Heft), pp. 11–33.

107 Das geht eindeutig aus einem Brief von Jaspers an Hans Heinrich Schaeder vom 17.4.1949 hervor: »Die Rede war schon fertig, als Curtius' Äusserung mich erreichte, und sie schien mir die einzig mögliche Antwort. Was ich selber als Antwort geschrieben habe, habe ich nicht zum Druck gegeben, sondern das Schweigen vorgezogen.«

108 Im selben Brief: »Zu meiner Frau sagte ich, als wir das Schweigen beschlossen, natürlich würde kein deutscher Kollege als Ritter auftreten. Wie wunderschön haben Sie meinen Mangel an Zutrauen belegt.«

109 Schaeder, Hans Heinrich: Karl Jaspers und seine Kritiker. In: Die Zeit, 12.5.1949, p. 4.

110 In der »Rhein-Neckar-Zeitung« vom 10. März 1949 erschien, unterzeichnet von Karl Heinrich Bauer, Hans Freiherr von Campenhausen, Karl Geller, August Grisebach, Gustav Radbruch, Otto Regenbogen und Alfred Weber, eine Erklärung:
»Die Unterzeichneten, verbunden in der Verehrung für Karl *Jaspers* und in der Sorge um das akademische Niveau geistiger Auseinandersetzung, halten sich für verpflichtet, die folgende Erklärung abzugeben:
Wie immer man denken mag über die Philosophie und über die Goethe-Auffassung von Karl Jaspers, ist der Angriff von E. R. *Curtius* auf ihn auf das Tiefste zu bedauern. Dieser Angriff ist unsachlich und beleidigend, unvereinbar mit der Achtung, welche der Persönlichkeit von Karl Jaspers geschuldet wird, und nicht würdig eines Gelehrten vom Range von E. R. Curtius. Dies muss vor jeder sachlichen Auseinandersetzung mit dem Aufsatze von E. R. Curtius deutlich gesagt werden.«

111 Curtius war keinen Augenblick verlegen. Den sieben Heidelberger Professoren antwortete er am 17.5.1949 mit dem Artikel »Darf man Jaspers angreifen?« in der »Rhein-Neckar-Zeitung«:
»Mein Angriff auf Jaspers hat mir eine Rüge von sieben Heidelberger Professoren zugezogen. Sie fühlen sich ›verbunden in der Verehrung für Karl Jaspers‹. Wie? Nur sieben Professoren der Universität, an der Jaspers über dreissig Jahre gelehrt hat,

treten für ihn ein? Neben die sieben Unterschriften halte ich die Namen derer, die nicht unterschrieben haben, und ziehe daraus meine Schlüsse.« – Auf den Artikel von Hans Heinrich Schaeder antwortete Curtius in der »Zeit« vom 2. Juni mit einem »Schlusswort in eigener Sache«.

112 So etwa im Artikel »Darf man Jaspers angreifen?« in der »Rhein-Neckar-Zeitung« vom 17.5.1949: »Ich habe Jaspers nicht angegriffen, um mich in akademischer Weise mit ihm auseinanderzusetzen. Nicht seine wissenschaftlichen Lehren interessieren mich, sondern seine Tätigkeit als deutscher Volkserzieher. Ich halte sie für unheilvoll. Darum habe ich das Recht, sie zu bekämpfen. Ich protestiere gegen Jaspers nicht in meiner Eigenschaft als Professor, sondern als deutscher Schriftsteller. Als solcher habe ich das Recht, publizistische Waffen zu gebrauchen, wie sie in Deutschland seit Lessing üblich sind.«

113 Brief 18.5.1949 von Karl Jaspers an Hans Heinrich Schaeder.

114 Mandelkow 1984, p. 530.

115 Alewyn, Richard: Goethe als Alibi? In: Mandelkow 1984, pp. 333-335; Zitat p. 333.

116 A.a.O., p. 335.

117 Mandelkow 1948, p. 530.

118 Becher, Johannes R.: Der Befreier. Rede, gehalten am 28. August 1949 im Nationaltheater Weimar anlässlich der 200. Wiederkehr des Geburtstages von Johann Wolfgang Goethe. Berlin 1949. – Teilabdruck in Mandelkow 1984, pp. 318-332.

119 Mandelkow 1984, p. 530.

120 Brief 18.5.1949 von Karl Jaspers an Hans Heinrich Schaeder.

121 Curtius, Ernst Robert: Goethe – Grundzüge seiner Welt. In: Kritische Essays zur europäischen Literatur. Bern 1950. Im folgenden wird die 3. Aufl. Bern/München 1963 zitiert.

122 Anspielung auf: Jaspers, Karl: Die geistige Situation der Zeit. Berlin/Leipzig 1931 (= Sammlung Göschen Bd. 1000).

123 Curtius: Grundzüge, p. 77.

124 A.a.O., p. 78.

125 Ibid.

126 Ibid.

127 A.a.O., p. 83.

128 A.a.O., p. 78.

129 A.a.O., p. 79.

130 A.a.O., p. 84.
131 A.a.O., p. 84.
132 A.a.O., p. 85.
133 A.a.O., p. 78.
134 A.a.O., p. 76.
135 A.a.O., p. 75.
136 A.a.O., p. 85. – In unserem Text zitiert nach: Goethes Briefe. Ausgewählt und in chronologischer Folge mit Anmerkungen herausgegeben von Eduard von der Hellen. Bd. V (1807–1818). Stuttgart/Berlin o.J., p. 268.
137 A.a.O., p. 85.
138 Werner Milch hat in den »Hessischen Nachrichten« vom 3. Juni 1949 versucht, beiden Autoren gerecht zu werden: »Curtius protestiert im Namen der Ehrfurcht vor der geschichtlichen Grösse. Ihn ärgert, dass in den Formeln von Jaspers Goethe gewissermassen aufgetragen wird, sich vor unserer Zeit zu bewähren, während es doch vielmehr so ist, dass unsere Zeit versagt, wenn von ihr verlangt wird, sie solle sich vor Goethe bewähren. Bei Jaspers stellt unsere Zeit die Frage an Goethe: was bist du noch? Curtius will, dass wir die Frage Goethes an uns hören: versteht ihr mich auch? In dem Gegensatz zwischen den beiden Gelehrten prägt also schliesslich der Unterschied zwischen philosophischem, normativem Denken und ehrfürchtigem, geschichtlichem Denken aus.« Die Terminologie von Milch ist aber nicht dienlich. Jaspers ist weder ein ungeschichtlicher noch ein normativer Denker, sondern ein geschichtlicher und existentieller, Curtius dagegen ein historischer und traditional humanistischer. (Mandelkow 1984, p. 532).

Die Allianz der Ungleichen
Zur kritischen Aufnahme von Jaspers' Schrift »Wohin treibt die Bundesrepublik?«

1 Hertz-Eichenrode, Wilfried: Jaspers' Thesen – für die Politik keine praktische Hilfe. In: Die Welt, Ausg. v. 25.3.1966, p. 2.
2 Altmann, Rüdiger: Deutsche Depressionen. Zu Karl Jaspers' Buch »Wohin treibt die Bundesrepublik?«. In: Stuttgarter Zeitung, Ausg. v. 11.6.1966, p. 3.

3   Hertz-Eichenrode, Wilfried: Gespensterschau des Philosophen Jaspers. Zu seinem Buch »Wohin treibt die Bundesrepublik?«. In: Die Welt, Ausg. v. 19.3.1966, p. 2.
4   Altmann; a.a.O.
5   Engert, Jürgen: Karl Jaspers' zornige Jünger. In: Christ und Welt, Ausgabe v. 5.8.1966, p. 6.
6   Kieler Nachrichten, Ausg. v. 6.1.1967.
7   Jaspers, Karl: Politische Schriftsteller und politisches Handeln. In: K.J.: Hoffnung und Sorge. Schriften zur deutschen Politik 1945–1965. München 1965, p. 367.
8   Gerstenmeier, Eugen: Wir Deutschen und die Juden. Analyse, Mahnung und Bekenntnis. In: Die Zeit, Ausg. v. 12.8.1966, p. 3.
9   Eppler, Erhard: Wohin treibt Karl Jaspers? Kritische Betrachtungen eines Bundestagsabgeordneten zu dem Buch des Basler Philosophen. In: Die Zeit, Ausg. v. 22.7.1966, p. 3.
10 Thaysen, Uwe: Karl Jaspers, Wohin treibt die Bundesrepublik? In: Zeitschrift für Politik 13 (1966); pp. 490–497, 493.
11 Habermas, Jürgen: Deutschland – wohin? Ansichten und Einsichten: Karl Jaspers über den moralischen Notstand in der Bundesrepublik. In: Die Zeit, Ausg. v. 13.5.1966, p. 12.
12 Sontheimer, Kurt: Menetekel über die Bundesrepublik. Karl Jaspers' politische Sendung. In: Der Monat 18 (1966), Heft 214, pp. 72–79.
13 Vorwärts, Ausg. v. 3.5.1968.
14 Newman, Karl J.: Wer treibt die Bundesrepublik wohin? Köln 1968.
15 A.a.O., p. 129.
16 A.a.O., p. 53.
17 A.a.O., p. 129.
18 A.a.O., p. 20.
19 A.a.O., p. 20.
20 A.a.O., p. 104.
21 A.a.O., p. 86.
22 A.a.O., p. 74.
23 A.a.O., p. 23.
24 A.a.O., p. 133.
25 A.a.O., p. 120.
26 A.a.O., p. 151.
27 A.a.O., p. 119.

28 Jaspers, Karl: Eine Chance wird vertan. In: Welt am Sonntag, Ausg. v. 8.5.1966, p. 7.
29 Sowohl der Brief von Ulbricht als auch Jaspers' Antwort sind abgedruckt in: Jaspers, Karl: Antwort. Zur Kritik meiner Schrift »Wohin treibt die Bundesrepublik?« München 1967, pp. 153–158.
30 A.a.O., p. 153.
31 A.a.O., p. 155.
32 Ibid.
33 Ibid.
34 A.a.O., p. 158.
35 Ibid.
36 Jaspers, Karl: Kein deutscher Dialog. Der Redneraustausch – eine Chance, die dahin ist. In: Die Zeit; Ausg. v. 1.7.1966, p. 3.
37 Kant: Zum ewigen Frieden. In: WW (Akademie), Bd. VIII, p. 380.

Auf der Suche nach einer philosophischen Polemik

1 Abr. Gotthelf Kästner's zum Theil noch ungedruckte Sinngedichte und Einfälle. Zweite Sammlung, Frankfurt und Leipzig 1800, Nr. 60, p. 65.
2 Kant: Verkündigung des nahen Abschlusses eines Tractats zum ewigen Frieden in der Philosophie (1796). In: Kant's Werke Akademie-Ausgabe Bd. VIII. Berlin und Leipzig, pp. 411 ff.
3 A.a.O., p. 421.
4 Valéry, Paul: Léonard et les Philosophes (1929). - Œuvres I. Edition établie et annotée par Jean Hytier. Paris (Gallimard) 1957, p. 1236.
5 Jaspers, Karl: Vernunft und Existenz. Groningen 1935 (= Aula-Voordrachten der Rijksuniversiteit te Groningen No. 1), p. 111.
6 Jaspers, Karl: Nachwort (1955) zu meiner »Philosophie« (1931). Philosophie: I Philosophische Weltorientierung. Berlin/Göttingen/Heidelberg 1956, p. XXX.
7 Jaspers, Karl: Philosophie. 3 Bände. Berlin 1932.
8 Jaspers, Karl: Nachwort (1955) zu meiner »Philosophie« (1931). Cf. Anm. 6, p. XXX.
9 Jaspers, Karl: Nietzsche. Einführung in das Verständnis seines

Philosophierens. Berlin/Leipzig 1936, pp. 53 ff., 82 ff., 89 f.
10 Jaspers, Karl: Schelling. Grösse und Verhängnis. München 1955, pp. 285 ff.
11 A.a.O., pp. 283 ff.
12 A.a.O., pp. 300 ff.
13 Jaspers: Weltgeschichte der Philosophie. Einleitung. Aus dem Nachlass herausgegeben von H. Saner. München/Zürich 1982, pp. 5 ff. – Jaspers: Die grossen Philosophen. 1. Band. München 1957, pp. 8 f.
14 Heidegger: Anmerkungen zu Karl Jaspers' »Psychologie der Weltanschauungen« (1919/21). Erstmals in: Saner, Hans (Hg.): Karl Jaspers in der Diskussion. München 1973, pp. 70–100. – Heidegger; Gesamtausgabe. I. Abteilung, Band 9: Wegmarken. Frankfurt am Main 1976, pp. 1–44.
15 Rickert, Heinrich: Psychologie der Weltanschauungen und Philosophie der Werte. In: Logos IX/1920, Heft 1, pp. 1–42. Wieder abgedruckt in: Saner, Hans (Hg.): Karl Jaspers in der Diskussion. München 1973, pp. 35–69.
16 Adorno, Theodor W.: Jargon der Eigentlichkeit. Zur deutschen Ideologie. Frankfurt am Main 1964.
17 Lukács, Georg: Die Zerstörung der Vernunft. Berlin 1954, pp. 412–416 u.a.
18 Popper, Karl: Die offene Gesellschaft und ihre Feinde. 2 Bände. Bern 1957 f. (engl. 1945).
19 Curtius, Ernst Robert: Goethe oder Jaspers? – Erstdruck in: Die Tat, Zürich 2. April 1949. – Neudruck in: Goethe im Urteil seiner Kritiker. Dokumente zur Wirkungsgeschichte Goethes in Deutschland. Teil IV 1918–1982. Herausgegeben, eingeleitet und kommentiert von Karl Robert Mandelkow. München 1984, pp. 304–307.
20 Cf. Schneiders, Werner: Karl Jaspers in der Kritik. Bonn 1965.
21 Jaspers, Karl/Bultmann, Rudolf: Die Frage der Entmythologisierung. München 1954.
22 Jaspers, Karl: Wohin treibt die Bundesrepublik? Tatsachen. Gefahren. Chancen. München 1966.
23 Jaspers, Karl: Ist die Philosophie am Ende? Ein Gespräch mit Willy Hochkeppel über die Zukunft der Philosophie. In: Jaspers: Provokationen. Gespräche und Interviews. Herausgegeben von Hans Saner. München 1969, p. 30.

24 Jaspers, Karl: Nachwort (1955) zu meiner »Philosophie« (1931), s. Anmerkung 6, p. XL.
25 Jaspers, Karl: Schelling, s. Anm. 10, p. 284.
26 Jaspers, Karl: Nachwort (1955) zu meiner »Philosophie« (1931), s. Anm. 6, p. XXX.
27 Jaspers, Karl: Notizen zu Martin Heidegger. Herausgegeben von Hans Saner. München/Zürich 1978. Die erste Notiz stammt aus dem Jahr 1928, die letzten aus den Jahren 1963/64. Vergleiche auch das Kapitel über Martin Heidegger in: Jaspers: Philosophische Autobiographie. Erweiterte Ausgabe. München 1977, pp. 92–111, insbesondere pp. 106–111. – Ebenso: Saner, Hans: »Abwehr und Huldigung«. Zu den Plänen einer wechselseitigen Kritik von Heidegger und Jaspers. In: H.S.: Einsamkeit und Kommunikation. Essays zur Geschichte des Denkens. Basel 1994, pp. 189–212. – Sowie: Saner, Hans: »Dieser eine war mein höflicher Feind«. Aspekte von Jaspers' Heidegger-Kritik. In: H.S.: Einsamkeit und Kommunikation; a.a.O., pp. 212–232.
28 Dazu: Saner, Hans: »Abwehr und Huldigung«; a.a.O., pp. 207 ff.
29 Dazu Jaspers, Karl: Der Kampfcharakter des Denkens. In: Jaspers: Von der Wahrheit (= Philosophische Logik 1. Band). München 1947, pp. 315 ff. – Die beiden Aussagen, dass Philosophie in ihrem Wesen unpolemisch ist, Denken in seiner Struktur aber Kampfcharakter hat, stehen unvermittelt nebeneinander.
30 Jaspers, Karl: Notizen zu Martin Heidegger. Cf. Anm. 27, Nr. 113.
31 Jaspers, Karl: Von der Wahrheit. Cf. Anm. 29; a.a.O., p. 53.
32 A.a.O., p. 316.
33 A.a.O., p. 317.
34 A.a.O., p. 318.
35 A.a.O., p. 317.
36 A.a.O., p. 318.
37 A.a.O., p. 318.
38 A.a.O., p. 319.
39 Es war einer der Vorwürfe von Jaspers an Heidegger, dass seine Philosophie »wie durch eine Dichtung« zu bezwingen versuche (Notizen zu Martin Heidegger; a.a.O., Nr. 43).
40 Jaspers, Karl: Notizen zu Martin Heidegger; a.a.O., Nr. 43.
41 Ibid.

42 Zitiert nach: Goethe im Urteil seiner Kritiker, cf. Anm. 19, p. 530.
43 Jaspers, Karl: Kausale und »verständliche« Zusammenhänge zwischen Schicksal und Psychose bei der Dementia praecox (Schizophrenie). In: Zeitschrift für die gesamte Neurologie und Psychiatrie. Berlin 14/1913, Nr. 2, pp. 158–263. Wir zitieren den Abdruck in: Jaspers: Gesammelte Schriften zur Psychopathologie. Berlin/Göttingen/Heidelberg 1963, pp. 329–412. – Zur Kritik an Freud pp. 337 f.
44 A.a.O., p. 337.
45 Jaspers, Karl: Allgemeine Psychopathologie. Für Studierende, Ärzte und Psychologen. Zweite, neubearbeitete Auflage. Berlin 1920. – Zur Kritik an Freud pp. 290–295.
46 A.a.O., p. 293.
47 A.a.O., p. 292.
48 A.a.O., p. 294.
49 Jaspers, Karl: Allgemeine Psychopathologie. Vierte, völlig neu bearbeitete Auflage. Berlin/Heidelberg 1946.
50 A.a.O., p. 648.
51 A.a.O., p. 300.
52 Cf. Jaspers: Vernunft und Widervernunft in unserer Zeit. München 1951, p. 17–22. – Jaspers: Zur Kritik der Psychoanalyse. In: Jaspers: Rechenschaft und Ausblick. München 1951, p. 221–230.
53 Ein Ausdruck dafür ist etwa das Zerwürfnis mit Alexander Mitscherlich. – Cf. Mitscherlich: Kritik oder Politik? – I: Psyche, 4/1951. Heft 12, p. 241–254. – Ebenso: Pfister, Oskar: Karl Jaspers als Sigmund Freuds Widersacher. In: Psyche, 6/1952, Heft 5, p. 241–275.
54 Jaspers, Karl: Nachwort (1955) zu meiner »Philosophie« (1931). Cf. Anm. 6, p. XLVII.
55 Jaspers, Karl: Notizen zu Martin Heidegger. Cf. Anm. 27, Nr. 131.
56 Jaspers, Karl: Antwort. In: Karl Jaspers. Hg. von Paul Arthur Schilpp. Stuttgart 1957, p. 834.
57 Jaspers, Karl: Notizen zu Martin Heidegger; a.a.O., Nr. 136.
58 A.a.O., Nr. 131.
59 A.a.O., Nr. 161.
60 Jaspers, Karl: Nachwort (1955) …; a.a.O., p. XLVII. – Bei Nietzsche: Also sprach Zarathustra. Ein Buch für Alle und Keinen.

Dritter Teil: Vom Vorübergehen: »Diese Lehre aber gebe ich dir, du Narr, zum Abschiede: wo man nicht mehr lieben kann, da soll man – *vorübergehn!*«

61 Jaspers, Karl: Notizen zu Martin Heidegger; a.a.O., Nr. 134. – Bei Nietzsche: Ecce homo. Warum ich so weise bin, 7: »Ich ehre, ich zeichne aus damit, dass ich meinen Namen mit dem einer Sache, einer Person verbinde: für oder wider – das gilt mir darin gleich.«

62 Jaspers, Karl: Nachwort (1955) ...; a.a.O., p. XLI: »Im Umgang mit den Grossen der Vergangenheit erfahren und üben wir den Sinn philosophischer Polemik, aber auf eine einseitige, kommunikationslose, zuletzt in der Frage stehenbleibende Weise.« Erst die Wechselseitigkeit ermöglicht eine Prozess der sich steigernden Erhellung.

63 Jaspers wurde gelegentlich vorgeworfen, er habe, besonders in seinem Schelling-Buch, gegen Heidegger polemisiert, ohne diesen zu nennen. Im anonymen Angriff sah er eine verächtliche Strategie, von der er sich mehrmals distanzierte (cf. Notizen zu Martin Heidegger; a.a.O., Nr. 133, 149, 150).

64 Jaspers, Karl: Antwort. Cf. Anm. 56, p. 831.
65 Ibid.
66 Jaspers, Karl: Nachwort (1955) ...; a.a.O., p. XLVI.
67 Jaspers, Karl: Schelling. Cf. Anm. 10, p. 295.
68 Ibid.
69 Jaspers, Karl: Nachwort (1955) ...; a.a.O., p. XLV.
70 Jaspers, Karl: Antwort. Cf. Anm. 56, p. 831.
71 Jaspers, Karl: Nachwort (1955) ...; a.a.O., p. XLIII.
72 A.a.O., p. XLI.
73 Jaspers, Karl: Antwort. Cf. Anm. 56, p. 831.
74 Jaspers, Karl: Schelling. Cf. Anm. 10, p. 221.
75 Ibid.
76 Jaspers, Karl: Nachwort (1955) ...; a.a.O., p. XLIV.

Denkbilder im Spannungsfeld von Einsamkeit und Kommunikation
Zu den Metaphern des Philosophierens bei Karl Jaspers, Hannah Arendt und Martin Heidegger

1 Aristoteles: Hermeneutik 16a.
2 Kant nennt in Par. 59 der KdU diese bildlichen Darstellungen in Begriffen »*Hypotyposen*«. Sie sind entweder »*schematisch*« (für endliche Begriffe) oder »*symbolisch*« (für Ideen). Er nennt als Beispiele »die Wörter *Grund* (Stütze, Basis), *abhängen* (von oben gehalten werden), woraus *fliessen* (statt folgen), *Substanz* ... und unzählige andere ...« Von der Untersuchung dieser Bilder in den Begriffen sagt er: »Dies Geschäft ist bis jetzt noch wenig auseinandergesetzt worden, so sehr es auch eine tiefere Untersuchung verdient ...«
3 Fr. B 42: »Homer verdient aus den Preiswettkämpfen herausgeworfen und mit Ruten gestrichen zu werden ...«
4 Platon: Politeia 398a.
5 Platon: Politeia 607b.
6 Aristoteles: Poetik 1457b: »Eine Metapher ist eine Übertragung eines Wortes (das somit in uneigentlicher Bedeutung verwendet wird), und zwar entweder (1) von der Gattung auf die Art oder (2) von der Art auf die Gattung oder (3) von einer Art auf eine andere oder (4) nach den Regeln der Analogie.«
7 Quintilianus: De institutione oratoria IX,3,1; VII,6,8 f.; für ihn ist die Metapher »ein kürzeres Gleichnis«.
8 Die Ausnahme ist Ludwig Klages. Der 3. Band seines Werks »Der Geist als Widersacher der Seele« (Leipzig 1929 ff.) trägt den Titel »Die Wirklichkeit der Bilder« (1932); er ist bis heute die umfassendste Ikonologie, die die »Wirklichkeit« der Bilder und nicht bloss den »Begriff« der Metapher positiv als Instrument der Erkenntnis würdigt.
9 Hersch, Jeanne: Les Images dans l'œuvre de M. Bergson. In: Archives de Psychologie, T. XXIII, N° 90, août 1931, pp. 97–130.
10 Cf. den Brief vom 22. Juli 1931 von Henri Bergson an Jeanne Hersch. In: Archives (cf. Anm. 9) p. 97.
11 Zit. nach Haverkamp, Anselm (Hrsg.): Theorie der Metapher. Darmstadt, 2. Aufl. 1966, p 55.
12 Jaspers, Karl: Von der Wahrheit. München 1947, p. 177.

13 A.a.O., p. 398.
14 Nietzsche: Über Wahrheit und Lüge im aussermoralischen Sinne. In: Nietzsche, Werke (Ed. Colli/Montinari). III, 2. Berlin/New York 1973, p. 374.
15 Jaspers, Karl: Einführung in die Philosophie. Zürich 1950, p. 31.
16 A.a.O., p. 18 ff.
17 A.a.O., p. 18.
18 Jaspers, Karl: Kleine Schule des philosophischen Denkens. München 1965, p. 46.
19 Jaspers, Karl: Einführung ...; a.a.O., p. 29.
20 Jaspers, Karl: Kleine Schule ...; a.a.O., p. 44.
21 Jaspers, Karl: Philosophie, Bd. II: Existenzerhellung. Berlin 1932, p. 264.
22 Ibid.
23 A.a.O., p. 265.
24 Jaspers, Karl: Kleine Schule ...; a.a.O., p. 36.
25 Cf. Anm. 15.
26 Jaspers, Karl: Philosophie, Bd. II; a.a.O., p. 11.
27 Jaspers, Karl: Einführung ...; a.a.O., p. 31.
28 A.a.O., p. 31.
29 Jaspers, Karl: Kleine Schule ...; a.a.O., p. 163.
30 Jaspers, Karl: Philosophie II ...; a.a.O., p. 141.
31 Ibid.
32 Ibid.
33 Jaspers, Karl: Philosophie, Bd. I: Weltorientierung. Berlin 1932, p. 280.
34 Ibid.
35 Ibid.
36 Jaspers, Karl: Einführung ...; a.a.O., p. 124.
37 Ibid.
38 Jaspers, Karl: Von der Wahrheit ...; a.a.O., p. 489.
39 A.a.O., p. 352 f.
40 Jaspers, Karl: Philosophie I ...; a.a.O., p. 340.
41 A.a.O., p. 340.
42 Jaspers, Karl: Von der Wahrheit ...; a.a.O., p. 489.
43 A.a.O., p. 352.
44 A.a.O., p. 353.
45 Arendt, Hannah: Über den Zusammenhang von Denken und

Moral. In: Arendt, Hannah: Zwischen Vergangenheit und Zukunft. Übungen im politischen Denken I. Hrsg. von Ursula Lutz. München/Zürich 1994, p. 134.
46 Ibid.
47 Ibid.
48 Arendt, Hannah: Vom Leben des Geistes. Das Denken I. München/Zürich 1979, p. 127: »... die Hauptschwierigkeit scheint ... die zu sein, dass es für das Denken selbst ... keine Metapher gibt, die diese besondere Geistestätigkeit einleuchtend veranschaulichen könnte, bei der sich etwas Unsichtbares in uns mit dem Unsichtbaren in der Welt beschäftigt.«
49 A.a.O., p. 108.
50 A.a.O., p. 113.
51 Arendt, Hannah: Über den Zusammenhang von Denken und Moral ...; a.a.O., p. 133.
52 Arendt, Hannah: Vom Leben des Geistes ...; a.a.O., p. 187.
53 A.a.O., p. 104.
54 Ibid.
55 Ibid.
56 Arendt, Hannah: Über den Zusammenhang von Denken und Moral ...; a.a.O., p. 134.
57 Ibid.
58 Arendt, Hannah: Vom Leben des Geistes ...; a.a.O., p. 127 f.
59 Arendt, Hannah: Über den Zusammenhang von Denken und Moral ...; a.a.O., p. 235.
60 Arendt, Hannah: Vom Leben des Geistes ...; a.a.O., p. 169.
61 A.a.O., p. 167.
62 A.a.O., p. 168.
63 Arendt, Hannah: Über den Zusammenhang von Denken und Moral ...; a.a.O., p. 137.
64 Ibid.
65 Arendt, Hannah: Vom Leben des Geistes ...; a.a.O., p. 172.
66 A.a.O., p. 172 f.
67 A.a.O., p. 173.
68 Platon: Menon 80c.
69 Arendt, Hannah: Vom Leben des Geistes ...; a.a.O., p. 174.
70 Heidegger, Martin: Was heisst Denken? Tübingen 1954, p. 52.
71 Arendt, Hannah: Über den Zusammenhang von Denken und Moral ...; a.a.O., p. 143.

72   Ibid.
73   Arendt, Hannah: Vom Leben des Geistes ...; a.a.O., p. 178.
74   A.a.O., p. 177.
75   Heidegger, Martin: Was heisst Denken? In: Vorträge und Aufsätze. Pfullingen 1954, p. 129 ff.
76   A.a.O., p. 130.
77   A.a.O., p. 132.
78   Ibid.
79   A.a.O., p. 140.
80   A.a.O., p. 141.
81   Ibid.
82   A.a.O., p. 139.
83   A.a.O., p. 140.
84   Heidegger, Martin: Was ist das – die Philosophie? Pfullingen 1956.
85   A.a.O., p. 31.
86   Ibid.
87   A.a.O., p. 32.
88   A.a.O., p. 33 f.
89   A.a.O., p. 34.
90   A.a.O., p. 35.
91   Heidegger, Martin: Die Kehre. In: Die Technik und die Kehre. Pfullingen 1962, p. 37 ff.
92   A.a.O., p. 40.
93   Ibid.
94   Ibid.
95   A.a.O., p. 41.
96   Ibid.
97   A.a.O., p. 40.
98   A.a.O., p. 44.
99   Ibid.
100 A.a.O., p. 45.
101 A.a.O., p. 44.
102 A.a.O., p. 46.
103 A.a.O., p. 45.
104 A.a.O., p. 43 f.
105 Goethe: Zahme Xenien III.
106 Jaspers, Karl: Philosophie I ...; a.a.O., p. 340.

Nachweise

Vergessen können, vergessen müssen, vergessen wollen, vergessen dürfen
Zur Dialektik des Vergessens bei Nietzsche
Vortrag, gehalten am 26. September 2003 anlässlich des Nietzsche-Kolloquiums in Sils-Maria. Ungedruckt.

Die politische Bedeutung der Natalität bei Hannah Arendt
Vortrag, gehalten am 22. Juni 1996 anlässlich der ersten Zürcher Hannah Arendt Tage. In: Ganzfried, Daniel/Hefti, Sebastian (Hg.): Hannah Arendt – Nach dem Totalitarismus. Hamburg 1997, pp. 103–119.

Von der Monstrosität zur Banalität des Bösen
Vortrag, gehalten am 16. April 2000 anlässlich der Zürcher Hannah Arendt Tage. In: Newsletter. Hg. vom Institut für Politische Wissenschaft der Universität Hannover und dem Hannah Arendt-Zentrum der Carl von Ossietzky Universität Oldenburg in Zusammenarbeit mit dem Hannah Arendt Center, New School University, New York. No 4/April 2001, pp. 15–22.

»Das ist eigentlich mein stärkstes Nachkriegserlebnis gewesen ...«
Zur Begegnung von Hannah Arendt mit Karl Jaspers
In: du. Heft Nr. 710/Oktober 2000, pp. 14 f. (unter dem Titel: »Philosophie beginnt zu zweien«).

Weltlose Liebe
Zum Briefwechsel Hannah Arendt/Martin Heidegger
In: Tages-Anzeiger, 12.9.1998 unter dem Titel »Der sonderbare Lauf einer weltlosen Liebe«.

Überleben mit einer Jüdin in Deutschland
Karl und Gertrud Jaspers in der Zeit des Nationalsozialismus
Ungedruckt.

Existentielle Aneignung und historisches Verstehen
Zur Debatte Jaspers–Curtius um die Goethe-Rezeption
Vortrag, gehalten am 19.11.1999 anlässlich der Jubiläumstagung der
Goethe-Gesellschaft Schweiz zum 250. Geburtstag von Johann Wolfgang Goethe an der Universität Basel: »Goethe-Rezeption in kritischer
Zeit. Alfred Döblin, Karl Jaspers und Thomas Mann zwischen den Jubiläen 1932 und 1949«. In: Jahrbuch der Österreichischen Karl Jaspers
Gesellschaft. Hg. von Elisabeth Salamun-Hybašek und Kurt Salamun.
Jg. 14/2001, pp. 41–61.

Die Allianz der Ungleichen
*Zur kritischen Aufnahme von Jaspers' Schrift »Wohin treibt
die Bundesrepublik?«*
In: Wiehl, Reiner/Kaegi, Dominic: Karl Jaspers – Philosophie und Politik. Heidelberg 1999, pp. 185–195.

Auf der Suche nach einer philosophischen Polemik
Vortrag, (in italienischer Sprache) gehalten am 6. Dezember 1999 an der
Universität »Federico II« in Neapel. In italienischer Sprache (Alla ricerca
di una polemica filosofica) in: Di Cesare, Donatella/Cantillo, Giuseppe
(Hg.): Filosofia Esistenza Communicatione in Karl Jaspers. Napoli 2002,
pp. 11–24. In deutscher Sprache unveröffentlicht.

Denkbilder im Spannungsfeld von Einsamkeit
und Kommunikation
*Zu den Metaphern des Philosophierens bei Karl Jaspers,
Hannah Arendt und Martin Heidegger*
Vortrag, gehalten am 18. Oktober anlässlich des Internationalen Karl
Jaspers-Kongresses an der Universität Basel. Druck im Rahmen der
Kongressakte in Vorbereitung.

VON HANS SANER IM LENOS VERLAG ERSCHIENEN:

Die Anarchie der Stille
200 S., 3. Aufl., ISBN 3 85787 634 4, Lenos Pocket 34

Dramaturgien der Angst
169 S., ISBN 3 85787 603 4, Lenos Pocket 3

Einsamkeit und Kommunikation
Essays zur Geschichte des Denkens
352 S., geb., mit Schutzumschlag, ISBN 3 85787 236 5

Geburt und Phantasie
Von der natürlichen Dissidenz des Kindes
137 S., 4. Aufl., ISBN 3 85787 631 X, Lenos Pocket 31

Die Herde der Heiligen Kühe und ihre Hirten
186 S., br., 2. Aufl., ISBN 3 85787 119 9

Hoffnung und Gewalt
Zur Ferne des Friedens
135 S., br., ISBN 3 85787 106 7

Identität und Widerstand
Fragen in einer verfallenden Demokratie
163 S., br., 2. Aufl., ISBN 3 85787 155 5

Macht und Ohnmacht der Symbole
Essays, 280 S., 2. Aufl., ISBN 3 85787 651 4, Lenos Pocket 51

Nicht-optimale Strategien
Essays zur Politik
208 S., geb., mit Schutzumschlag, ISBN 3 85787 330 2

Der Schatten des Orpheus
136 S., geb., mit Schutzumschlag, ISBN 3 85787 314 0

Zwischen Politik und Getto
Über das Verhältnis des Lehrers zur Gesellschaft
112 S., br., 2. Aufl., ISBN 3 85787 041 9